Deckert · Mein Wohnungseigentum

D1734946

Wolf-Dietrich Deckert

Mein Wohnungseigentum

Ein allgemeinverständlicher
Rechts- und Steuer-Ratgeber
rund um die Eigentumswohnung.
Mit Musterverträgen und
Praxishilfen.

4., überarbeitete Auflage

Von
Dr. jur. Wolf-Dietrich Deckert
Rechtsanwalt in München

Unter Mitarbeit von
Diplom-Finanzwirt (FH)
Gerhard Jaser

Rudolf Haufe Verlag · Freiburg i. Br.

Die Deutsche Bibliothek – CIP-Einheitsaufnahme

Deckert, Wolf-Dietrich:
Mein Wohnungseigentum: ein allgemeinverständlicher
Rechts- und Steuer-Ratgeber rund um die Eigentums-
wohnung; mit Musterverträgen und Praxishilfen / Wolf-
Dietrich Deckert. Unter Mitarb. von Gerhard Jaser. –
4., überarb. Aufl. – Freiburg i. Br.: Haufe, 1993.
ISBN 3-448-02750-2

ISBN 3-448-02750-2   Best.-Nr. 71.13

1. Auflage 1984 (ISBN 3-448-01491-5)
2., aktualisierte Auflage 1987 (ISBN 3-448-01701-9)
3., überarbeitete und erweiterte Auflage 1991 (ISBN 3-448-02219-5)
4., überarbeitete Auflage 1993 (ISBN 3-448-02750-2)

© Rudolf Haufe Verlag, Freiburg i. Br. 1993
Lektorat: Wolfgang Gamp
Umschlag-Entwurf: Philippe Dudek, Freiburg i. Br.
Satz und Druck: F. X. Stückle, 7637 Ettenheim

Lieber Leser,

Sie haben sich vermutlich zum Kauf einer Eigentumswohnung entschlossen und verspüren trotz reiflicher Vorüberlegungen vielleicht im Augenblick in manchen rechtlichen Punkten noch etwas Unsicherheit. Deshalb wollen Sie sich möglichst rasch einen Überblick und das notwendige Grundwissen über erwerbs-, steuer- und wohnungseigentumsrechtliche Fragen verschaffen.

In unserem kleinen Ratgeber haben wir uns bemüht, Ihnen zumindest so viele Kurzhinweise und Tips für die Praxis zu geben, daß Sie von größeren Nachteilen bei Erwerb und Besitz Ihres zukünftigen Eigentums verschont bleiben. Aus unserem Berufsalltag wissen wir leider zu berichten, wie leichtfertig viele Kaufinteressenten an den Erwerb eines solchen Wertobjekts „Eigentumswohnung" herangehen und wie wenig Gedanken sie sich — vorausschauend — über ihre zukünftige Stellung als Wohnungseigentümer und ihre Rechte und Pflichten gegenüber anderen Miteigentümern und Verwaltern machen, was durchaus einmal zu „bösen Überraschungen" führen kann. Welcher Erwerber beschäftigt sich denn schon vor dem notariellen Kauf intensiv z. B. mit der Teilungserklärung (und Gemeinschaftsordnung) oder gar mit bestandskräftigen Eigentümerversammlungs-Beschlüssen (Protokollen), die auch ihn als „Neueigentümer" durchaus betreffen (und belasten) könnten!

Bewußt haben wir uns nur auf die notwendigsten Informationen anhand der aktuellen Gesetzeslage und herrschenden Rechtsmeinung beschränkt, d. h. auf Literatur- und Rechtsprechungszitate verzichtet, um die leichte Verständlichkeit und Übersichtlichkeit der behandelten Themen nicht zu erschweren. Sie werden in Kürze mit einigen juristischen Begriffen wie z. B. Auflassungsvormerkung, Aufteilungsplan, Abgeschlossenheitsbescheinigung, Sondernutzungsrecht, Beschlußfähigkeit, Abstimmungsprinzip, Anfechtung, Kostenverteilungsschlüssel usw. konfrontiert werden, die Ihnen nicht auf Anhieb geläufig sind. Erläuterungen finden Sie hier am schnellsten nach Durchsicht der Inhaltsverzeichnisse zu den einzelnen sechs Abschnitten und dem umfangreichen Stichwortverzeichnis.

Haben Sie erst einmal diese kurze Abhandlung „überflogen", ist der Weg vorbereitet, sich ggf. vertiefend mit weiterführender Fachliteratur zu beschäftigen, nicht zuletzt bei auftretenden Einzelproblemen z. B. auch in meinem praxisorientierten Loseblatt-Standardwerk* **„Die Eigentumswohnung — vorteilhaft erwerben, nutzen und verwalten"** (ein zeitschriftenähnliches, auch vielfach von den Gerichten zitiertes, kommentarähnliches Werk mit ständigem Aktualisierungsdienst) Detailfragen nachzulesen.

In dieser 4. Auflage unseres Ratgebers haben wir die Leitgedanken der neuen höchst- und obergerichtlichen Grundsatzentscheidungen bis Mitte 1992 eingearbeitet; aktualisiert wurde auch das „schnellebige" Steuerrecht.

---

* Verlag Wirtschaft, Recht und Steuern (WRS), 8033 Planegg/München, Postfach 1363, Tel.: 089/ 8 95 17-0.

Vorwort

Die von Fall zu Fall immer wieder geäußerte Pauschal-Kritik am Institut Wohnungseigentum sollte Sie nicht abschrecken. Es steht außer Frage, daß bei einem Zusammenleben vieler Individuen in enger Nachbarschaft „unter einem Dach" Spannungen und auch rechtliche Konflikte entstehen können. Auch fachunkundiges Verwalten kann Anlaß für manchen Streit sein. Zu bedenken sind oft auch gegenläufige Nutzungs- und Werterhaltungsinteressen von Wohnungsmietern und eigennutzenden Eigentümern. Nur ständige Information und Wissens-Weiterbildung aller Beteiligten kann hier Unzufriedenheiten bereits im Keime ersticken. Das Wohnungseigentum hat sich seit seiner Entstehung vor nunmehr schon über 40 Jahren durchaus bewährt und wird auch in Zukunft attraktiv bleiben. Es gibt keine Alternative zu dieser Immobil-Erwerbsform!

Eine größere WEG-Gesetzesreform (Entwurf des BJM vom Juli 1989) geriet auf Grund vorrangig zu behandelnder rechtlicher Fragen des Gesetzgebers zur Wiedervereinigung ins Stocken; damit dürfte eine endgültige größere Reform noch einige Jahre auf sich warten lassen, zumal viele Einzelfragen umstritten sind. Einige wenige Änderungen auch des WEG mit Wirkung ab 1. 4. 91 brachte das Rechtspflegevereinfachungsgesetz v. 17. 12. 90 (BGBl I 1990, S. 2847 ff.).

Auch in den neuen Bundesländern dürfte sicher bald nach erwarteten Boden- und Strukturreformen verstärkt privates Wohnungseigentum geschaffen werden. Zum Zwecke erleichterter Umwandlung von dortigen Altbauten in Wohnungseigentum wurde durch das Gesetz zur Beseitigung von Hemmnissen bei der Privatisierung von Unternehmen und zur Förderung von Investitionen v. 22. 3. 91 mit Inkrafttreten v. 29. 3. 91 ein neuer § 3 Abs. 3 WEG geschaffen. Mit fundierten Grundkenntnissen über unser bewährtes Institut Wohnungseigentum könnte hier bei Sanierung, Modernisierung und Neuaufbau Hilfestellung geleistet werden.

Haben Sie unseren Kurzratgeber erst einmal aufmerksam gelesen, können Sie zuversichtlich Ihre Investition tätigen und „Ihr Immobileigentum" (Wohnungs- oder Teileigentum) erwerben. Sie werden sicher ein fachkundiger und zufriedener Eigentümer und auch in Zukunft stolz auf Ihren neuen Besitzstand sein. Für Ihr bisheriges Vertrauen als Leser dankend

München, Herbst 1992   Ihr Dr. Deckert

Inhaltsverzeichnis

Inhaltsverzeichnis

1 Der herkömmliche Erwerb einer Neubau-Eigentumswohnung vom Bauträger-Verkäufer

1.1 Zeitpunkt des Erwerbs

Nachfolgende Hinweise betreffen sowohl das **Wohnungseigentum** (allein zu Wohnzwecken nutzbares Sondereigentum) als auch das **Teileigentum** (nicht zu Wohnzwecken nutzbares Sondereigentum), selbst wenn überwiegend nur von Wohnungseigentum oder Eigentumswohnung gesprochen wird (vgl. auch § 1 Abs. 6 WEG).

Sie können Ihre Eigentumswohnung bei entsprechend frühem Angebot zeitlich noch vor einem ersten Spatenstich sozusagen „vom Plan weg" erwerben. Dies hat den Vorteil, daß Sie als einer der ersten Erwerber meist noch große Auswahlmöglichkeiten besitzen und häufig sogar noch spezielle **Sonderwünsche** (in Ausstattung und Innenraum-Aufteilung) realisiert werden können. Sie benötigen hier allerdings eine gewisse Vorstellungskraft, die zeichnerische Darstellung der ins Auge gefaßten Wohnung gedanklich auf das fertige Vertragsobjekt übertragen zu können. Sichergestellt sein sollte zu diesem frühen Zeitpunkt allerdings die wirtschaftliche Realisierbarkeit des Gesamtobjekts.

Befindet sich die Anlage zum Erwerbszeitpunkt bereits **im Bau** oder ist sie schon großteils oder gar vollends fertiggestellt, fällt aufgrund bestehender Besichtigungsmöglichkeiten eine Kaufentscheidung u. U. leichter.

Die rechtliche **Vertragssituation** (insbesondere bezogen auf die Baumängelgewährleistung) ist in allen Fällen grundsätzlich die gleiche, ob Sie nun Ihre Wohnung vor Baubeginn nach abgeschlossener Gesamt- und Detailplanung sowie behördlicher (öffentlich-rechtlicher) Genehmigung, in der Bauphase selbst oder erst mit bzw. kurz nach Fertigstellung erwerben. Bei frühzeitigem Erwerb sollten Sie allerdings darauf achten, daß im Zuge der fortschreitenden Bauerstellung nicht durch verkäuferseits anderen Erwerbern eventuell zugesagte Sonderwünsche Beeinträchtigungen und Nachteile – bezogen auf Ihre erworbene Wohnung – eintreten. Mögliche **Baubeschreibungsänderungen** – oftmals bedingt auch durch nachträgliche behördliche technische Auflagen – dürfen sich ebenfalls nicht wertmindernd auf Ihr zukünftiges Wohnungseigentum auswirken. Vertraglich sollte dies von Anfang an klargestellt werden; die Geschäftsgrundlage Ihrer Kaufentscheidung muß dem Vertragspartner offenkundig sein; über ausdrückliche, mitzubeurkundende **Individualabrede** können und sollten bestimmte, von Ihnen erwartete und geforderte Zusagen zum Vertragsbestandteil gemacht werden.

Da der Bauträger-Verkäufer baustufenweise vorleistungspflichtig ist – was seine Bauerstellungspflicht betrifft –, wird Ihr vereinbarter Gesamtkaufpreis auch nur nach sukzessivem Baufortschritt in Teilen/Raten fällig **(Ratenzahlungsplan)**, d. h. je nach Erwerbszeitpunkt und bereits fertiggestellter Bausubstanz. Die einzelnen Raten-Fälligkeiten richten sich hier üblicherweise mangels anderweitiger Sicherstellungen Ihrer Zahlungen durch den Verkäufer gewerksweise nach den gesetzlichen Vorschriften der **Makler- und Bauträgerverordnung (MaBV)**, in Neufassung am 1. 3. 1991 in Kraft getreten (vgl. auch Abschn. 1.3 unten am Ende). Überzahlung Ihrerseits ohne erbrachten Gegenwert in erstellter Bausubstanz hätte im Falle einer möglichen Verkäufer-Insolvenz in der Bauerstellungsphase für Sie u. U. fatale wirtschaftliche Folgen.

Die **MaBV** bietet Ihnen auch noch weitergehende Sicherheiten, über die Sie im Zweifel der Notar auf Fragen hin aufklären müßte. Sie wurde zuletzt geändert durch die Dritte Verordnung zur Änderung gewerberechtlicher Vorschriften vom 7. 11. 1990 (BGBl I, S. 2476); die Änderungen sind am 1. 3. 1991 in Kraft getreten; die Neufassung wurde unter dem 7. 11. 1990 bekanntgemacht (BGBl I, S. 2479).
Die wichtigsten Änderungen beziehen sich auf die Fälligkeit des Kaufpreises. Größtenteils wurde der Käuferschutz verbessert, in einem Punkt (zur vorletzten Kaufpreisrate in Höhe von 10,5 % des Kaufpreises bei Neubau-Wohnungskauf) ist die Neuregelung jetzt käufernachteiliger (§ 3 Abs. 2 der Neufassung).
Bei der Bürgschaftssicherung durch den Verkäufer für alle etwaigen Zahlungsansprüche eines Käufers (§ 7 der Neufassung) ist der Käuferschutz verbessert worden. Es ist allerdings m. E. leider zu erwarten, daß der erhöhte Käuferschutz auch zu einer Verteuerung der Neubauwohnungen führen dürfte oder zu einer Umgehung der MaBV über – weniger rechtlich sichere – Ersatzkonstruktionen. Weitere Einzelheiten hierzu ETW, Gruppe 3, S. 226 ff.

1.2 Das rechtliche Vertragsbild

Der oft als „Kaufvertrag" überschriebene notarielle Wohnungs-Erwerbsvertrag beim konventionellen Bauträgerkauf setzt sich zusammen aus dem **Verkauf/der Eigentumsverschaffungsverpflichtung des Grundstücksanteils** (eines ideellen Miteigentumsanteils am Gesamtgrundstück der Anlage) und der **Werkerstellungsverpflichtung des Gebäudes** durch den Bauträger-Verkäufer (also der Errichtung der speziellen Wohnung im Gesamtgebäude). Beide Verkäufer-Hauptleistungen sind im **einheitlichen Erwerbsvertrag** (dem sog. **Bauträgervertrag**) zusammengefaßt, der damit Regelungen des Kaufrechts und solche des Werkvertragsrechts (einschließlich des Geschäftsbesorgungs- und Auftragsrechts) enthält. Das Sondereigentum Wohnung (ebenso ein Teileigentum) ist mit einem Miteigentumsanteil am Grundstück und am baulichen Gemeinschaftseigentum rechtlich verbunden.

Bedingt durch den Grundstücksanteilskauf bedarf dieser Bauträgervertrag in seiner Gesamtheit der **notariellen Beurkundungsform** im Sinne des § 313 BGB. Zweck der notariellen Beurkundung sind die **Warn-, Schutz-, Richtigkeits-, Vollständigkeits- und Beweisfunktion.** Nicht beurkundete, jedoch beurkundungsbedürftige Vereinbarungen sind nichtig (§ 125 BGB); ein Formmangel insoweit wird jedoch durch Auflassung und Eintragung im Grundbuch geheilt (§ 313 Satz 2 BGB).

Werden Wohnungen − wie üblich − in einer bestimmten Vielzahl von Fällen nach einheitlichem Vertragsmuster des Bauträger-Verkäufers sozusagen formularmäßig an Erwerber verkauft (verbrieft), unterliegen die Vertragsklauseln trotz notarieller Formulierungshilfe der gerichtlich nachprüfbaren Gültigkeitskontrolle des zum Zwecke verstärkten Verbraucherschutzes 1977 in Kraft getretenen **AGB-Gesetzes** (Gesetz zur Regelung des Rechts der Allgemeinen Geschäftsbedingungen). Gerade allzu „käuferunfreundliche" formularvertragliche Regelungen der Mängelgewährleistung wurden in der Vergangenheit nicht selten durch Gerichtsurteile anhand der im AGB-Gesetz verankerten Klauselverbote für ungültig erklärt.

Als **Bauträger-Verkäufer** bezeichnet man Ihren Vertragspartner dann, wenn er gewerbsmäßig auf seinem Grundstück Bauvorhaben in eigenem Namen und für eigene Rechnung vorbereitet und durchführt, in der Absicht, „seine Gesamtleistung" (Verkauf des Grundstücksanteils und Werkerstellungs-Verpflichtung) schlüsselfertig an Sie in mehr oder weniger fest bestimmter Frist zu einem Festpreis zu verkaufen.

Ein Grundstück kann auch in der Weise belastet sein, daß demjenigen, zu dessen Gunsten die Belastung erfolgt ist, das veräußerliche, belastbare und vererbliche Recht zusteht, auf oder unter der Oberfläche des Grundstücks ein Bauwerk zu haben/zu errichten **(Erbbaurecht)**. Auf das Wohnungseigentum übertragen, ist gemäß § 30 WEG ein **Wohnungs-** bzw. **Teilerbbaurecht** möglich. Steht ein Erbbaurecht mehreren gemeinschaftlich nach Bruchteilen zu, so können die Anteile in der Weise beschränkt werden, daß jedem der Mitberechtigten das Sondereigentum an einer Wohnung oder nicht zu Wohnzwecken dienenden bestimmten Räumen in einem auf Grund des Erbbaurechts errichteten oder zu errichtenden Gebäude eingeräumt wird. Ein Erbbauberechtigter kann auch das Erbbaurecht analog § 8 WEG teilen. § 30 WEG entspricht deshalb den §§ 3 und 8 WEG. Die Bestimmungen des WEG gelten für Wohnungserbbaurechte entsprechend. Die Berechtigung erstreckt sich meist auf 66 oder 99 Jahre. Der Wohnungserbbauberechtigte hat über Erbbaurechtsvertrag mit dem Grundstückseigentümer diesem − meist ratenweise − einen Erbbauzins zu bezahlen, dinglich im Grundbuch abgesichert durch Reallast. Die Zinsabrede wird i. d. R. mit einer Wertsicherungs-(Index)Klausel versehen. Über Verlängerung, Heimfall, Aufhebung, Zeitablauf, Erneuerung usw. des Erbbraurechts sei auf die **Erbbaurechts-Verordnung** verwiesen.

1.3 Vorprüfungen (notwendige Überlegungen vor einer Kaufentscheidung)

Bevor Sie dem endgültigen Kauf Ihrer Wohnung nähertreten und verbindliche unterschriftliche Entscheidungen treffen, sollten Sie sich − abgestellt auf Ihre Wünsche und persönlichen Bedürfnisse − insbesondere Gedanken machen über:

− Die örtliche **Lage der Eigentumswohnanlage,** also insbesondere Verkehrsverbindungen (Straßen, Autobahnen, U-Bahn-, S-Bahn-Anschlüsse, Busverbindungen usw.) zur Arbeitsstätte, zu Kindergärten und Schulen, zu Stadt- und Einkaufszentren, zu kulturellen Schauplätzen, sozialen Einrichtungen und nicht zuletzt zu Parks, Sport- und Erholungsstätten. Auch gesundheitliche Aspekte (Klima, Höhenlage, Umweltbelastung, Verkehrslärm usw.) sollten u. U. eine

Rolle spielen. Der Wert Ihrer Eigentumswohnung steht und fällt i. ü. mit der bestehenden oder zumindest geplanten Infrastruktur eines Stadtteils.

– Die **Lage der speziellen Wohnung** in der Gesamtanlage, die u. U. nicht nur aus einem Hauskomplex bestehen kann (sog. Mehrhausanlage); vergleichen Sie die Preisliste der einzelnen Wohnungen, werden Sie feststellen, daß trotz möglicherweise gleicher Wohn- und Nutzflächen bei einzelnen Wohnungen höhere Endpreise und auch Miteigentumsquoten angesetzt sind; dies hat seinen Grund darin, daß einige Wohnungen z. B. sonnenseitig gelegen sind, oder einen unverbauten oder unverbaubaren Blick in Grünflächen genießen, abgewandt von Straßenflächen oder anderen möglichen Lärmquellen; auch die Stockwerkslage im Haus kann Vor- und Nachteile bringen, denken Sie z. B. an Einbruchsgefährdungen von Erdgeschoßwohnungen mit ebenerdigen Fenstern und Terrassentüren oder an mögliche Lärmbelästigungen (Schallübertragungen durch die Heizungstechnik, einen Liftmotor, ein Garagenrolltor, einen Waschmaschinenraum usw.). Die Wohnung „unter Dach" kann wiederum Ärger erzeugen, wenn z. B. Flachdächer, insbesondere Dachterrassenisolierungen, einmal Durchfeuchtungsmängel zeigen sollten. Lift- oder Müllschächte in unmittelbarer Nachbarschaft einer Wohnung können ebenfalls zu Störquellen werden. Exponiert gelegene Wohnungen mit mehreren Außenwandfronten erzeugen häufig im Vergleich zu innenliegenden Wohnungen einen höheren Heizenergieverbrauch (insbesondere wenn der Verbrauchsanteil bei den Heizkosten sehr hoch festgelegt wurde); bei schlechter Außenwand-Wärmedämmung und zu geringer Beheizung und Lüftung kann es bei Eckwohnungen auch zu ärgerlichen Durchfeuchtungen der Innenwände (Kondensat- und Schimmelbildung) kommen. Werterhöhend sind auch etwaige, dem einzelnen Sondereigentum zugeordnete dingliche (d. h. im Grundbuch eingetragene) Sondernutzungsrechte (an gemeinschaftl. Bau- und Einrichtungsteilen, weiteren Räumen sowie Grundstücks- und Gartenflächen). Achten Sie auch auf günstige **Raumaufteilung** (z. B. separates WC, keine zu großen Flurflächen usw.).

– Für Ihre Kaufentscheidung von Wichtigkeit sein dürfte auch, mit welchen **technischen Einrichtungen** und **Gemein-**

schaftsräumen eine Gesamtanlage ausgestattet ist (Lift, Schwimmbad, Sauna, Fitnessraum, Fahrradkeller, Wasch- und Trockenraum, Entlüftungsanlagen, beheizte Tiefgaragen-Einfahrtsrampe, Hausmeisterwohnung, Heizungstechnik usw.). Die Ausstattung der Kinderspielzonen und des gemeinschaftlichen Gartens mit entsprechenden Nutzungsberechtigungen mag für junge kinderreiche Familien eine Überlegung wert sein, die personelle Zusammensetzung und das Alter der Bewohner ggf. wiederum ein Kaufkriterium älterer Personen sein. Komfort und Luxus in der geplanten Haustechnik führen verständlicherweise zu höheren laufenden **Wohngeldlasten** (Betriebs- und Instandhaltungskosten), was nicht übersehen werden darf. Gerade die Höhe des zukünftigen (meist monatlich) vorauszuzahlenden Wohngeld-Vorschusses muß bei Ihren wirtschaftlichen Überlegungen berücksichtigt werden (insbesondere bei beabsichtigter Vermietung).
Wohngeld (oft auch **Hausgeld** genannt) sind die Beiträge der Kosten und Lasten im Sinne des § 16 Abs. 2 WEG, die jeder Eigentümer anteilig an die Gesamtgemeinschaft zu entrichten hat, damit die Versorgung (Verwaltung) des Gemeinschaftseigentums der Gesamtanlage gesichert ist.

- Die mögliche **Vermietbarkeit der Wohnung** für den Fall einer einmal nicht mehr beabsichtigten Selbstnutzung; kann – mittelfristig gesehen – von einer Mieter-Nachfrage ausgegangen werden und von der Erzielung eines ortsüblichen, angemessenen Mietzinses (Rentierlichkeit der Wohnung)?

- Die **Angemessenheit des geforderten Kaufpreises**; hier sollten Sie vergleichende Überlegungen anstellen, die Orts- und Marktüblichkeit der Grundstücks- und Baupreise ermitteln sowie die vernünftige Relation des Gesamtpreises im Verhältnis zur angebotenen Bauausführung und Ausstattung nach Bau- und Leistungsbeschreibung überprüfen. Die Baubeschreibung sollte möglichst detailliert sein.

- Die auf Ihre speziellen Einkommens- und Vermögensverhältnisse zugeschnittene **Finanzierung des Kaufpreises** unter Berücksichtigung Ihrer möglichen Eigenkapital- und Fremdmittelzahlungen. Lassen Sie sich in finanzieller Hinsicht umfassend und gründlich beraten; vergleichen Sie mehrere Marktangebote (unter Berücksichtigung des Effektivzinssatzes). Erarbeiten Sie mit Ihren möglichen Kreditinstituten oder Ihren Finanzberatern einen Finanzierungsplan. Hinsichtlich beanspruchter Hypotheken müssen Sie über die laufenden Annuitäten (Zins- und Tilgungsleistungen, Auszahlungshöhe, Darlehensvaluta, Damnum, Laufzeit, Zinsfestschreibung, Kündigungsmöglichkeiten, Abschlußgebühren usw.) genau im Bilde sein; gleiches gilt für etwa notwendige Zwischenfinanzierungen und grundschuldgesicherte Bauspardarlehen sowie andere evtl. in Aussicht gestellte zinsgünstige Darlehensmöglichkeiten. Kalkulieren Sie auch etwaige Bereitstellungszinsen. Ein Damnum / Disagio kann durch sog. Tilgungsstreckungsdarlehen aufgefangen werden. Hypothekenberechtigungen und auch Bauspardarlehen können auch mit Lebensversicherungen kombiniert werden. Zu unterscheiden sind erststellige / erstrangige I a-Hypotheken und zur Sicherung der Gesamtfinanzierung etwaige I b-Hypotheken (Landesverbürgte Darlehen).

– Und nicht zuletzt über Ihre potentiellen **Vertragspartner;** entscheidend ist hier insbesondere die finanzielle Solvenz (volle oder beschränkte Haftung) und persönliche Zuverlässigkeit des **Bauträger-Verkäufers.** Eine persönlich voll, d. h. auch mit dem Privatvermögen haftende Einzelperson oder -firma mag zwar auf ersten Anschein hin uneingeschränktes Vertrauen erwecken; bedenken Sie jedoch, daß eine solche Einzelperson eigene Vermögenswerte u. U. schon frühzeitig (und unanfechtbar) auf Dritte (Verwandte) übertragen haben könnte (Schenkungen, Gütertrennungsvereinbarung usw.). Unterschiedlich ist die Haftung auch bei Gesellschaftern und Gesellschaften des bürgerlichen Rechts und des Handelsrechts sowie bei Kapitalgesellschaften. Wer hier gewissenhaft recherchieren will, hat die Möglichkeit, entsprechende Auskünfte über die eigene Hausbank und über Kreditauskunfteien einzuholen. Auch ein Einblick in das Handelsregister bei dem zuständigen Amtsgericht des Firmensitzes ist empfehlenswert, um z.B. Auskünfte über Gründungsjahr der Firma/Gesellschaft, bestehendes Stammkapital, gesetzliche Vertretung und Geschäftsführung zu erhalten. Ein seriöser Vertragspartner dürfte sogar selbst bereit sein, Ihnen auf Bitte hin einen aktuellen Handelsregisterauszug vorzulegen. Auch ein Anruf beim zuständigen Vollstreckungsgericht kann in Zweifelsfällen Aufschluß geben, ob

ein Geschäftspartner bereits im Schuldnerverzeichnis eingetragen ist (eidesstattliche Versicherung) oder ob hinsichtlich
der betreffenden Firma ein Konkursantragsverfahren anhängig ist. Bestehen Sie ggf. auf einer Selbstauskunft Ihres
möglichen Vertragspartners; lassen Sie sich eine **Referenz-
liste** übergeben und einige Kundennamen benennen! Nehmen Sie Kontakt auf mit Eigentümern (Verwaltungsbeirä-
ten) aus bereits erstellten Wohnanlagen Ihres potentiellen
Verkäufers (termingerechte und problemfreie Erbringung
der dortigen Bauleistung?).

Ist Ihr Bauträger-Verkäufer oder Baubetreuer gewerbsmäßig tätig, gilt zu Ihrem Schutz auch die Makler- und Bauträ-
ger-Verordnung, **MaBV,** (insbesondere zur Sicherung Ihrer
Zahlungen). Die Neufassung der MaBV ist am 1. 3. 1991 in
Kraft getreten (vgl. oben Abschnitt 1.1 am Ende).

**1.4 Studium der Werbeunterlagen (Prospekte, Pläne,
Baubeschreibung, Flächenberechnung)**

Haben Ihre ersten, vorprüfenden Überlegungen zu positivem
Ergebnis geführt, sollten Sie sich jetzt eingehend mit den Ange-
bots- und Werbeunterlagen – bezogen auf Ihr konkretes Kaufobjekt – befassen. Dies sind einmal mehr oder weniger ausführliche Prospekte, Lagegesamt- und Detailpläne, **Tekturen**
und insbesondere die **Bau- oder Leistungsbeschreibung.** Lassen
Sie sich nicht blenden von allgemeinen prospektierten Lobprei-
sungen und rechtlich wenig gehaltvollen Versprechungen wie
„Luxus-Anlage" mit „Höchst-Komfort" usw. Diese allgemeinen Angaben sind meist zu wenig spezifiziert, um hieraus Ga-
rantieversprechen oder spezielle Zusicherungen ableiten zu können. Entscheidend ist der konkrete Beschrieb der Bauleistungen
im Detail. Wird z. B. ausreichende Küchenausstattung mitgelie-
fert? Sind Sie hier technisch nicht geschult genug, die angekündigte Bauleistung vom Wert her beurteilen zu können, empfiehlt sich vorab die **Einholung technischen Rats.** Nur der Fachmann wird beurteilen können, ob die einschlägigen Gesetze,
Verordnungen und insbesondere DIN-Normen hinsichtlich der
einzelnen Bauleistungen eingehalten sind. Ihr Bauvorhaben soll
den zur Zeit der Fertigstellung geltenden anerkannten **Regeln
der Baukunst und Bautechnik** entsprechen. Wichtig ist insbesondere, daß die Bauphysik „stimmt"; z. B. nicht ausreichender
Schallschutz, mangelhafte Wärmedämmung oder fehlende

bzw. nicht korrekt ausgeführte Isolierungen (Wandanschlüsse!) können später viel Ärger und Kosten verursachen. Gerade beim Schallschutz kann es eine entscheidende Rolle spielen, ob „erhöhter Schallschutz" zugesichert ist oder nicht. Achten Sie auch darauf, ob baubiologisch moderne Baumaterialien verwendet werden, die Gesundheitsrisiken möglichst ausschließen. Da neben der zeichnerischen Darstellung primär die **Baubeschreibung** Ihren Kaufgegenstand präzisiert und Vertragsbestandteil Ihrer Kaufurkunde wird, sollte diese Unterlage auslegungsfrei, klar, auch für den technischen Laien verständlich und so spezifiziert wie möglich sein, ohne damit sagen zu wollen, daß auch jede übliche Bauleistung im Detail eigens zeichnerisch dargestellt und beschrieben sein müßte. Die Raumaufteilung und der Schnitt Ihrer Wohnung ergeben sich wiederum aus den vorgelegten Plänen und **Detailzeichnungen,** die ebenfalls Bestandteil Ihres notariellen Vertrages werden sollten. Bedenken Sie, daß es sich bei Maßangaben i. d. R. um Rohbaumaße handelt (Putztoleranzen!). Lassen Sie sich ggf. die tatsächliche **Wohn- und Nutzfläche** eigens berechnen (bei der Bewertung von Balkonen, Terrassen, Emporen, Mansardenräumen, Kellern, Speichern, Treppen, Hobbyraumflächen usw. werden oft unrichtige Berechnungen vorgenommen). Auch eine Garten- oder Terrassen-Sondernutzungsfläche sollte möglichst genau nach m^2-Fläche (mit Grenzlinien) bezeichnet und farblich hervorgehoben sein.

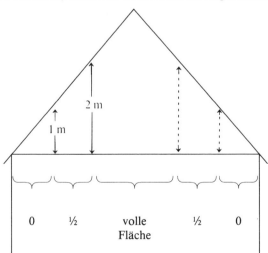

Was die richtige **Wohnflächenberechnung** betrifft, gelten im Steuerrecht (Einheitswert, Grundsteuervergünstigung etc.) und bei öffentlich geförderten Wohnungen die §§ 42 – 44 der **2. Berechnungsverordnung** (II. BV); im Mietrecht bestehen für freifinanzierte Wohnungen i. ü. keine gesetzlichen Vorschriften; man kann aber auch hier die II. BV zugrunde legen. Vielfach findet aber auch heute noch die **DIN 283** Anwendung, obwohl Teil 1 1989 und Teil 2 1983 dieser DIN ersatzlos vom Normenausschuß zurückgezogen wurden. Nach DIN 283 sind die Grundflächen von Räumen mit einer lichten Höhe von mind. 2 m voll, zwischen 1 und 2 m zur Hälfte anzurechnen.

Balkone, Loggien, überdachte Freisitze werden nach der II. BV zur Hälfte, nach DIN 283 zu einem Viertel berechnet. Nach einem mietrechtlichen Rechtsentscheid des BayObLG soll hier i. ü. weder die II. BV noch die DIN 283 zur Anwendung kommen; entscheidend sei vielmehr der **Wohnwert,** der sehr gut (dann zu 1/2 als Maximum) oder sehr schlecht (dann Bewertung sogar bis 0) sein könne; im Normalfall dürfte eine Anrechnung mit 1/4 sachgerecht sein.

1.5 Makler/Reservierung/Vorvertrag

Wurde Ihnen das Vertragsobjekt durch einen Makler angeboten (detaillierte Exposés), sollte ein schriftlicher Auftrag vorgelegt und erst nach Durchsicht des Vertragsformulars und der Vertragsbedingungen unterzeichnet werden. Objektvorkenntnisse teilen Sie sofort einem Makler mit. Die Fälligkeit der Maklerprovision ist frühestens mit dem Zeitpunkt des notariellen Kaufabschlusses zu vereinbaren. Die **Maklerperson** oder -firma sollte mit der Bauträger-Verkäuferseite nicht rechtlich oder wirtschaftlich identisch bzw. firmenmäßig eng verflochten sein, da Sie andernfalls u. U. nicht zu Provisionszahlungen verpflichtet werden können. Nur der unabhängig tätige Makler dürfte auch Ihre Interessen in geeigneter Weise vertreten und Sie beraten können. Er sollte Sie vor und bei Vertragsabschluß ergänzend beraten und aufklären; Verbandsmitgliedschaften (RDM oder VDM) dürften erste Hinweise auf Qualifikation sein.

Die verkäuferseits erbetene Unterzeichnung von privatschriftlichen **Reservierungsvereinbarungen** oder sogenannten **Optionen, Vorverträgen** oder **Ankaufsverpflichtungen** ist aus organisatorischer und wirtschaftlicher-planerischer Sicht des Verkäufers gerade zu Beginn von Verkaufsaktivitäten sicher nicht unbillig, beweist Ihre Unterschrift unter eine solche Vereinbarung doch Ihre ernstgemeinte Kaufbereitschaft und auch die Verkaufsbereitschaft des Bauträger-Verkäufers.

Irgendwelche endgültigen, unabänderbaren Bindungen lassen sich aus solchen Vorvereinbarungen allerdings für beide Seiten nicht ableiten, da jegliche Kauf-, aber auch Verkaufsverpflichtungen nach § 313 BGB in der Neufassung seit 1973 der notariellen Beurkundung bedürfen, um rechtlich verbindliche Wirkungen entfalten zu können. Müssen Sie aus Ihrerseits nicht zu vertretenden Gründen von einer Vorvereinbarung „zurücktreten", dürften auch pauschale **Bearbeitungsgebühren** oder gar ausdrückliche **Vertragsstraf-Abstandszahlungen** verkäuferseits kaum mit Erfolg gegen Sie geltend gemacht werden können. Veranlassen Sie jedoch einen Bauträger-Verkäufer auch nicht vor endgültigem notariellen Vertragsabschluß, für Sie kostenmäßig und aufwendig tätig zu werden, da Sie in einem solchen Fall bei unbegründetem oder schuldhaften Abstandnehmen von einem Vertragsschluß schadensersatzpflichtig werden könnten. Die Unterschrift unter eine kurzgefaßte Reservierungsvereinbarung (mit einigen Rahmendaten) muß also wohl überlegt sein, auch wenn die Vertragspunkte und Absprachen im einzelnen erst in der notariellen Kaufurkunde verbindlich festgelegt werden.

Alle Verträge, die auch nur einen mittelbaren Zwang zum Abschluß eines Grundstücksgeschäftes bewirken (sollen), sind **beurkundungspflichtig**; dies gilt insbesondere bei solchen Vertragsabsprachen, in denen Vertragsstrafen versprochen werden, Anzahlungen bei Rücktritt verfallen sollen oder Reservierungsgebühren an einen Makler bezahlt werden müssen. Im Falle einer erfolgsunabhängigen Maklerprovision/Reservierungsgebühr darf der Betrag grundsätzlich nicht mehr als **10 – 15 %** der vereinbarten bzw. üblichen Provision/Gebühr betragen (h. M.).

Die vereinzelt erwünschte Konstruktion einer Aufforderung der Verkäuferseite, als Kaufinteressent vorerst einmal ein einseitig verbindliches notarielles **Kaufangebot** abzugeben und die Entscheidung der Annahme dem Verkäufer − freibleibend, längerfristig − freizustellen, kann ich Ihnen zur Annahme nicht uneingeschränkt empfehlen.

1.6 Die Überprüfung der notariellen Erwerbsurkunde (im Entwurf)

Bestehen Sie darauf, einige Tage vor dem angesetzten notariellen Beurkundungstermin den Entwurf des Erwerbsvertrages ausgehändigt zu erhalten. Diesen Entwurf sollten Sie dann auch in Ruhe zu Hause durchlesen und eventuelle Fragen an Verkäufer oder auch Notar notieren. Achten Sie darauf, daß alle wesentlichen Absprachen, die bis zum endgültigen Verbriefungstage zwischen Ihnen und dem Verkäufer getroffen wurden, in der Urkunde ausdrücklich erfaßt sind. Nur privatschriftliche oder mündliche Abreden wären formungültig, wenn sie nicht mitbeurkundet sind. Später besteht auf seiten des Verkäufers oftmals keine Bereitschaft mehr, vorvertraglich, in nicht beurkundeter Form abgegebene Zusicherungen auch einzuhalten. Eine Notarurkunde besitzt grundsätzlich den Rechtsschein der Vollständigkeit aller zwischen den Vertragspartnern getroffenen Abreden.

Nun zu den **wesentlichen Regelungen eines Erwerbsvertrages:**

1.6.1 Die persönlichen Daten der Vertragsparteien

Die persönlichen Daten der Vertragsparteien sind im Rubrum (Eingang) der Urkunde vollständig anzugeben. Insbesondere sollte auch die Verkäuferperson/-firma/-gesellschaft mit vollständiger Anschrift genannt sein; hierzu gehören auch eventuelle Vertretungs- und Vollmachtshinweise. Prokura oder Verkaufsvollmacht ergeben sich oftmals aus dem betreffenden Handelsregister-Eintrag; von der Richtigkeit hat sich der Notar durch Einsichtnahme in das betreffende Register Gewißheit zu verschaffen. Bei Gesamthandsgemeinschaften auf der Verkäuferseite sollten sämtliche Gesellschafter namentlich mit Anschriften erscheinen. Vollmachtsnachweise sind der Urkunde am Ende beizuheften; Nachgenehmigung oder auch Stufenbeurkundung ist möglich.

Sollten auf Ihrer Seite mehrere Personen das Wohnungseigentum erwerben, z. B. Sie zusammen mit Ihrem Ehepartner oder Ihre Kinder als Erwerber (dies kann im Einzelfall steuerlich vorteilhaft sein), müssen die erwünschten **Bruchteile** angegeben sein (bei Ehegatten z. B. Erwerb zu je 1/2 Miteigentums-Bruchteilen; bei drei Kindern z. B. zu je 1/3 gleichen Miteigentums-Bruchteilen).

1.6.2 Der Beschrieb des Grundstücks

Das Gesamtgrundstück, an dem Sie anteilig Eigentum erwerben, und auch das zu kaufende Vertragsobjekt selbst sollten korrekt in der Einleitung der Urkunde beschrieben sein. Von der Richtigkeit dieser Daten hat sich der Notar zu überzeugen. Anzugeben sind die Grundstücks-Flurstücknummer, der Vortrag des Grundstücks im Grundbuch des betreffenden Amtsgerichts mit der entsprechenden Band- und Blattbezeichnung. U.U. sind mehrere Grundstücksparzellen des Verkäufers zu einem einheitlichen Grundstück vereinigt und auch katastermäßig zusammengeschrieben worden.

1.6.3 Vertraglicher Hinweis auf die Teilung und den Beschrieb des neu gebildeten Wohnungs- oder Teileigentums mit Nebenräumen

Üblicherweise hat der Verkäufer seinen Grundbesitz gemäß § 8 WEG (bei mehreren Grundstücksmiteigentümern Teilungsvertrag nach § 3 WEG) vor Abschluß der Erwerbsverträge durch notariell unterschriftsbeglaubigte oder beurkundete Teilungserklärung (mit Gemeinschaftsordnung) in **Miteigentumsanteile,** verbunden mit Sondereigentum an zu Wohnzwecken dienenden Räumen **(Wohnungseigentum)** sowie ggf. Sondereigentum an nicht zu Wohnzwecken dienenden Räumen **(Teileigentum) aufgeteilt** und hierbei gleichzeitig eine Gemeinschaftsordnung bestimmt („vereinbart"). Eine solche eintragungsbewilligte Teilungserklärung nimmt dann auch Bezug auf einen **Aufteilungsplan** mit baubehördlicher **Abgeschlossenheitsbescheinigung** (vgl. die Allg. Verwaltungsvorschrift von 1974). Der Aufteilungsplan ist eine von der Baubehörde genehmigte Tektur (Gleichlautvermerk), aus der Gebäudeaufteilung sowie Lage und Größe der im Sondereigentum und im Gemeinschaftseigentum stehenden Gebäudeteile ersichtlich sind. Alle zum selben Sondereigentum gehörenden Einzelräume sind mit der jeweils gleichen Nummer (ggf. gleichfarbig) gekennzeichnet (neben Grundrißzeichnungen gehören auch Schnitte und Ansichten zu einem vollständigen Aufteilungsplan). Zum Erwerbszeitpunkt sollten diese Unterlagen möglichst bereits im Grundbuch vollzogen sein, zumindest die entsprechenden Eintragungsbewilligungen und Eintragungsanträge beim Grundbuchamt eingegangen sein, ohne daß Beanstandungen und vollzugshindernde Zwischenverfügungen seitens des Grundbuch-Rechtspflegers/Richters vorliegen; die Anlegung der einzelnen Grundbuchblätter, bezogen auf die diversen neugebildeten Eigentumseinheiten, sollte zumindest beim Grundbuchamt in Vollzug sein. Andernfalls müßten Sie vor Kaufpreiszahlungen darauf bestehen, Bürgschaftssicherheiten oder andere Zahlungs-Absicherungen (z. B. Zahlung auf Notar-Anderkonto) zu erhalten.

Verzögerungen im grundbuchamtlichen Vollzug der Teilungserklärung fallen im Regelfall in den Verantwortungsbereich des Verkäufers und können im Extremfall Rücktrittsrechte und Verzugsschadenersatzansprüche Ihrerseits rechtfertigen.

Das zu erwerbende Wohnungs- oder Teileigentum muß im Erwerbsvertrag ebenfalls exakt beschrieben sein, d. h. insbesondere mit einer bestimmten Nummer auf einen genehmigten Aufteilungsplan mit Abgeschlossenheitsbescheinigung sowie den formellen Beschrieb in der Teilungserklärung Bezug nehmen. Ferner ist die in der Teilungserklärung bestimmte **Miteigentumsquote** der zu erwerbenden Einheit anzugeben (meist in bestimmte 100stel, 1 000stel oder 10 000stel aufgeteilt). Die einzelnen Raumbezeichnungen und Flächenangaben können ebenfalls in den Beschrieb mit aufgenommen werden (möglich aber auch Bezugnahme auf die Darstellung sämtlicher Einheiten in der Teilungserklärung). Achten Sie schon hier bei **Flächenangaben** auf die genannten Wohn- und Nutzflächenmaße, insbesondere dann, wenn einer Wohnung ein Balkon, ein Hobbyraum, ein Speicher oder eine Empore zugeordnet ist. Die Flächen dieser „Nebenräume" sind hier niedriger als bei normalen Wohnräumen anzusetzen (gegebenenfalls mit ½ oder ¼ der Raumfläche). Auch Mansardenräume mit Dachschrägen unterliegen einer anderen – reduzierten – Flächenberechnung. Steuer- und Gebührenbegünstigungen treten im übrigen auch nur ein, wenn bestimmte Maximal-Gesamtflächen einer Wohnung nicht überschritten sind; hier empfehlen sich oftmals entsprechende Verkäuferzusicherungen. Zum Sondereigentum einer Wohneinheit gehörende, örtlich von der Wohnung getrennte Räume wie Kellerabteile, Speicher, Hobbyräume usw. sollten auf jeden Fall eigens mitangeführt sein, ebenso etwaige **Sondernutzungsrechte** z. B. an Kfz-Stellplätzen, Flurteilen, Terrassen- und Gartenteilflächen; achten Sie hier auf die exakte farbliche oder nummernmäßige Kennzeichnung und richtige eindeutige Zuordnung solcher Nebenräume und Flächen in den der Urkunde

beizuheftenden Planauszügen des Aufteilungsplanes! Sonder-
nutzungsflächen sind im Originalplan (in der Grundakte beim
Grundbuchamt) meist farblich schraffiert in der Farbe, mit der
auch die Sondereigentumseinheit selbst gekennzeichnet ist (ggf.
Nr.-Kennzeichnung). Der Beschrieb im Erwerbsvertrag sollte
auch von Ihnen auf Identität mit der Darstellung in der Teilungserklärung und im Aufteilungsplan überprüft werden!

Hobbyräume, Speicher, Garagen, Stellplätze in einer Tiefgarage können auch als separates Teileigentum ausgewiesen sein
und separat oder zusammen mit einer Wohnung gekauft wer-
dern; achten Sie hier auf die richtige Plan-Nummer und Identität des Planbeschriebs mit der betreffenden Räumlichkeit im
Gebäude.

1.6.4 Der Verkäufer als Voreigentümer

Der Verkäufer muß hinsichtlich des Vertragsobjekts (bezogen
auf das Gesamtgrundstück) im Grundbuch voreingetragener
Eigentümer bzw. zumindest auflassungsvormerkungsberechtigt
sein. Die Prüfung erfolgt hier ebenfalls durch den Notar über
Grundbucheinsicht.

1.6.5 Die Baugenehmigung

Im Verkaufszeitpunkt müßte auch eine gültige, rechtskräftige
behördliche Baugenehmigung vorliegen, möglichst nicht nur
ein positiver Bau-Vorbescheid. Nachbarwidersprüche gegen
solche Bescheide können den Baubeginn nicht unerheblich verzögern. Hinsichtlich einer auf dem Grundstück befindlichen,
abzubrechenden Altbausubstanz müßte eine Abbruchgenehmi-
gung bereits erteilt sein.

1.6.6 Im Grundbuch eingetragene Belastungen

Lassen Sie sich auch detaillierte Auskünfte geben über grundbuchrechtlich auf dem Grundstück eingetragene Belastungen,
die ebenfalls in der Erwerbsurkunde erwähnt sein müssen (der
Notar überprüft auch hier die entsprechenden Grundbuchein-
tragungen).

In **Abteilung II** des Grundbuchs − soweit nicht lastenfrei −
sind sämtliche eintragungsfähigen Belastungen mit Ausnahme

von Hypotheken, Grund- und Rentenschulden eingetragen, die wiederum wegen ihrer Häufigkeit in der besonderen Abteilung III erwähnt sind (einschließlich der sich darauf beziehenden Änderungen, Vormerkungen, Widersprüche und Löschungen). In dieser Abteilung II des Grundbuchs werden damit zeitlich beschränkte Nutzungen an einem Grundstück (z.B. Nießbrauch) eingetragen, ebenso inhaltlich beschränkte Nutzungen (wie z.B. die Grunddienstbarkeit oder auch die Reallast), oder auch inhaltlich und zeitlich beschränkte Nutzungen (wie z.B. beschränkt-persönliche Dienstbarkeiten und u.U. auch Reallasten).

In **Abteilung III** des Grundbuchs finden sich — wie erwähnt — etwaige Absicherungen der Globalfinanzierungsinstitute des Verkäufers (Gesamthypotheken oder Gesamtgrundschulden als Brief- oder Buch-Pfandrechte).

Da diese Belastungen auch Ihr zu erwerbendes Vertragsobjekt betreffen, sollten entsprechende **Pfandfreistellungserklärungen** der Finanzierungsinstitute des Verkäufers vorliegen, die besagen, daß entsprechend Ihrer Kaufpreiszahlungen Ihr Wohnungseigentum von Globalpfandrechten belastungsfrei gestellt wird.

1.6.7 Der Kaufpreis als Festpreis (Pauschalpreis)
— zahlbar in Raten nach Baufortschritt —

Der Erwerbspreis (Gegenleistung) für das fertige Objekt sollte als unabänderbarer Festpreis **(Pauschalpreis)** ausgewiesen sein, allenfalls unterteilt in Grundstücksanteils-Kaufpreis und Werkerstellungsvergütung. Bei Erwerb einer Garage oder eines Kfz-Stellplatzes kann der Preis hierfür ebenfalls separat erfaßt sein. Sog. Preisanpassungsklauseln (z.B. bei erwarteter MWSt-Erhöhung) sind gemäß § 11 Nr. 1 AGBG nur dann wirksam, wenn zwischen Vertragsschluß und Fertigstellung mehr als 4 Monate liegen.

In einem Zahlungsplan sind dann die einzelnen Kaufpreisraten und Fälligkeiten zu bestimmen (gegebenenfalls in einer Anlage zur Urkunde als wesentlicher Vertrags-Bestandteil). Die Ratenzahlungen sollten sich hier mindestens nach den gesetzlichen Vorschlägen der **Makler- und Bauträgerverordnung** (MaBV) in Neufassung, in Kraft getreten am 1. 3. 1991, richten (vgl. auch oben Abschn. 1.1). Hinsichtlich der einzelnen Baustufen ist der

| I. Erwerb Neubau-Wohnung | Raum für Notizen |

Verkäufer vorleistungsverpflichtet; die jeweilige Ratenzahlung sollte also jeweils nach Fertigstellung der entsprechenden Ausbaustufe fällig werden.

Die **Ratenfälligkeiten** nach MaBV lauten:

- Nach Beginn der Erdarbeiten 30%
- Nach Rohbaufertigstellung 28%
- Nach Rohinstallation und Innenputz (ohne Beiputzarbeiten) 17,5%
- Nach Fertigstellung der Glaser- und Schreinerarbeiten (ohne Türblätter) 10,5%
- Nach Bezugsfertigkeit und Zug um Zug gegen Besitzübergabe 10,5%
- Nach vollständiger Fertigstellung (einschl. Außenanlagen u. Behebung der im Abnahmeprotokoll festgestellten Baumängel) 3,5%.

Statt des Ratenzahlungs-Sicherungssystems gemäß § 3 MaBV gibt es noch die **Bürgschafts-Sicherungsvariante** nach § 7 MaBV (selbstschuldnerische Bürgschaft einer Bank oder Versicherung über die gesamte Kaufpreissumme). Austausch der Sicherungssysteme ist möglich, nicht jedoch eine Vermischung.

Vielleicht ist ein BT-Verkäufer auch bereit, als zusätzliche Sicherung eine Fertigstellungs- bzw. **Vertragserfüllungsbürgschaft** einer Bank (Höhe etwa 20% des Erwerbspreises) auszuhändigen.

Wesentliche Baumängel, festgestellt bereits innerhalb einer Baustufe oder zum Zeitpunkt der Abnahme, berechtigen Sie zur Geltendmachung von Zahlungs-Leistungsverweigerungsrechten (**Zurückbehaltungsrechten**) in angemessener Höhe, d.h. in Blickrichtung auf etwaige Sanierungskosten (oftmals wird ein **3-fach-Betrag** des Sanierungsaufwandes − Kostenvoranschlag/Gutachten − anerkannt). Die Leistungsverweigerung ist hier ein Druckmittel zur Erledigung noch anstehender Arbeiten und sollte vertraglich nicht ausgeschlossen sein.

Geraten Sie mit einer Zahlungsrate in **Verzug,** werden Sie i.d.R. − je nach Vereinbarung − mit einem höheren als dem gesetzlichen Verzugszins (4%) belastet, also z.B. mit einem Pauschalzins von 10 oder 12% oder auch 4 oder 5% über Bundesbank-Diskontsatz. Im **Zahlungsverzugsfall** besitzt der Veräußerer auch die Rechte nach § 326 BGB (Nachfristsetzung mit

Leistungsablehnungsandrohung und nachfolgender Schadener-satzforderungs- oder Vertragsrücktritts-Berechtigung; vgl. je-doch § 454 BGB, der allerdings i. d. R. vertraglich ausdrücklich ausgeschlossen wird).

Zahlungen auf den Erwerbspreis sollten allerdings erst **fällig** ge-stellt sein und erfolgen, wenn der Verkäufer tatsächlich als Vor-eigentümer des Grundstücks im Grundbuch eingetragen ist und wenn Ihnen der Notar schriftlich Mitteilung gemacht hat, daß die sog. **Auflassungsvormerkung** zu Ihren Gunsten im Grund-buch eingetragen ist, und zwar im unmittelbaren Range nach den vorrangigen Globalbelastungen und etwa Ihrerseits über-nommenen Grundstücksbelastungen. Die Auflassungsvormer-kung sichert Ihre Rechtsstellung als Erwerber; der Verkäufer kann nach Eintragung einer solchen Auflassungsvormerkung nicht mehr anderweitig über „Ihr" Vertragsobjekt verfügen; in-soweit wären solche Verfügungen Ihnen gegenüber unwirksam, soweit sie Ihren Anspruch auf Eigentumsverschaffung vereiteln oder beeinträchtigen würden (vgl. §§ 883, 888, 892 BGB).

Zusätzlich müssen u. U. vor einer ersten Zahlungsfälligkeit noch andere **Auflagen** erfüllt sein bzw. Negativatteste vorliegen (so z. B. Vorliegen der **Pfandfreistellungserklärung**, Verzicht der zuständigen Gemeinde auf die Ausübung eines gesetzlichen Vorkaufsrechts usw.). Auch die rechtskräftige **Baugenehmi-gung** sollte nachweisbar zu diesem Zeitpunkt erteilt sein.

Ein **praktischer Tip:** Eröffnen Sie möglichst bald ein eigenes Baukonto, über das Sie alle den Bau/Kauf betreffenden Zahlungen laufen lassen, und führen Sie ggf. ein kleines Bautagebuch.

Etwa vereinbarte **Vollmachten** an den Bauträger-Verkäufer, zu Ihren Lasten Darlehensverträge abzuschließen und Ihr Kaufob-jekt zu belasten, müssen auf Ihre im Vertrag vereinbarte Einzel-finanzierung begrenzt sein; weiterhin muß die Löschung späte-stens mit der Eigentumsumschreibung abgesichert sein.

Vor „Schwarzgeldzahlungsabsprachen" und Gegenleistungs-„**Unterverbriefungen**" (um vielleicht Grunderwerbsteuer, No-tarkosten und Gerichtsgebühren „zu sparen") kann ich nur war-nen! Ein Vertrag mit zu niedrig beurkundetem Erwerbspreis ist als **Scheingeschäft nichtig** (§ 117 BGB). Auflassungsvollzug

„heilt" jedoch (§ 313 Satz 2 BGB). Vertragspartner sind insoweit erpreßbar; denken Sie auch an mögliche Steuerstrafverfahren!

1.6.8 Die Zwangsvollstreckungsunterwerfungsklausel

Die übliche Zwangsvollstreckungsunterwerfungsklausel zu Gunsten des Verkäufers besagt, daß ein Verkäufer bei Zahlungsverzug Ihrerseits direkt aus der Urkunde gegen Sie die Zwangsvollstreckung betreiben kann. Hierzu bedarf es dann nur einer Vollstreckungsklausel durch den Notar auf einer Ausfertigung der Urkunde und der Zustellung an Sie, ohne daß der Verkäufer Nachweise der Fälligkeit erbringen oder sonstige Verzugstatsachen vortragen müßte (ein formelhaft vereinbarter Verzicht auf Fälligkeitsnachweis wird von der h.M. derzeit als gültig angesehen). Die Urkunde ist dann einem rechtskräftigen, vollstreckbaren Gerichtsurteil gleichzustellen. Bei berechtigten Gegenansprüchen hätten Sie hier nur die Möglichkeit einer sog. **Vollstreckungsgegenklage** (verbunden mit einem Antrag auf einstweilige Einstellung der Zwangsvollstreckung, (i.d.R.) gegen entsprechende Sicherheitsleistung).

1.6.9 Der Fertigstellungszeitpunkt

Achten Sie auf bestimmte Fertigstellungszusagen durch den Veräußerer, um selbst rechtzeitig verbindlich disponieren zu können. Möglich und für Sie am günstigsten wären feste Terminzusagen, also die Vereinbarung eines **verbindlichen**, fixen **Fertigstellungstermins** zu einem genau angegebenen Datum. Bei Terminüberschreitung können Sie dann etwaigen Verzugsschaden in nachgewiesener Höhe geltend machen. Bei nur unverbindlicher Fertigstellungszusage bestehen grundsätzlich keine Schadensersatzmöglichkeiten. Sie können den Fertigstellungstermin auch mit sog. **Vertragsstraf-** oder pauschalierten Schadensersatz**klauseln** im Rahmen der von der Rechtsprechung entwickelten Grenzen verbinden (bestimmte pauschalierte Verkäuferzahlung pro Woche/Monat einer Fristüberschreitung; hier haben Sie dann keine konkreten Schadens-Nachweispflichten, müssen sich jedoch grundsätzlich bei Abnahme schriftlich solche Vertragsstrafansprüche **vorbehalten**, d.h. am besten in einem Abnahmeprotokoll den Vorbehalt ausdrücklich vermerken). Berechtigte Vertragsstrafforderungen können Sie auch mit Restkaufpreisraten des Verkäufers verrechnen. Auf Abreden von Aufpreiszahlungen bei vorzeitiger Fertigstellung müssen Sie sich nicht einlassen.

Der genaue Fertigstellungs-/Übergabetermin sollte Ihnen vom Verkäufer in einer bestimmten angemessenen Frist benannt werden, damit Sie sich rechtzeitig auf die Abnahmeverhandlung einstellen können. Bei der **Abnahme** können Sie sich auch durch einen Techniker Ihres Vertrauens **vertreten** lassen oder zusammen mit einem solchen Fachmann die technische Abnahmeverhandlung mit dem Verkäufer oder dessen Vertreter führen.

1.6.10 Erschließungskosten und andere Abgaben

Bei Festpreisvereinbarung sind auch sämtliche baubedingten Erschließungskosten und Nachfolgelasten im Kaufpreis mitenthalten, welche durch die Realisierung des Bauvorhabens ausgelöst sind. Gleiches gilt grundsätzlich auch für alle öffentlichen Lasten, Gebühren und Abgaben, die bis zum Zeitpunkt der Besitzübergabe ebenfalls vom Verkäufer zu übernehmen sind. Hierunter fallen z.B. auch Kosten für Anschlüsse von Versorgungseinrichtungen, für Wasser-, Abwasser-, Strom- und Telefonleitungen. Lesen Sie die oft unterschiedlich beurkundeten Erschließungskosten-Klauseln genau; Sie können sich auch vor Kauf bei der Gemeinde erkundigen, ob neue Erschließungsmaßnahmen (z.B. Kanalverlegung, Straßen- und/oder Gehwegsverbreiterung, Straßenoberdeckenneubau usw.) anstehen, die nach Fertigstellung Ihrer Anlage zu Kostenlasten der neuen Wohnungseigentümer gehen könnten.

1.6.11 Die Übergabe/Abnahme des Sondereigentums und des Gemeinschaftseigentums

Nach Baufertigstellung wird dem Erwerber die tatsächliche Verfügungsgewalt über den Erwerbsgegenstand eingeräumt (**Besitzeinräumung**).

Die Übergabe/Abnahme des Sondereigentums (und möglichst separat auch des Gemeinschaftseigentums – hier auch entsprechende Vereinbarung in der Gemeinschaftsordnung möglich) sollte ausführlich im Erwerbsvertrag geregelt sein; die förmliche Übergabe und willentliche Abnahme wird üblicherweise durch Erstellung eines sog. **Abnahmeprotokolls** dokumentiert, welches von beiden Vertragsparteien zu unterzeichnen ist. Das Protokoll ist eine Beweisunterlage. Bei der Übergabe- und Abnahmeverhandlung ist Vertretung möglich; Sie können selbstverständlich auch − auf eigene Kosten − einen eigenen bautechnischen Fachmann bei der Abnahme zu Rate ziehen. Im Protokoll sollten die von Ihnen festgestellten (erkannten und erkennbaren) Baumängel und noch nicht erledigten Arbeiten möglichst genau beschrieben und aufgelistet werden. Erkennt der Verkäufer einzelne behauptete Baumängel nicht an, sollte die Leistungsablehnung entsprechend vermerkt werden (hier dann Klärung über Privatgutachten oder ggf. einzuleitendes selbständiges Beweisverfahren). Für die Beseitigung anerkannter Baumängel haftet Ihnen der Verkäufer in angemessener Frist. Die Angemessenheit der Frist richtet sich grds. nach Art, Umfang und Schwere der festgestellten Mängel (auch nach Jahreszeit und Witterung).

Rechtlich hat die **Abnahme** u. a. die **Bedeutung,**

− daß die Untergangs- und Verschlechterungsgefahr des Erwerbsgegenstandes mit diesem Zeitpunkt auf Sie übergeht (Beweislastumkehr),

− nach diesem Zeitpunkt sämtliche Steuern, Abgaben und öffentlichen Gebühren im Regelfall (zumindest im Innenverhältnis zu Ihrem Verkäufer) von Ihnen getragen werden müssen,

− Hausgeld-(Wohngeld-)vorauszahlungen ebenfalls im Rahmen üblicher Vertragsregelung im Verhältnis zu Ihrem Verkäufer von Ihnen als Wohnungsbesitzer (ggf. faktischer, werdendender Eigentümer) bezahlt werden müssen,

− nach Abnahme entstehende oder erst entdeckte Baumängel von Ihnen zu beweisen sind (vor Abnahme trägt der Veräußerer die Beweislast für die Mängelfreiheit),

− mit Abnahme (als im wesentlichen erbrachte Werkleistung) (Rest-)Erfüllungsansprüche grundsätzlich nach Mängelgewährleistungsrecht zu verfolgen sind (Frist!),

− etwaige Vertragsstrafvorbehalte spätestens zu diesem Zeitpunkt erfolgen müssen und

− eine vereinbarte bzw. die gesetzliche Mängelgewährleistungsfrist in Lauf gesetzt wird (aktuell werden zu diesem

Zeitpunkt auch ggf. vereinbarte Abtretungsklauseln hinsichtlich der dem Verkäufer zustehenden Mängelgewährlei-
stungsansprüche gegen baubeteiligte Dritte; Sie müssen
dann neue Mängel primär gegen die vom Bauträger-Verkäufer unterbeauftragten baubeteiligten Dritten [Architekt, Generalunternehmer, Projektant usw.] geltend machen;
schlägt der außergerichtliche Versuch fehl, sich bei baubeteiligten Dritten schadlos zu halten, lebt die Haftung des
Bauträgerverkäufers als ursprünglichem Gewährleistungsschuldner mit neuem Gewährleistungsfristbeginn wieder auf
– sog. **Subsidiärhaftung** –).

Zur Abnahme sind Sie nur verpflichtet, wenn der Erwerbsgegenstand „abnahmereif", d.h. als im wesentlichen vertragsgerecht
erfüllt ist; Ihre Wohnung muß aus objektiver Sicht ohne Probleme als solche bewohnbar sein; kleinere, übliche Mängel berechtigen Sie insoweit nicht, die geforderte Abnahme zu verweigern.

Sog. **Abnahme-Fiktionsklauseln** (analog § 12 Nr. 5 VOB/B)
sind im Bauträger-Vertragsrecht nur sehr eingeschränkt möglich (vgl. § 10 Nr. 5 AGBG); eine Teilbezugnahme auf § 12
Nr. 5 VOB/B ist nicht zulässig, ebenso wohl auch keine Gesamtbezugnahme auf die VOB/B im Bauträgerrecht.

Achten Sie insbesondere auch auf eine ausdrückliche, angemessene Regelung der **Übergabe/Abnahme des Gemeinschaftseigentums,** da im Bereich des Gemeinschaftseigentums sehr
häufig Mängel auftreten, welche meist auch einen hohen Sanie-
rungskostenaufwand erfordern. Eine eigene Regelung ist hier
insbesondere wichtig, wenn das Gemeinschaftseigentum nach
endgültiger Fertigstellung einheitlich und organisiert von der
gesamten Gemeinschaft, d.h. entsprechend ermächtigten Personen abgenommen werden sollte (vgl. Muster eines Abnahme-
Protokolls S. 195, 196).

Existieren keine Vereinbarungen (auch keine gemeinschaftlichen Beschlüsse) über eine rechtsgültige, einheitliche, ggf. für
alle Miteigentümer verbindliche, förmliche Abnahme des Gemeinschaftseigentums, wird wohl jeder Erwerber einer neu erstellten Wohnung (auch noch der letzte!) mit Abnahme seines
Sondereigentums stets auch das gesamte Gemeinschaftseigentum abnehmen können; rechtlich nachteilig für den Bauträger-
Verkäufer sind bei solcher Vertragsgestaltung die unterschiedli-
chen Gewährleistungsfrist-Beginne. Insoweit existieren zu die-

sem Abnahmethema häufig auch **Individualvereinbarungen,** die Sie in voller rechtlicher Tragweite vor unterschriftlicher Anerkennung überdenken sollten.

Ist vertraglich eine einheitliche Übergabe/Abnahme des Gemeinschaftseigentums vorgesehen und – meist nach mittlerem Bezug von Ersterwerbern – durchgeführt, kann in Folgeverkäufen an spätere Ersterwerber auf diese bereits erfolgte Abnahme vertraglich Bezug genommen werden. Gewährleistungsfristverkürzungen müßten hier jedoch wohl ebenfalls über wirksame Individualvereinbarungen geregelt sein, um Gültigkeit zu erlangen.

Spätestens bei Abnahme sollten Sie sich auch Bedienungsanleitungen und **Detailpläne** aushändigen lassen; inwieweit Sie hier Ansprüche beim konventionellen Wohnungskauf vom Bauträger gegen Ihren Verkäufer besitzen, ist sehr umstritten (vgl. §§ 444 und 402 BGB); bei vereinbarter Gewährleistungsanspruchs-Abtretung haben Sie sehr weitgehende **Auskunfts-** und **Unterlagenherausgabe-Ansprüche.**

1.6.12 Die Gewährleistung bezüglich anfänglicher Baumängel

Was die Sachmängelgewährleistung neu erstellten Eigentums im Detail betrifft, gestaltet sich die nunmehr von der Rechtsprechung geforderte Vereinbarung nach **BGB-Werkvertragsrecht** erwerberfreundlich. Die Gewährleistungsfrist beträgt hiernach grundsätzlich **fünf Jahre** bei Mängeln am Bauwerk (beginnend mit der jeweiligen Abnahme der Werkleistung). Fristunterbrechende Maßnahmen können hier jedoch – mangels eines ausdrücklichen Mängel-Anerkenntnisses – nur über gerichtliche Antragsmaßnahmen erfolgen (z. B. Antrag auf selbständiges **Beweisverfahren** nach §§ 485 ff. ZPO in Neufassung (früheres Beweissicherungsverfahren), Klage, Mahnbescheid, Streitverkündung usw. Einfache privatschriftliche **Mängelrügen** unterbrechen eine Gewährleistungsfrist nach BGB-Werkvertragsrecht nicht!

Die alternativ zur Verfügung stehenden **Mängelrechte** sind primär der Anspruch auf Nachbesserung/Mängelbeseitigung und im Verzugsfall der Kostenerstattungsanspruch (einschließlich eines Vorschußverlangens), sekundär nach Fristsetzung mit Ablehnungsandrohung Minderung, ggf. Wandelung (Rücktritt, selten!) und im Verschuldensfalle Schadensersatz. Achten Sie darauf, daß Ihnen wesentliche Gewährleistungs-Rechte nicht durch formularmäßige Ausschlüsse genommen sind. Haftungsbeschränkungen in Formular-Erwerbsverträgen (i. G. zu ausdrücklichen Individualvereinbarungen) verstoßen oftmals gegen Klauselverbote des AGB-Gesetzes. Für Mängel an gleitenden und beweglichen Teilen (insbesondere elektrischen Anlagen) kann die Gewährleistungsfrist m. E. auch formularvertraglich verkürzt werden. Soweit vom Verkäufer im Rahmen des Vertrages Ausstattungs- und Einrichtungsgegenstände zu liefern sind, kann hinsichtlich dieser beweglichen Gegenstände auch kaufrechtliche Gewährleistung nach BGB (sechs Monate seit Ablieferung!) vereinbart werden.

Bei **Mängeln am Gemeinschaftseigentum** besteht hinsichtlich der alternativen Gewährleistungsrechte (§§ 633 ff. BGB) – was die Wahl- und **Klagebefugnis** betrifft – derzeit eine sehr modifizierende BGH-Rechtsprechung. Vorteilhaft ist es hier, der gesamten Gemeinschaft durch entsprechende, rechtzeitige Beschlußfassungen die Entscheidung über die Geltendmachung von Gewährleistungsrechten zu überlassen. Nur im Ausnahmefall sollten Sie hier selbst und allein tätig werden (Kostenrisiko!), obgleich Sie zumindest Nachbesserungs- und Kostenerstattungs- (einschl. Vorschuß-) Ansprüche, wohl auch Wandelung und nach jüngster BGH-Rechtsprechung ggf. auch Minderung (anteilig) eigenständig gerichtlich verfolgen könnten; machen Sie solche primären Gewährleistungs-Ansprüche tatsächlich in eigenem Namen geltend, müßten die Klage-Anträge allerdings im Regelfall auf Leistung an die gesamte Gemeinschaft gerichtet sein (§ 432 BGB; Ausn.: Minderung bei sog. Ausstrahlungsmängeln, die sich also nur auf Ihr Sondereigentum negativ auswirken). Die Geltendmachung von Minderung und Schadensersatz kann jedoch bereits zur ordnungsgemäßen Verwaltung (Instandsetzung) des Gemeinschaftseigentums gehören und eine gemeinschaftliche Beschlußentscheidung der Eigentümer voraussetzen. Bei Schadensersatzforderungen steht nach wie vor – vom BGH 1991 bestätigt – die **Gemeinschaftsgebundenheit** dieses Anspruchs nach § 635 BGB im Vordergrund und damit das Gebot gemeinschaftlicher Klagebefugnis (Ermächtigungsbeschlüsse an einzelne Eigentümer, aber auch den Verwalter sind jedoch auch hier möglich).

Eine alternative, häufig verwendete Gewährleistungsregelung war zumindest in der Vergangenheit die einer Bezugnahme auf

§ 13 VOB/B oder – seltener – auf die gesamte VOB/B; im Formular-Erwerbsvertrag ist die Vereinbarung des § 13 VOB/B und auch die Gesamtbezugnahme auf die VOB/B nach der neuen Rechtsprechung des **BGH** nunmehr **ungültig**; es gilt ersatzweise BGB-Gewährleistung nach den §§ 633 ff. BGB. Eine solche VOB-Gewährleistungs-Vereinbarung war für Sie ungünstiger als das BGB-Werkvertrags-Gewährleistungsrecht, da hier die Gewährleistungsfrist grundsätzlich nur **zwei Jahre** beträgt, wenn auch die schriftliche Mängelbeseitigungsaufforderung als solche bereits eine neue 2jährige Frist für einen speziell gerügten Mangel in Lauf setzte. Diese neue Zweijahresfrist mußte dann allerdings bei Nichterledigung fortlaufend wieder durch gerichtliche Maßnahmen unterbrochen werden. Das Schadensersatzrecht des § 13 Nr. 7 VOB/B ist im übrigen gegenüber dem BGB-werkvertraglichen Schadensersatz eingeschränkt. Eine Wandelung kennt die VOB/B nicht, zumindest nicht ausdrücklich. Bei Mängeln, die auf Planungsverschulden beruhten, war schon nach früherer Rechtsprechung des BGH eine solche fristverkürzende Bezugnahme auf die VOB nicht gültig, so daß in diesen Fällen der Verkäufer trotz vereinbarter VOB nach BGB-Werkvertragsrecht haftete. Auch etwa individuell ausgehandelte Teilbezugnahme auf § 13 VOB/B ist nach BGH (v. 7. 5. 1987) isoliert nicht mehr zulässig. Bauträgerverkäufer vereinbaren deshalb heute i. d. R. auch in den Bauverträgen mit ihren Subunternehmern eine grds. 5jährige Gewährleistungsfrist, was auch in VOB/B-Verträgen möglich und zulässig ist, um hier Fristen möglichst kongruent zu halten.

Da bekanntlich nicht selten Mängel, insbesondere am Gemeinschaftseigentum, erst nach Ablauf von 2 Jahren seit Übergabe auftreten, ist die Rspr. des BGH zur **Ungültigkeit** der **Bezugnahme** auf die VOB/B in Formular- und auch Individual-Verträgen aus insoweit berechtigten Erwerber-Schutzgründen zu begrüßen.

Mitunter finden sich auch heute noch bei der Gewährleistungsregelung sog. **Abtretungsklauseln**. Dies bedeutet, daß Sie bei Baumängeln, die erst nach Abnahme auftreten oder von Ihnen entdeckt werden (innerhalb der Gewährleistungsfrist), vorab Ihre Rechte bei den vom Bauträger-Verkäufer unterbeauftragten Unternehmern (Subunternehmern) oder Sonderfachleuten (z. B. Architekten) geltend zu machen haben. Erforderlich ist jedoch in diesem Fall, daß Sie mit Abnahme zumindest eine entsprechende Handwerker- und Baubeteiligtenliste erhalten, ebenso die Mitteilung, wann bei den Handwerksfirmen die Gewährleistungsfristen ablaufen (nach BGH-Entscheidung sogar unaufgefordert). Gleichzeitig sollte Sie der Verkäufer bei der möglichen Durchsetzung solcher Ansprüche durch Rat und Tat unterstützen. Führt Ihre schriftliche Mängelbeseitigungsaufforderung bei den Handwerksfirmen und drittbeteiligten Bausonderfachleuten (Architekt, Ingenieur) allerdings nicht zum Erfolg, können Sie – ohne hier gegen Dritte Klagen führen zu müssen – wieder auf die Haftung des Verkäufers zurückgreifen (sog. **Subsidiärhaftung**). Die Subsidiärhaftungsfrist des Verkäufers beginnt in dem Zeitpunkt neu zu laufen, in dem feststeht, daß Sie Ihre Ansprüche gegen Handwerker oder Dritte – gleich aus welchem Grunde – nicht realisieren können. Aufgrund der u. U. sehr lange möglichen Haftung des Verkäufers dürften diese Abtretungsklauseln in Zukunft in Erwerbsverträgen immer seltener werden. Empfehlenswert ist jedoch die Vereinbarung einer Abtretungsverpflichtung seitens des Verkäufers auf erste Anforderung Ihrerseits, um bei etwaiger Verkäuferinsolvenz ggf. noch nicht verjährte Rechte gegen baubeteiligte Dritte verfolgen zu können.

1.6.13 Die Auflassung

Erwerbsvertrag (Kauf, Schenkung, Tausch etc.) und **Auflassung** (sowie Eigentumsübergang) sind nach BGB zu **trennen** (Abstraktionsprinzip).

Die Auflassung (dies ist die nach deutschem Recht zur Übertragung des Eigentums an einem Grundstück/Grundstücksanteil nach § 873 BGB erforderliche, ebenfalls notariell zu beurkundende **Einigung** des Verkäufers und des Erwerbers, § 925 BGB) kann bereits in der Kaufurkunde vereinbart werden, kann allerdings auch in separater Urkunde erfolgen. Endgültig Eigentümer sind Sie jedoch auch nach erfolgter Auflassung noch nicht, sondern erst mit Ihrer **Eintragung** (Umschreibung) im Grundbuch. Die Auflassung wird erst dann vollzogen, wenn für jedes Sondereigentum nach im Grundbuch vollzogener Teilungserklärung (mit Aufteilungsplan und Abgeschlossenheitsbescheinigung) ein eigenes Grundbuchblatt angelegt ist, das Erwerbsobjekt fertiggestellt und von Ihnen ordnungsgemäß abgenommen wurde und Sie den Kaufpreis einschließlich etwaiger

Kosten für Sonderwünsche und Verzugszinsen vorbehaltlos entrichtet haben (einschließlich der Grunderwerbsteuer, also Vorliegen entspr. steuerl. Unbedenklichkeitsbescheinigung). Erst wenn der Verkäufer den Erhalt dieser Zahlungen dem Notar bestätigt, wird dieser eine Auflassung vollziehen, d. h. den Eigentumsumschreibungsantrag – in der Regel in Vollmacht beider Parteien unter Befreiung von § 181 BGB – zum Grundbuchamt stellen. Mit Eingang des Antrags beim Grundbuchamt ist Ihre Eigentümerstellung gesichert. Die Umschreibung selbst dauert je nach Arbeitsbelastung des zuständigen Grundbuchamts beim Amtsgericht dann meist noch einige Wochen oder sogar Monate. Vom Notar erhalten Sie dann einen abschriftlichen Grundbuchauszug, der Ihre Eigentümerstellung ausweist (auf Anforderung auch direkt vom Grundbuchamt).

Vgl. auch unten Abschnitt 1.11.

Beim Kauf vom Bauträger (also einer Teilung nach § 8 WEG) werden Sie nach wirksamem notariellen Kaufvertragsabschluß, zu Ihren Gunsten eingetragener Auflassungsvormerkung (was Vollzug der Teilungserklärung im Grundbuch und Grundbuchblatt-Anlegung Ihres Sondereigentums voraussetzt) und Übergabe des fertiggestellten Sondereigentums noch vor Entstehung der Eigentümergemeinschaft (Eintragung mindestens eines weiteren Erwerbers im Grundbuch als Eigentümer neben dem veräußernden Alleineigentümer) sog. **werdender/faktischer Eigentümer** (Rspr. des BayObLG); auf Sie als Eigentumsanwärter findet dazu bereits **WEG analog** Anwendung; Sie haben ab Übergabe/Abnahme Wohngeld (Hausgeld) an die (werdende) Gemeinschaft (zu Händen des Verwalters) zu leisten, Sie sind zu Versammlungen zu laden, Sie besitzen das Stimmrecht und Sie können auch ab dieser Zeit als WEG-Beteiligter wohnungseigentumsgerichtliche Anträge nach § 43 WEG stellen. Entsteht – später – die WE-Gemeinschaft, behalten Sie Ihre Stellung als faktischer Eigentümer (gelten also nicht als Sondernachfolger).

Erwerben Sie allerdings Ihre Wohnung/Ihr Teileigentum zeitlich erst nach bereits entstandener, d. h. im Vollzug gesetzter Eigentümergemeinschaft (Eintragung von mindestens zwei Miteigentümern als Eigentümer im Grundbuch), erlangen auch Sie erst Rechte und Pflichten als Wohnungseigentümer gegenüber der Gemeinschaft mit Ihrer Eigentumseintragung im Grundbuch; Sie sind dann sog. **Sonderrechtsnachfolger**; das Institut des faktischen/werdenden Eigentümers hat hier zur Sondernachfolge der BGH bereits 1988 verneint. Ihre Rechte und Pflichten beurteilen sich vor Eigentumsumschreibung insoweit allein nach den erwerbsvertraglichen Absprachen mit Ihrem Vertragspartner, also Ihrem Veräußerer. Eine Stimmrechtsvertretung in der Eigentümerversammlung wäre Ihnen z. B. nur möglich, falls keine anderweitigen, einschränkenden Vereinbarungen wirksam in der Gemeinschaftsordnung getroffen sein sollten.

1.6.14 Sonderwünsche

Üblicherweise wird Ihnen verkäuferseits die Möglichkeit eingeräumt, Sonderwünsche geltend machen zu können (meist zur Raumaufteilung unter Veränderung nicht tragender Innenwände, zur Sanitär- und Heizungsausstattung, zur Verfliesung und zur Bodenoberflächengestaltung sowie den Elektroinstallationen). Hier sollten klare Absprachen getroffen werden; einmal ist es wichtig, daß Sie etwaige Bauänderungs- oder Zusatzwünsche rechtzeitig an den Verkäufer herantragen, damit der kontinuierliche Bauablauf nicht gestört wird. Ein Sonderwunsch kann demnach auch von der vorherigen schriftlichen Zustimmung eines Verkäufers abhängig gemacht werden. Es ist auch nicht unbillig, wenn der Verkäufer einen 5- oder 10 %igen Aufschlag auf die Sonderwunschauftragssumme erhebt, wenn er die Erledigung in eigener Verantwortung übernommen hat (wegen etwaiger Rabattverluste bei Wegfall von Leistungen der Normalausstattung lt. Baubeschreibung, Mehraufwand im Bereich der Planung, Bauleitung und Bauaufsicht usw.). Unter Berücksichtigung einer Rückerstattung für entfallene Normalausstattungsleistungen sollte ein Aufpreis je Sonderleistung genau (schriftlich) vereinbart werden. Voraussetzung ist insoweit, daß die Baubeschreibung gerade hinsichtlich der Sanitäreinrichtungsgegenstände und der vorgesehenen Bodenbeläge eindeutige Leistungspreisangaben enthält (Material- und Arbeitspreise), um etwaige Sonderwunschmehrkosten genau errechnen zu können. Ich halte es im übrigen nicht für empfehlenswert, Regelungen zu treffen, die Ihnen die Entscheidung überlassen, Sonderwünsche direkt mit beteiligten Unternehmern abwickeln zu können.

Bei allen Sonderwunschabsprachen ist darauf zu achten, daß sich Mehrforderungen des Verkäufers für unstreitig bestehenden Mehraufwand in angemessenem Rahmen halten.

1.6.15 Nachträgliche Änderungen des Vertragsobjekts

Sollte sich der Verkäufer in der Kaufurkunde noch **Vollmachtsrechte** (möglichst nur kurzzeitig befristet) hinsichtlich einer nachträglichen Änderung der Teilungserklärung mit Gemeinschaftsordnung vorbehalten, vielleicht auch Änderungsmöglichkeiten in Planung und Bauausführung (z. B. aufgrund nachträglicher baubehördlicher Auflagen, Materialknappheit usw.), müßte auf jeden Fall sichergestellt sein, daß sich hierdurch nicht die Größe Ihres erworbenen Miteigentumsanteils verändert, sowie Lage und Nutzungsart Ihres erworbenen Sondereigentums und etwaige Sondernutzungsrechte nicht negativ (wertmindernd) berührt werden. Abweichungen von den angegebenen Größen der Wohn- oder Nutzfläche bis zu $+/-$ 3 % führen meist nicht zu einer Veränderung des vereinbarten Pauschalpreises und der Größe der verkauften Miteigentumsanteile am Grundstück; weitergehende Änderungen ohne entsprechenden Wertausgleich müßten jedoch von Ihnen nicht beanstandungslos hingenommen werden.

Achten Sie bei frühzeitigen Möbelbestellungen auf die endgültigen Rauminnenmaße!

Nachträgliche Abreden (vor Eintragung der Eigentumsänderung im Grundbuch), welche die Übereignungspflicht des Veräußerers oder die Abnahmepflicht des Erwerbers in wesentlichen Punkten verändern, unterliegen ebenfalls der notariellen **Beurkundungspflicht** (vgl. auch unten Abschn. 1.6.19). Formfrei sind allenfalls nachträgliche Änderungen von Nebenpunkten bzw. unwesentliche Bestimmungen.

1.6.16 Belehrungen des Notars

In der Urkunde beweiskräftig niedergelegt sein müssen auch erfolgte Hinweise und Belehrungen des Notars; über den Inhalt dieser Belehrungen muß Sie bei Nichtverständnis auf Frage hin der Notar anläßlich der Beurkundung angemessen aufklären. Der Urkundsnotar hat primär darauf zu achten, daß keine rechtsunwirksamen Vertragsklauseln beurkundet werden, ohne jedoch Ihr Rechts-, Steuer- oder Wirtschaftsberater sein zu müssen.

1.6.17 Kosten der Beurkundung und Eigentumsumschreibung

Die Kosten der Errichtung der Erwerbsurkunde und ihres grundbuchamtlichen Vollzugs, der Genehmigungen und Bescheinigungen sowie der Katasterfortführungsgebühren haben grundsätzlich Sie zu tragen. Die Kosten der vertragsmäßigen Lastenfreistellung von der Globalbelastung hat wiederum der Verkäufer zu übernehmen. Kalkulieren Sie hier etwa einen Kostenansatz von ca. 0,7 bis 1 % des Erwerbspreises zusätzlich zum vereinbarten Kaufpreis. Sie erhalten hierzu entsprechende Rechnungen des Notars und der betreffenden Justizkasse.

1.6.18 Steuern

Eine anfallende 2 %ige **Grunderwerbsteuer** haben grundsätzlich Sie als Käufer zu übernehmen. Zahlungsaufforderung erhalten Sie hier unaufgefordert vom Finanzamt für Grundbesitz- und Verkehrssteuern kurze Zeit nach Abschluß des notariellen Erwerbsvertrages.

1.6.19 Zusatzabsprachen

Denken Sie zuletzt auch an mögliche vorvertragliche Zusatzabsprachen. Diese sollten ebenfalls unter eigener Ziffer am Ende der Urkunde eigens nochmals bestätigt und dargestellt werden. Alle wesentlichen Nebenabreden sind damit beweisbar beurkundet und formwirksam. Erst die ausdrückliche Beurkundung begründet entsprechend durchsetzbare Ansprüche und Verpflichtungen. Denken Sie hier z. B. auch an etwaige Änderungen und Ergänzungen einer zum Vertragsbestandteil gemachten (leider meist sehr dürftig gehaltenen) allgemeinen Baubeschreibung.

1.7 Die Vereinbarungen in der Teilungserklärung mit Gemeinschaftsordnung

Die Teilungserklärung / der Teilungsvertrag

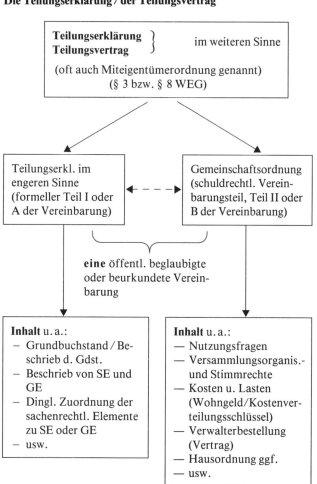

Teilungserklärung ⎫
Teilungsvertrag   ⎬ im weiteren Sinne

(oft auch Miteigentümerordnung genannt)
(§ 3 bzw. § 8 WEG)

Teilungserkl. im engeren Sinne (formeller Teil I oder A der Vereinbarung) ◄ – – – ► Gemeinschaftsordnung (schuldrechtl. Vereinbarungsteil, Teil II oder B der Vereinbarung)

eine öffentl. beglaubigte oder beurkundete Vereinbarung

Inhalt u. a.:
– Grundbuchstand / Beschrieb d. Gdst.
– Beschrieb von SE und GE
– Dingl. Zuordnung der sachenrechtl. Elemente zu SE oder GE
– usw.

Inhalt u. a.:
— Nutzungsfragen
— Versammlungsorganis.- und Stimmrechte
— Kosten u. Lasten (Wohngeld/Kostenverteilungsschlüssel)
— Verwalterbestellung (Vertrag)
— Hausordnung ggf.
— usw.

1.7.1 Der formelle Beschrieb der Erwerbsobjekte in der Teilungserklärung / im Teilungsvertrag

Die vom Verkäufer einseitig konzipierte (notariell beurkundete oder unterschriftsbeglaubigte) **Teilungserklärung** mit Gemeinschaftsordnung (§ 8 WEG) — auch Miteigentümerordnung genannt — ist eine ganz **wesentliche Urkunde,** die Sie ebenfalls vor verbindlichem Kaufabschluß in Kopie/Abschrift in Händen und durchgesehen haben sollten. Sie besitzen Anspruch darauf, rechtzeitig eine Kopie dieser Urkunde ausgehändigt zu erhalten. Wie der Aufteilungsplan mit Abgeschlossenheitsbescheinigung „gehört" die Teilungserklärung mit Gemeinschaftsordnung als Bestandteil zum jeweiligen Wohnungs- bzw. Teileigentum, liegt auch in Ausfertigung beim Grundbuchamt in der betreffenden Grundakte; ebenso sollte sie sich bei den Verwaltungsunterlagen eines bestellten Verwalters befinden. Was in Teilungserklärung und Gemeinschaftsordnung steht, hat grds. **Vereinbarungswirkung** i. S. des § 10 Abs. 1 und 2 WEG, wirkt also gegenüber Sonderrechtsnachfolgern (Wohnungskäufern, Beschenkten, Erben, Erstehern in der Zwangsversteigerung) und kann grds. nachträglich nur mit Zustimmung aller Eigentümer (also allstimmig), aller dinglich Berechtigten (z. B. Auflassungsvormerkungsberechtigten) und im Regelfall auch aller Pfandgläubiger (Hypothekenbanken, Bauspargrundschuld-Gläubiger) geändert werden.

Insbesondere durch den formellen Teil der Teilungserklärung (des **Teilungsvertrags** nach § 3 WEG bei Teilung durch mehrere Grundstücks-Miteigentümer) — der sog. Teilungserklärung im engeren Sinne — werden die einzelnen **Kaufobjekte/Eigentumseinheiten** eindeutig **identifiziert** (nach Zahl, Größe und Lage); damit regelt die Teilungserklärung die dinglichen Rechtsverhältnisse am Gesamtgrundstück und dem oder den Gebäudekörper(n). Klargestellt ist insbesondere, welche Einheiten als **Wohnungen** und welche Räumlichkeiten als „nicht zu Wohnzwecken dienend" (**Teileigentum**) vorgesehen sind. Teileigentum kann z. B. nutzungseingrenzend als „Laden" beschrieben sein, aber auch allgemeiner als „Gewerbe- oder Geschäftsräume". Bei **Zweckbestimmung** eines Teileigentums als „Laden" ist die obergerichtliche Rechtsprechung zu beachten, welche diese Begriffsbezeichnung sehr eng auslegt im Sinne eines Einzelhandelsgeschäfts mit Warenverkauf über Ladentisch unter Einhaltung der allgemeinen gesetzlichen Ladenschlußzeiten.

Bei beabsichtigter branchenoffener Nutzung sollte der gesetzliche Begriff für das Teileigentum „nicht zu Wohnzwecken dienende Räume" gewählt sein.

Schon hier können auch etwaige dingliche **Sondernutzungsrechte, d.h.** durch Eintragung im Grundbuch auf Dauer einem (oder mehrerem) Sondereigentum zugeordnete alleinige Nutzungs- oder Gebrauchsrechte gemeinschaftlicher Grundstücksflächen, Räume oder Bauteile vereinbart sein, die den Wert eines Sondereigentums erhöhen; üblich sind solche Alleinnutzungsrechte an Garten- und Terrassenflächen, an Speicher-, Keller- oder Hobbyräumen, an Kfz-Stellplätzen unter- oder oberirdisch, an konstruktiven Gebäudeteilen (Fassade, Fenstern, Dächern) usw.; meist ist hier zugleich entspr. alleinige Instandhaltungs- und Instandsetzungsverantwortlichkeit vereinbart. **Sachenrechtlich** bleiben zur Sondernutzung zugewiesene Räume, Flächen und Bauteile allerdings **Gemeinschaftseigentum**, so daß im Regelfall auch Grundsätze des § 22 Abs. 1 WEG bei beabsichtigten nachträglichen baulichen Veränderungen beachtet werden müssen. Die entsprechende (Allein-)Nutzung muß sich i. ü. grds. im Rahmen des Verkehrsüblichen halten. Isoliert kann ein Sondernutzungsrecht nicht veräußert oder belastet werden, also stets nur zusammen mit dem betreffenden Sondereigentum; allein Übertragungen (und Umschreibungen) innerhalb der Gemeinschaft sind möglich.

Den einzelnen Sondereigentums-Einheiten werden von Anfang an entsprechende rechnerische **Miteigentums-Quoten** zugeordnet. In der Bewertung der Quoten ist der Grundstückseigentümer grundsätzlich frei. Üblicherweise orientiert sich die Miteigentumsquote an der Flächengröße der Einheit, u. U. aber auch an Lagegegebenheiten, Miet-, Nutz-, Bausubstanz- und Verkaufswerten. Sondernutzungsrechte (einem Sondereigentum zugeordnet) wirken sich oft auch quoten- bzw. werterhöhend aus. Die vereinbarten Quoten können später grundsätzlich nicht mehr (bzw. nur allstimmig) **geändert** werden (seltene Ausnahme: Anspruch auf Quotenänderung nur bei grob unbilliger und mißbräuchlicher Erstbewertung!).

Der **Beschrieb** der einzelnen Einheiten in der Teilungserklärung sollte mit den Angaben im Aufteilungsplan identisch sein. Vorrang genießen jedoch im Zweifel eigenständige, ausdrücklich spezifizierende schriftlichen Vereinbarungen in Teilungserklärung mit Gemeinschaftsordnung (Vereinbarungswirkung; strittig).

In der Teilungserklärung finden sich meist neben dem Grundstücksbeschrieb auch allgemeinverbindliche Angaben über die Gesamtanlage, d. h. über Art, Charakter und **Zweckbestimmung** der Wohnanlage; erwähnt ist auch die dingliche Aufteilung des Objekts in Haupt- und Nebengebäude, Tiefgarage, Kfz-Abstellflächen, Gärten usw.

Einige strittige **Abgrenzungs- und Zuordnungsfragen** zwischen einzelnen Gewerken, Einrichtungsteilen und Räumen, insbesondere zwischen Sondereigentum und Gemeinschaftseigentum sind ebenfalls in der Regel in einer Teilungserklärung beispielhaft angesprochen. Meist sind dies die umstrittenen Fragen hinsichtlich der Balkone oder Balkonteile, der Fenster, Rolläden, Türen, Heizungs- und anderer Versorgungseinrichtungen und -leitungen, usw.

Die jeweilige Zuordnung zu Sondereigentum oder Gemeinschaftseigentum ist deshalb wichtig, da sich nach ihr grds. Nutzungsberechtigung und insbesondere Kostenschuldnerschaft gerade bei notwendigen Instandhaltungen und Instandsetzungen richten. Die **gesetzliche Vermutung** – insbesondere mangels einer Vereinbarung – spricht **zugunsten des Gemeinschaftseigentums.**

Grundstück sowie Teile des Gebäudes, die für dessen Bestand oder Sicherheit erforderlich sind, sowie Anlagen und Einrichtungen, die dem gemeinschaftlichen Gebrauch der Wohnungseigentümer zu dienen bestimmt sind, müssen **zwingend** dem **Gemeinschaftseigentum** zugeordnet werden. Anderslautende Abgrenzungsvereinbarungen in einer Teilungserklärung wären **nichtig.** Auf nichtige Vereinbarungen kann sich jeder berufen. Gemeinschaftseigentum sind damit neben dem Grundstück insbesondere Außenmauern, Fundamente, Geschoßdecken, tragende Zwischendecken, Bodenunterkonstruktionen, Wohnungstrennwände, Dächer, Treppen, Treppenhäuser, Aufzüge, Versorgungsschächte und -leitungen bis zu den Anschlüssen/ Auslässen in den Wohnungen, die **Zentralheizungsanlage** (soweit sie nur die eine Anlage versorgt) und vieles mehr. Bei **Balkonen** ist allein der Oberflächenbelag (vielleicht noch die Innenseite der Brüstungsmauer) dem Sondereigentum des Balkons zugeordnet. Balkon-Kragplatten, Brüstungen und Geländer sind jedoch zwingend Gemeinschaftseigentum, ebenso Feuchtigkeits-, Schall- und Wärmedämm-**Isolierungen** (insbesondere bei Dachterrassen) einschließlich eines isolierungsschützenden Estrichs (beim Estrich vereinzelt noch umstritten).

Einfachglas-, Isolierglas-, modernes Verbundglas-(einschl. Thermopanescheiben-)**Fenster** sind nach wohnungseigentumsrechtlich h. M. einschließlich Rahmen, Scheiben innen und außen damit **zwingend** Gemeinschaftseigentum; Eigentümer können diese konstruktiven Bauteile weder durch Mehrheitsbeschluß noch durch allstimmige Vereinbarung zu Sondereigentum erklären. Allein bei noch seltenen Doppelglas-Fenstern mit trennbaren Fensterflügeln wird man den Innenfensterflügel dem Sondereigentum zuordnen können. Fenstersanierungen (Anstrich, Versiegelung, Erneuerungen) betreffen also grundsätzlich die ordnungsgemäße Verwaltung des gemeinschaftlichen Eigentums (modernisierende Instandsetzungen können mit einfacher Beschlußmehrheit entschieden werden, bauliche Veränderungen bedürfen hier jedoch grds. allstimmiger Zustimmung). Ob ein Mehrheitsbeschluß auf Ersatz bauseitig vorhandener Holzfenster in Kunststoff-Fenster ordnungsgemäßer Verwaltung entspricht oder (als aliud) als nachteilige bauliche Veränderung anzusehen ist, dürfte strittig sein (vom BayObLG würde ein Mehrheitsbeschluß als wirksam erachtet). Im Rahmen einer **Kostenverteilungsregelung** nach § 16 Abs. 2 WEG kann jedoch wirksam vereinbart werden, daß Innenanstriche (von Fenstern), Glasbruch usw. jeder Sondereigentümer selbst vorzunehmen bzw. zu reparieren hat (nicht zu empfehlen hinsichtlich Außenanstricharbeiten). Pflegeverpflichtungen ergeben sich ohnehin auch zu Lasten jeden Eigentümers aus § 14 WEG.

Eine nichtige Zuordnungsvereinbarung (z. B. bei Bezeichnung von Fenstereigentum als Sondereigentum) kann u. U. im Einzelfall in eine gewollte Kostenverteilungsvereinbarung zu Lasten des einzelnen Sondereigentümers **umgedeutet** werden (str.).

Dachterrassenflächen sind nach überwiegender Meinung – wie auch Balkone – sondereigentumsfähig (die Raumeigenschaft wird hier bejaht); anders ist dies bei Erdgeschoßterrassen, da es sich hier bei ebenerdigen Terrassen auf dem Grundstück nicht um „umbaute Räume" handelt (Umdeutung in Sondernutzungsrechte ist hier jedoch möglich).

Was **Garagen** und **Kfz-Stellplätze** betrifft, bestehen unterschiedliche Regelungsmöglichkeiten. Eine Tiefgarage kann als Gemeinschaftseigentum ausgewiesen sein mit entsprechend vereinbarten Gebrauchsregelungen hinsichtlich einzelner Stellplätze. Die Tiefgarage selbst kann u. U. auch als eigene Teileigentumseinheit konzipiert sein, wiederum aufgeteilt in Bruchteile, die mit entsprechenden Nutzungsrechten (hier nach §§ 1010ff. BGB) verbunden werden (nur ein einheitliches Stimmrecht nach Wohnungseigentumsrecht! Das Innenverhältnis der Bruchteilsgemeinschaft richtet sich nach den §§ 741ff. BGB!). Denkbar ist aber auch eigenes separates Stellplatz-Eigentum (Teileigentum), soweit die Stellplätze dauerhaft markiert und voneinander abgegrenzt sind (§ 3 Abs. 2, S. 2 WEG). Im letztgenannten Fall ist für jedes Stellplatz-Teileigentum ein eigenes Grundbuchblatt zu bilden. Diese Stellplatzeinheiten sind dann separat veräußer- und belastbar. Stellplätze auf gemeinschaftlicher Grundstücksoberfläche können jedoch nicht zu Sondereigentum erklärt werden. Auf gemeinschaftlichem Grund sind nur separate Sondernutzungsrechts-Vereinbarungen möglich. Die einzelnen Stellplätze an üblichen Doppelstockgaragen / Hebebühnen sind einzeln für sich nach h. M. nicht sondereigentumsfähig (also nur Bruchteilsmiteigentum z. B. von je 1/2 mit Nutzungsrecht oben oder unten am Hebebühnen-/Doppelstock-Sondereigentum).

Pergolaartig überdachte, ebenerdige Stellplätze (sog. Carports) sind zumindest nach Meinung des BayObLG nicht sondereigentumsfähig, in anderen Bundesländern jedoch auch als Sondereigentum wie oberirdische Fest- oder Fertigteilgaragen begründbar.

Das gemeinschaftliche Geld- und anderweitige **Verwaltungsvermögen** ist zwar nicht Gemeinschaftseigentum i. S. der sachenrechtlichen gesetzlichen Definition, unterliegt jedoch grds. den Regelungen des gemeinschaftlich gebundenen und untrennbaren Gem.-Eigentums.

Die rechtlichen Elemente des Wohnungseigentums (grafische Übersicht)

(in Anlehnung an Trinitätstheorie von Prof. Bärmann, vgl. ETW Gruppe 3, S. 7 ff.)

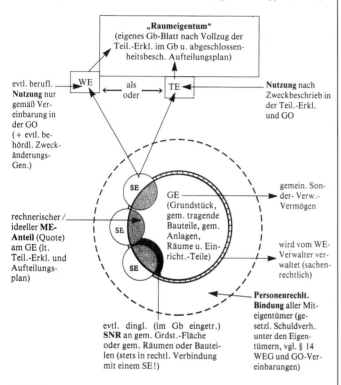

„**Raumeigentum**"
(eigenes Gb-Blatt nach Vollzug der Teil.-Erkl. im Gb u. abgeschlossenheitsbesch. Aufteilungsplan)

evtl. berufl. **Nutzung nur** gemäß Vereinbarung in der GO (+ evtl. behördl. Zweckänderungs-Gen.)

WE — als oder → TE

Nutzung nach Zweckbeschrieb in der Teil.-Erkl. und GO

rechnerischer / ideeller **ME-Anteil** (Quote) am GE (lt. Teil.-Erkl. und Aufteilungsplan)

SE

SE

SE

GE (Grundstück, gem. tragende Bauteile, gem. Anlagen, Räume u. Einricht.-Teile)

gemein. Sonder- Verw.-Vermögen

wird vom WE-Verwalter verwaltet (sachenrechtlich)

Personenrechtl. Bindung aller Miteigentümer (gesetzl. Schuldverh. unter den Eigentümern, vgl. § 14 WEG und GO-Vereinbarungen)

evtl. dingl. (im Gb eingetr.) **SNR** an gem. Grdst.-Fläche oder gem. Räumen oder Bauteilen (stets in rechtl. Verbindung mit einem SE!)

Gb = Grundbuch
GE = Gemeinschaftseigentum (Grundstück, gemeinsch. / tragende Bauteile, gemeinsch. Anlagen, Räume und Einrichtungsteile)
GO = Gemeinschaftsordnung
ME-Anteil = Miteigentumsanteil (ideeller, rechnerischer Quotenanteil)
SE = Sondereigentum
SNR = Sondernutzungsrecht (verdinglicht durch Eintragung in Gb)
TE = Teileigentum (nicht zu Wohnzwecken dienendes SE)
WE = Wohnungseigentum (zu Wohnzwecken dienendes SE)

|

1.7.2 Die Gemeinschaftsordnung als „Satzung" der Gemeinschaft

Die Gemeinschaftsordnung als Bestandteil der Teilungserklärung regelt satzungsartig als dingliche (d. h. im Grundbuch eingetragene) Vereinbarung auch gegenüber Sonderrechtsnachfolgern (Käufern, Beschenkten, Erben, Erstehern in der Zwangsversteigerung) das mitgliedschaftsähnliche **Kollektiv-Verhältnis** der Miteigentümer untereinander, d. h. deren Rechte und Pflichten im Detail (oftmals auch in Abweichung zu abdingbaren gesetzlichen Regelungen).

– In dieser für alle Eigentümer verbindlichen Vereinbarung werden der **Inhalt** des jeweiligen Sondereigentums und der Gebrauch von Sondereigentum und Gemeinschaftseigentum sowie Verwaltungsregelungen näher bestimmt. Gegen zwingende gesetzliche Bestimmungen, Anstand und gute Sitten dürfen Regelungen in der Gemeinschaftsordnung nicht verstoßen (andernfalls Nichtigkeit!). Gerichtliche Inhaltskontrolle nach § 242 BGB ist im Einzelfall möglich und kann möglicherweise zur Ungültigkeit einer einzelnen Vereinbarungsklausel führen.
– Grundstücksflächen bzw. -teilflächen sowie gemeinschaftliche Räume, Bauteile und Einrichtungsgegenstände können von Anfang an der ausschließlichen, im Grundbuch verdinglichten **Sondernutzung** (Alleinnutzung) eines Eigentümers zugeordnet werden (z. B. Kfz-Stellplatz-, Terrassen- oder Gartenteil-Sondernutzungsrechte bei Erdgeschoßwohnungen; Sondernutzung an Dachterrassenflächen, Sondernutzungsrechte an Hausaußenseiten und Dächern bei Reihen- oder Doppelhaus-Wohnungseigentum usw.). Die spätere Begründung von dinglichen Sondernutzungsrechten am Gemeinschaftseigentum bedarf – mangels anfänglich wirksam erteilter Vollmachten – der Zustimmung aller Eigentümer. Sondernutzungsrechte sind mit einem Wohnungs- oder Teileigentum verbunden, isoliert also nicht an Nicht-Wohnungseigentümer übertragbar, auch nicht separat belastbar. Die Sondernutzung muß sich im Rahmen vereinbarter bzw. allgemeinüblicher Nutzung dieser Räume/Flächen/Bauteile halten; nachteilige Veränderungen unterliegen den Grundsätzen baulicher Veränderungen des Gemeinschaftseigentums. So ist es z. B. grds. nicht zulässig, auf einem Gartensondernutzungsrecht nachträglich ein Garten- oder

Gerätehäuschen aufzustellen. Sehr umstritten ist noch die Frage, ob Gartensondernutzungsflächen nachträglich mit einem ortsüblichen Zaun abgegrenzt werden können (derzeit wird je nach Einzelfall obergerichtlich unterschiedlich entschieden). Weitergehende Nutzungen (auch solche, die als (nachteilige) bauliche Veränderung des Gemeinschaftseigentums i. S. des § 22 Abs. 1 WEG qualifiziert werden könnten) sollten ausdrücklich in der Gemeinschaftsordnung auslegungsfrei vereinbart werden.

Das Sondernutzungsrecht wird meist auch mit der Pflicht verknüpft, daß sich der Allein-Berechtigte um die Instandhaltung zu kümmern hat.

– **Gewerbliche oder freiberufliche Nutzung** von Wohnungseigentum kann von der Zustimmung des Verwalters oder der genehmigenden Beschluß-Mehrheit der Gemeinschaft abhängig gemacht werden (z. B. Versagung aus wichtigem Grund), soweit diese Nutzungsart in Wohnungen nicht kraft Vereinbarung gänzlich ausgeschlossen wurde. Die Zustimmung kann auch unter Auflagen und stets widerruflich erteilt werden. Bei berufsbezogener Benutzung einer Wohnung ist insbesondere auf Beeinträchtigungen/Gefährdungen anderer Wohnungseigentümer abzustellen. Neben Lärmstörungen können auch andere nachteilige Immissionen in Betracht kommen. Geht es z. B. um die Frage der Zustimmung zu einer Arztpraxis in einer Wohnung, wird insbesondere auf den Gesamtcharakter der Anlage, aber auch darauf abzustellen sein, ob für Hausbewohner Ansteckungsgefahren durch den Patientenverkehr eintreten können (z. B. Kinderarzt-Praxis). Vermehrte Liftbenutzung und naturgemäß größere Verschmutzungen durch berufsbedingten Personenverkehr könnten und sollten bei der Kostenverteilung (evtl. Auflagen erhöhter Wohngeldbeteiligung) berücksichtigt werden. Sittenwidrige Gewerbe sind in Wohnungs- oder Teileigentum i. ü. nicht zulässig. Bei Nutzungsüberlassung einer Wohnung z. B. an Asylbewerber ist zu beachten (abgesehen von Überbelegungsverboten nach Landes-Wohnungsaufsichtsgesetzen), daß eine Eigentumswohnung maximal nur an eine Familie vermietet werden kann.

– Sind z. B. Räume in Teilungserkl. u. Aufteilungsplan als **Speicher** oder **Hobbyraum** anfänglich zweckbestimmt, dürfen sie grds. nicht zu Wohnzwecken genutzt werden, wenn einer solchen – nachträglich vom betreffenden Eigentümer erwünschten – Nutzungsänderung nicht **alle** anderen Miteigentümer (ggf. auch Pfandgläubiger) ausdrücklich zustimmen. Es ist ein weit verbreiteter Irrtum, zu glauben, daß eine Nutzungsänderung bereits dann gestattet ist, wenn behördliche Nutzungsänderungs- und Ausbau-/Umbau-Genehmigungen erteilt sind. Erforderlich sind also sowohl öffentlich-rechtliche wie auch wohnungseigentumsrechtliche Genehmigungen. Möglich sind jedoch bereits anfängliche Zustimmungsvereinbarungen in einer Teilungserklärung oder bestandskräftig werdende Mehrheitsbeschlüsse (sog. „Zitterbeschlüsse", also unangefochten bleibende, nutzungsgenehmigende Vergleichsbeschlüsse der Eigentümer).

– In der Gemeinschaftsordnung kann auch vereinbart sein, daß zur **Veräußerung** (seltener: auch zur Vermietung) einer Eigentumseinheit die **Zustimmung** des **Verwalters** erforderlich ist. Allerdings darf diese Zustimmung zwingend nur aus **wichtigem Grund** verweigert werden (vgl. § 12 WEG). Der wichtige Verweigerungsgrund muß sich auf erwartete persönliche oder finanzielle Unzuverlässigkeit der **Erwerberperson** beziehen; andere Gründe können eine Zustimmungsverweigerung durch den Verwalter nicht rechtfertigen. Auch bei etwaigen Wohngeldrückständen des Verkäufers darf die Zustimmungserteilung nicht von der Zahlung dieser Schuld abhängig gemacht werden. Zu Unrecht verweigerte Zustimmungen müssen durch den Veräußerer auf wohnungseigentumsgerichtlichem Wege erzwungen werden, da mangels Zustimmung ein notarieller Erwerbsvorgang einstweilen in der Schwebe bleibt und nicht vollzogen werden kann (meist mit entsprechenden wirtschaftlichen Folgeschäden). Diese Zustimmungsklauseln sind m.E. wenig effektiv und können Verwalter in erhebliche Haftung bringen. Ratsamer sind Vereinbarungen, die einen Verkäufer verpflichten, dem Verwalter von einem Veräußerungsgeschäft bzw. dem Datum der Eigentumsumschreibung (Eintragung des neuen Eigentümers im Grundbuch) und der Person des Erwerbers unverzüglich Kenntnis zu geben (mangels anfänglicher Vereinbarung empfiehlt sich entsprechender Organisations-Beschluß in einer Versammlung).

– Die Gemeinschaftsordnung enthält in der Regel auch Ausführungen zu den laufenden **Kosten** und **Lasten** des Wohnungseigentums (§ 16 Abs. 2 WEG), insbesondere den **Wohngeld-(Hausgeld)-Vorauszahlungen.** Zu achten ist hier auf üblicherweise vereinbarte **Kostenverteilungsschlüssel** (Kostenaufteilung z. B. nach Miteigentumsquoten entsprechend dem – allerdings abdingbaren – gesetzl. Vorschlag in § 16 Abs. 2 WEG, nach Wohn- oder Nutzfläche, nach Verbrauch über Meßgeräte-Erfassung, nach Einheiten [i. d. R. bei Verwalterhonorar] oder – selten und meist nicht empfehlenswert – nach Personenzahl). Ohne separate Kostenverteilungs-Vereinbarungen gilt der Grundsatz des Gesetzes (§ 16 Abs. 2 WEG), d. h. eine Kosten- und Lastenverteilung nach den grundbuchmäßig festgelegten **Miteigentumsquoten**. Ein Kostenverteilungsschlüssel in einer Gemeinschaftsordnung ist im übrigen grundsätzlich später nur mit Zustimmung aller Miteigentümer **abänderbar** (sofern nicht die Gemeinschaftsordnung selbst speziell für diese Regelung oder generell ein qualifiziertes Mehrheitserfordernis für ausreichend vorsieht, wobei dann allerdings zusätzlich – laut BGH – für nachträgliche Änderungen ein sachlicher Grund vorliegen muß und des weiteren einzelne Eigentümer gegenüber dem früheren Rechtszustand nicht unbillig benachteiligt sein dürfen); nur im Falle grober Unbilligkeiten (Verstoß gegen den Grundsatz von Treu und Glauben) besteht wohl ansonsten ein Anspruch auf nachträgliche Änderung der Vereinbarung.

Änderungen einer Kostenverteilung nur durch einfachen Mehrheitsbeschluß werden allerdings – zumindest für das bestimmte Geschäftsjahr – gültig, wenn ein solcher Beschluß nicht fristgemäß angefochten wurde („Zitter-Beschluß"!).

Selbst langjährige (sogar einvernehmliche) Kostenverteilung in Abweichung vom Gesetz oder von getroffenen Vereinbarungen in der Gemeinschaftsordnung führt nicht zu sozusagen gewohnheitsrechtlich gültiger Neu-Vereinbarung auch für alle Zukunft; auch insoweit kann jeder Eigentümer und Rechtsnachfolger für die Zukunft fordern, daß ab sofort im Sinne der Vereinbarung oder des Gesetzes Kosten verteilt und abgerechnet werden (die Anfechtung eines anderslautenden Abrechnungs-Genehmigungsbeschlusses hätte Erfolg!).

In sogenannten **Mehrhausanlagen** können bereits anfänglich in zulässiger Weise Untergemeinschaften mit gesonderter Kostenverteilung vereinbart sein / werden. Bestimmte Eigentümergruppen können auch von gemeinschaftlichen Kosten gänzlich freigestellt sein, so z. B. Garageneigentümer von Kosten des Wohnhauses und umgekehrt; auch hier müssen jedoch klare Vereinbarungen in der Gemeinschaftsordnung getroffen sein.

- Das **Wohngeld** (oft auch **Hausgeld** genannt) setzt sich zusammen aus den allgemeinen Betriebskosten, die meist näher aufgeschlüsselt werden, den Heizkosten, der Verwaltergebühr und den Instandhaltungsrückstellungsbeiträgen. Über die Gesamteinnahmen und -ausgaben hat der Verwalter grundsätzlich jährlich abzurechnen. Auf der Basis der beschlossenen **Gesamtabrechnung** sind dann die **Einzelabrechnungen** unter Berücksichtigung der jeweiligen Kostenverteilungsschlüssel zu erstellen, d. h., es ist eine Saldierung der eigentümerseits geleisteten Vorauszahlungen mit der festgestellten anteiligen tatsächlichen Zahlungsschuld des abgelaufenen Wirtschaftsjahres vorzunehmen. Der beschlossene **Wirtschaftsplan** regelt die voraussichtlichen Gesamt-Einnahmen und -Ausgaben des nächsten Geschäftsjahres und setzt die evtl. neuen Wohngeld-Vorauszahlungsbeträge der Eigentümer fest (Einzelwirtschaftspläne); fällig ist die Wohngeldvorauszahlung in der Regel zu Beginn eines Monats (seltener nach Vereinbarung quartalsweise). Die entsprechende gesetzliche Rahmen-Regelung zu diesen Abrechnungsfragen findet sich in § 28 WEG. Zur Bilanzierung mit Gewinn- und Verlustrechnung und zur Vornahme von Rechnungsabgrenzungen (Ausn.: Heizkosten) ist der Verwalter nach derzeit herrschender Rechtsmeinung nicht verpflichtet, u. U. nicht einmal berechtigt. Vereinzelt wird jedoch in Großgemeinschaften (mit hohem Mietwohnungsbestand) verwalterseits auch – entgegen bisheriger h. M. – (eigentümerseits unbeanstandet) bilanzähnlich abgerechnet (im Rahmen üblicher doppelter Buchführung mit weitgehender Abgrenzung der einzelnen Ausgabenpositionen zeitbezogen).

- Die **Heiz-** und **Warmwasserkosten**verteilung hat sich an der Heizkosten-Verordnung von 1981 zu orientieren. Vereinbart sind bereits häufig von Anfang an die üblichen Verteilungsmaßstäbe zwischen Fix- und Verbrauchskosten-Anteilen (30:70, 40:60, 50:50); Verbrauchserfassungsgeräte sind bei zentraler, gemeinschaftlicher Heizversorgung heute meist bauseits schon installiert. Thermostatventile waren grds. bis spätestens 30. 7. 1987 anzubringen (§ 7 HeizAnlV).

- Die Gemeinschaftsordnung enthält meistens auch noch Vereinbarungen über die Ladung und Durchführung von ordentlichen oder außerordentlichen **Eigentümerversammlungen.** Hierzu gehören insbesondere die **Stimmrechtsvereinbarungen.** Abweichend vom gesetzlichen Vorschlag des Kopfprinzips (je Wohnungseigentümer eine Stimme, unabhängig von der Zahl der einem Eigentümer gehörenden Einheiten) könnte das Wertprinzip (Stimmrechte nach Miteigentumsanteilen) oder das Objekt- bzw. Realprinzip (je Einheit eine Stimme) vereinbart sein. Modifizierende Stimmrechtsprinzipien sind ebenfalls denkbar.
- In diesem Zusammenhang sind in Gemeinschaftsordnungen häufig auch noch (grds. zulässige, m. E. jedoch absolut unnötige) einschränkende **Stimmrechts-Vertretungsregelungen** enthalten, etwa des Inhalts, daß Stimmrechtsvollmachten nur an Ehegatten, andere Miteigentümer und den Verwalter – in Schriftform – gegeben werden können. Von der Stimmrechtsvertretung ist die Versammlungs-Teilnahme von Begleitpersonen (einschließlich Beratern) zusammen mit dem betreffenden Eigentümer zu unterscheiden (m. E. grds. zulässig; a. A. derzeit KG Berlin in einer Vorlageentscheidung von 1992 zum BGH).
- Sondervereinbarungen können auch bezüglich **nachträglicher** (nach Fertigstellung der Anlage beabsichtigter bzw. vorgenommener) baulicher Veränderungen am Sondereigentum und insbesondere am Gemeinschaftseigentum bestehen (§ 22 Abs. 1 WEG). Grundsätzlich bedürfen **bauliche Veränderungen** am Gemeinschaftseigentum der Zustimmung aller Eigentümer, soweit deren Rechte (aller Eigentümer) durch die Änderungen beeinträchtigt werden, ansonsten nur der Zustimmung nachteilig betroffener Eigentümer. Ein Mehrheitsbeschluß ist weder ausreichend, noch erforderlich (BGH von 1979). Eine nachteilige bauliche Veränderung kann allerdings auch durch einfachen Mehrheitsbeschluß genehmigt (ggf. nachgenehmigt) werden, wenn ein solcher Beschluß ohne fristgemäße Beschlußanfechtung bestandskräftig wird („Zitterbeschluß"). Sind Nachteile ganz unerheblich, besteht entsprechende Zustimmungs- oder Duldungspflicht der restlichen Eigentümer nach § 14 WEG.

Bauliche Veränderungen in Form von **Modernisierungs-** oder Energieeinsparungsmaßnahmen stehen hierbei im Spannungsverhältnis zu § 21 WEG (ordnungsgemäßer Verwaltung). Kriterium ist insbesondere eine Kosten-/Nutzen-Analyse (baldige Amortisation der Investition, Folgekosten, technische Fortentwicklung, nachteilige Immissionen). Ordnungsgemäße Verwaltungsmaßnahmen sind bekanntlich mit einfacher Beschlußmehrheit zu entscheiden und dann für alle Eigentümer verbindlich (Bindungswirkung eines Beschlusses für die überstimmte Minderheit und nicht anwesende oder vertretene Eigentümer). Das Thema der baulichen Veränderungen kann in der Gemeinschaftsordnung u. U. auch unter qualifiziertes Mehrheitserfordernis gestellt sein (§ 22 Abs. 1 WEG ist abdingbar).

– In die Gemeinschaftsordnung integriert ist häufig auch eine **Hausordnung** (vgl. **Mustervorschlag** Abschn. 6.1 unten). Diese Regelungen haben dann nicht Vereinbarungscharakter im Sinne grundsätzlich nur allstimmig möglicher Änderung, sondern den Charakter eines schriftlichen Beschlusses; dies bedeutet, daß Änderungen und Ergänzungen einer solchen „vereinbarten" Hausordnung auch mit einfacher Mehrheit beschlossen werden können. Die Regelungen einer Hausordnung orientieren sich an den Besonderheiten einer speziellen Wohnanlage. Neben einer Hausordnung können ergänzend auch eine Garagenordnung, eine Liftbenutzungsordnung, eine Schwimmbad- und Saunaordnung sowie Waschküchen- und Spielplatzordnung vereinbart sein. Die Hausordnung enthält meist allgemeine Verhaltensregelungen, Sorgfalts-, Sicherheits- und Gefahrenvorbeugungspflichten, Benutzungsregelungen hinsichtlich gemeinschaftlicher Flächen, Räume und Einrichtungsgegenstände, Reinigungspflichten und Ruhezeiten. Oft sind dort auch umstrittene Fragen geregelt wie Tierhaltung, Musikausübung/Ruhezeiten, tätige Mithilfe/Turnusdienste, Grillverbote, das Verschließen der Haustüre, Kinderspielzeiten, Umzugskostenpauschale und vieles mehr. Probleme bereitet häufig das Bepflanzen von Balkonbrüstungströgen oder das Aufstellen schwerer Pflanztröge mit oft hohen und schweren Bäumen auf Terrassenflächen; hier empfehlen sich von Anfang einschränkende Regelungen, um oft nachträglich nur schwer beweisbare Folgeschäden gar nicht erst entstehen zu lassen. Hinzuweisen ist z. B. auch darauf, daß mangels eindeutiger

Vereinbarung in der Gemeinschaftsordnung nach h. M.
nicht durch (nur) Mehrheitsbeschluß gänzliche Tierhaltung
ausgeschlossen werden kann; gleiches gilt für Verbote einer
Musikausübung. Mietrechtliche und wohnungseigentumsrechtliche Hausordnungen sollten aufeinander abgestimmt
werden; der Wohnungseigentümer-Hausordnung sollte
durch spezielle gültige mietvertragliche Vereinbarung stets
der Vorrang eingeräumt werden. Die Einhaltung der Hausordnung hat der Verwalter zu überwachen (§ 27 Abs. 1
Nr. 1 WEG). Gerichtliches Vorgehen des Verwalters setzt
allerdings einen entsprechenden Mehrheitsbeschluß voraus.
– Oftmals besitzt noch der Bauträger-Verkäufer für gewisse
Zeit (also befristet) **Änderungsvollmachten** der Aufteilung
und Teilungserklärung. Sichergestellt sein müßte bei solchen
Klauseln allerdings, daß durch nachträgliche Änderungen
Wertminderungen bezüglich des erworbenen Sondereigen-
tums ausgeschlossen sind.

1.8 Der Verwaltervertrag (vgl. **Mustervorschlag** Abschn. 6.6 unten)

Der Bauträger-Verkäufer kann und sollte bereits in der Gemeinschaftsordnung (quasi durch allstimmige Vereinbarung) einen
Verwalter bestellt und die Details eines Verwaltervertrages verbindlich geregelt haben. Mit Verkauf und Inbesitznahme einer
ersten fertiggestellten Eigentumswohnung beginnt das „Leben"
der entstehenden Wohnungseigentümerschaft; dies ist m. E.
auch der Zeitpunkt einer einsetzenden Verwaltungs-Notwendig-
keit in der sog. faktischen Gemeinschaft. Formalrechtlich entsteht eine Wohnungseigentümergemeinschaft erst mit Eintragung eines ersten Erwerbers im Grundbuch neben dem bisherigen Alleineigentümer (dann zweigliedrige Gemeinschaft). Vgl.
hierzu auch Abschn. 1.6.13 oben. Auf Bestellung eines Verwalters besteht Anspruch der Wohnungseigentümer untereinander
(Maßnahme ordnungsgem. Verwaltung im weiteren Sinne).

Geregelt sein sollten in einem vereinbarten Verwaltervertrag die
Vertragszeit mit präziser Angabe des Vertragsbeginns (maximale Amtszeit des Verwalters nach der zwingenden Bestimmung
des § 26 WEG: **fünf Jahre!**), die Vergütung sowie die wesent-
lichsten Aufgaben und Pflichten des Verwalters. Das Recht zur
Abberufung aus wichtigem Grund und zur fristlosen Kündi-

gung des Verwaltervertrags durch die Gemeinschaft darf nicht ausgeschlossen oder eingeschränkt sein (es genügt einfacher Mehrheitsbeschluß! Anderslautende Vereinbarungen in einer Gemeinschaftsordnung sind nichtig!). Was die notwendigen Aufgaben des Verwalters betrifft, wird meist auf den zwingenden **Aufgaben-Katalog** des § 27 WEG verwiesen. Der Verwalter hat grundsätzlich kaufmännisch-buchhalterische Pflichten (Abrechnungswesen), rechtlich-organisatorische (Ladung und Leitung der Eigentümerversammlung, Protokollerstellung) und technische Aufgabenbereiche (Instandhaltungs- und Instandsetzungspflicht bzgl. des Gemeinschaftseigentums) zu erfüllen. Eigentümerseits sollte darauf geachtet werden, daß ein Verwalter eine ausreichende Vermögensschadenversicherung abgeschlossen hat. Seine Haftung kann der Verwalter vertraglich nur im Rahmen des gesetzlich Zulässigen (AGB-Gesetz!) einschränken.

1.9 Baubeschreibung und Planunterlagen (als Vertragsbestandteil)

Überprüfen Sie eingehend Ihre Bau- oder Leistungsbeschreibung! Aus dieser Unterlage ergibt sich der **technische Wert** Ihrer Eigentumswohnung und nicht zuletzt auch die Antwort darauf, ob der Kaufpreis angemessen ist. Die Baubeschreibung soll zum wesentlichen Bestandteil der Erwerbsurkunde gemacht sein. Bestehen Sie darauf, eine möglichst detaillierte und ausführliche Baubeschreibung zu erhalten! Ist z. B. erhöhter Schallschutz zugesichert? Wie ist die Wärmedämmung ausgeführt? Sind die Bäder ausreichend feuchtigkeitsisoliert? Gibt es ausreichend Elektro-Auslässe?

Hinsichtlich der zu Ihrer Wohnung gehörenden **Keller/Kellerabteile** achten Sie darauf, daß der Keller mit der gleichen Nummer wie Ihre Wohnung versehen ist! Kellerräume sind meist Nebenräume der Wohnung und dem Sondereigentum der Hauptwohnung zugeordnet. Auch ein Kellerplan kann als Urkundsbestandteil dem Erwerbsvertrag beigeheftet sein. Sie haben Anspruch auf den Keller, der nach Plan Ihrer Wohnung zugeordnet ist und den Sie gekauft haben. Gleiches gilt für **Tiefgaragen-Stellplätze.**

Bestehen Sie auch auf Aushändigung eines **Planauszuges,** dem die Maße Ihres speziellen Kaufobjekts entnommen werden können. Planbeschrieb und Baubeschreibung sollten im Zweifel auf Identität überprüft werden.

Zugewiesene **Sondernutzungsrechte** an Grundstücksflächen sollten mit möglichst exakten Maßangaben versehen sein.

Von der Baubeschreibung abweichende oder diese ergänzende **Sonderwünsche**/Zusatzleistungen (mit oder ohne Aufpreis) können – wie schon erwähnt – vereinbart werden, meist abhängig von der rechtzeitigen Äußerung eines Wunsches, um den kontinuierlichen Bauablauf nicht zu stören. Es sollten hier über mögliche Aufpreise unter Berücksichtigung von Normalausstattungs-Erstattungen ausdrückliche schriftliche Vereinbarungen getroffen werden, um spätere Streitigkeiten zu vermeiden.

Achten Sie auch darauf, daß Versprechungen in Werbe- und Emissions**prospekten** in den Erwerbsvertrag und die Baubeschreibung mit aufgenommen und damit zum Vertragsbestandteil gemacht sind. Allgemeine Anpreisungen in Prospekten wie „Höchst-Komfort" oder „besonderer Luxus" sind meist inhaltsleer, begründen auch grundsätzlich keinerlei Anspruchsberechtigungen, wenn sie nicht ausdrücklich Bestandteil der Notar-Urkunde geworden sind.

Meist finden sich in Baubeschreibungen auch **Änderungsklauseln** aufgrund behördlich oder technisch bedingter Änderungen. Hier sollte jedoch – ggf. durch Zusatzabsprache – sichergestellt sein, daß solche Änderungen Ihr bereits erworbenes Eigentum **nicht wertmindern**.

1.10 Fachberatung

Ungeachtet Ihrer eigenen gründlichen Vorprüfung der Vertragsunterlagen ist im Einzelfall eine **wirtschaftliche, steuerliche** und **rechtliche Fachberatung** dringend zu empfehlen. Die hierfür anfallenden Honorare stehen in keinem Verhältnis zu etwaigen Schäden, die nur bei Übersehen von „Kleinigkeiten" eintreten könnten. Allgemeine Beratung erfolgt meist durch gewissenhafte, fachkundig und vertrauenswürdig arbeitende Makler und Anlageberater. Die Vertragsentwürfe sollten durch einen immobilrechtlich versierten Rechtsanwalt überprüft werden gegen vorherige Vereinbarung einer Auskunftsgebühr. Gerade bei Formular-Erwerbsverträgen lassen sich hier in Blickrichtung auf Klausel-Ungültigkeiten nach dem AGB-Gesetz u. U. rechtliche Verbesserungen erzielen, die wirtschaftliche Vorteile erbringen könnten. Auch die steuerliche Gesamtsituation sollte mit einem Steuerberater Ihres Vertrauens abgesprochen sein. In Finanzierungsfragen erfolgt detaillierte Fachberatung üblicherweise durch die Kredit-Bankinstitute sowie die Bausparkassen, aber auch durch geschulte Makler und Finanzberater.

Auch im **technischen** Bereich ist oftmals Fachberatung dringend zu empfehlen. Nur der Ingenieur, Architekt und Baufachmann kann überprüfen, ob die versprochene Bauleistung mindestens den heutigen anerkannten Regeln der Baukunst und Bautechnik entspricht und in angemessener Relation zum Erwerbspreis steht. Die technische Prüfung bezieht sich in erster Linie auf die Baubeschreibung und die Tekturzeichnungen; fachtechnische Unterstützung ist jedoch in der Regel auch angezeigt – spätestens – bei formeller **Abnahme** des Erwerbsobjekts (am vorteilhaftesten bereits während der Bauphase), nicht zuletzt auch bei der Übergabe und **Abnahme des Gemeinschaftseigentums.** Die Entscheidung, sich bei der förmlichen Abnahme des Gemeinschaftseigentums fachlicher, d. h. privatgutachtlicher Unterstützung zur Mängelauf- und -feststellung zu bedienen, sollte allerdings der Mehrheitsentscheidung der Eigentümergesamtheit überlassen bleiben (Honorierung durch die Gesamtgemeinschaft). Auf förmliche Übergabe des Gemeinschaftseigentums durch den Verkäufer sollten Sie stets drängen und etwaigen Argumenten einer stillschweigenden oder konkludenten (schlüssigen) Abnahme des Gemeinschaftseigentums (z.B. durch Ingebrauchnahme und Benutzung der gemeinschaftlichen Bauteile) energisch widersprechen. Nach herrschender Rechtsmeinung haben Sie Anspruch auf förmliche Übergabe und Abnahme.

In der Vorverhandlungsphase vor endgültigem notariellen Vertragsabschluß (vor Unterschriftsleistung) sollten Sie die Chance nutzen, durch sog. **Individual-Abreden** rechtliche und wirtschaftliche Vertrags-Verbesserungen zu erreichen. Ist der Verkäufer an einem Verkauf der Wohnung an Sie interessiert („Käufermarkt"), wird er u. U. auch Abweichungen von seinem Formular-Vertragsmuster tolerieren. Zu denken ist hier insbesondere an klare Absprachen zum Fertigstellungstermin, an eine etwaige Vertragsstrafe bei Überschreitung dieses Termins (Verzugsschadens-Pauschale), an erwerberfreundliche Gewährleistung, reduzierten Erwerbspreis, zusätzliche Sicherheiten (z.B. Bürgschaften), Nebenkosten, Sonderwünsche, Zahlungsfälligkeiten usw.

1.11 Der endgültige notarielle Vertragsabschluß

Haben sämtliche Vorgespräche und Überprüfungen der Vertragsunterlagen zu einem positiven Ergebnis geführt, kann nunmehr der notarielle Beurkundungstermin und damit der verbindliche Erwerb Ihrer Wohnung erfolgen. Haben Sie keine Hemmungen, anläßlich des notariellen Verbriefungstermins Fragen an den Urkundsnotar zu stellen, wenn Ihnen noch einzelne Vertragsformulierungen unverständlich sein sollten. Der Notar ist verpflichtet, Sie grds. über alle Risiken des Vertrages zu belehren und Sicherungsmöglichkeiten vorzuschlagen. Der **Notar** ist ein grds. **objektives** und **neutrales Rechtspflegeorgan** und hat insbesondere auch darauf zu achten, daß keine unwirksamen Vertragsklauseln beurkundet werden. Bedenken Sie jedoch, daß der Notar der spezielle „Hausnotar" des Verkäufers und gewissen Rechtsformulierungs-Weisungen des Verkäufers unterworfen sein könnte. Bei manchen Vertragsklauseln besteht eben ein gewisser Ermessensspielraum, ob nun eine Vertragspassage erwerber- oder verkäuferfreundlich beurkundet wird. Aus diesem Grund wurde Ihnen auch vorstehend empfohlen, eigene Fachberater Ihres Vertrauens zu Rate zu ziehen. Berücksichtigen Sie stets, daß ein Notar nicht „Ihr" Rechts-, Steuer- oder kaufmännischer Berater ist. Damit soll nicht gesagt sein, daß ein Notar (als objektives, neutrales Rechtspflegeorgan) grds. in irgendwelchen Abhängigkeiten steht. Interessenskonfliktsituationen sind jedoch möglich. Die höchstrichterliche Rechtsprechung beweist, daß in der Vergangenheit mitunter auch rechtsungültige Klauseln beurkundet wurden. Möglichen späteren streitigen Auseinandersetzungen sollte von Anfang an durch rechtswirksame Vertragsklauseln (unter Bezug auf die aktuelle höchstrichterliche Rechtsprechung) – ggf. auch über zu vereinbarende Individual-Abrede – der Boden entzogen werden. Sie können ergänzend zur Vorbereitung der Beurkundung auch Merkblätter der jeweiligen Landesnotarkammern anfordern.

Einige Wochen nach dem notariellen Vertragsschluß kommt es dann zur **Eintragung der Auflassungsvormerkung** zu Ihren Gunsten im Grundbuch. Die **Auflassung**, d. h. der weitere Vertrag über die dingliche Einigung des Eigentumsübergangs, erfolgt auf Veranlassung des Veräußerers, wenn sämtliche Käuferzahlungen geleistet sind. Erst die daran anschließende Eintragung des Eigentumswechsels im Grundbuch vollzieht und komplettiert Ihren endgültigen **Eigentumserwerb.**

Der lange Weg vom Kauf zum Eigentum nach deutschem Immobilienrecht

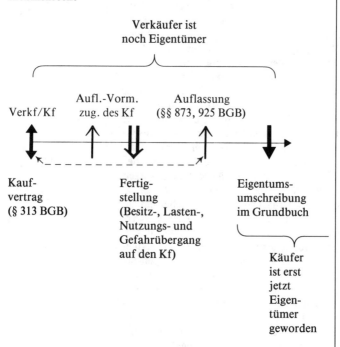

Verkäufer ist
noch Eigentümer

Verkf/Kf   Aufl.-Vorm.   Auflassung
zug. des Kf (§§ 873, 925 BGB)

Kauf-   Fertig-   Eigentums-
vertrag   stellung   umschreibung
(§ 313 BGB)   (Besitz-, Lasten-, im Grundbuch
                 Nutzungs- und
                 Gefahrübergang   Käufer
                 auf den Kf)   ist erst
                                    jetzt
                                    Eigen-
                                    tümer
                                    geworden

2 Der Kauf der „Gebraucht-Wohnung"

2.1 Vorbemerkung

Der Entschluß, eine bereits fertiggestellte, schon längere Zeit bewohnte „Gebraucht-Wohnung" als Zweit- oder Nacherwerber rechtsgeschäftlich zu kaufen, hat neben dem u. U. günstigen Erwerbspreis (je nach Lage, Marktsituation und Baujahr) zumindest den Vorteil, daß Sie die „Ware" vor dem Kauf genau inspizieren können. Weiterhin haben Sie die Möglichkeit, Einblick zu nehmen in das laufende und hoffentlich möglichst gut funktionierende Verwaltungsgeschehen der Gemeinschaft. Die Wohnungsnachbarn und die Verwaltung sind Ihnen bekannt, die Bausubstanz ist vorhanden, bautechnische Risiken (Mängelgewährleistung) aus der Erstellungsphase stellen sich grundsätzlich nicht (mehr).

2.2 Vorüberlegungen allgemeiner Art

Auch bei beabsichtigtem Erwerb einer Gebraucht-Wohnung werden Sie sich rechtzeitig über die örtliche **Lage** des Gesamtobjekts und die Lage der speziellen Wohnung im Haus informieren, ebenso über die günstige Infrastruktur der Örtlichkeit, bezogen auf Ihre speziellen Bedürfnisse. Eine exponiert gelegene Eckwohnung hat meist höheren Heizenergieverbrauch. Eine unter einem alten Flachdach gelegene Wohnung könnte Sie u. U. einmal sehr unmittelbar mit Durchfeuchtungsschäden konfrontieren. Eine Wohnung direkt neben einem Lift, einem Treppenhaus oder über einer Heizzentrale verursacht ggf. Schallbelästigungen. Bedenken Sie auch mögliche Störungen durch benachbart gelegenes Teileigentum (Geschäftsräume, Läden, Restaurants, Praxen usw.).

Prüfen Sie selbst bei beabsichtigter Vermietung der Wohnung (also bei derzeitiger Kapital-Anlage-Absicht), ob Sie ggf. die Wohnung auch selbst beziehen würden. Die **Vermietbarkeit** und Rentierlichkeit einer Wohnung ist von Ort zu Ort, ja sogar von Stadtteil zu Stadtteil u. U. sehr unterschiedlich. Mietzinsausfälle oder gar eine Unvermietbarkeit können Finanzierungspläne erheblich gefährden. Neben wirtschaftlichen Überlegungen (Angemessenheit des Kaufpreises) spielen oftmals auch steuerliche Fragen eine nicht unerhebliche Rolle (Grunderwerbsteuer, einkommensteuerliche Abschreibungsmöglichkeit).

Auch die Höhe des laufenden **Wohngelds** und der bestehenden **Instandhaltungsrückstellung** (die Sie anteilig „miterwerben") ist von wirtschaftlicher Bedeutung, zumal bei bestehender oder beabsichtigter Wohnraumvermietung kraft Gesetzes nicht alle Positionen des Wohngelds als Nebenkosten auf einen Mieter umgelegt werden können (i. d. R. z. B. nicht Verwalterhonorare, Instandhaltungsrückstellungsbeiträge und Instandsetzungsaufwendungen).

2.3 Der technische Zustand

Für Ihre Kaufentscheidung wesentlich ist auch, daß Sie sich ein genaues Bild über den technischen Zustand der Wohnung und der Gesamtanlage (des Gemeinschaftseigentums) machen. Das Baujahr eines Hauses muß hier nicht unbedingt entscheidend sein, selbst wenn die Bautechnik der Anlage nicht mehr in allen Punkten dem heutigen Stand der Technik und den aktuellen Normen entsprechen sollte. Die ins Auge gefaßte Wohnung sollten Sie auf jeden Fall vor dem Kauf (ggf. mit einem technischen Fachmann) **besichtigen** und sich über den baulichen Zustand von Sondereigentum und Gemeinschaftseigentum (insbesondere gemeinschaftlicher technischer Einrichtungen) aufklären lassen. Nur so besteht die Chance, daß Sie vor eventuellen kurzfristigen „bösen Überraschungen" verschont bleiben, d. h. vor u. U. baldigen Finanzierungsbeteiligungen (ggf. über Sonderumlagen) an Dach- und Dachisolierungs-Sanierungen, Fassaden-, Balkon- und Fenster-Instandsetzungen, notwendigen Erneuerungen von Lüftungs- und heiztechnischen Anlagen, Sanitärinstallationen, Liftreparaturen usw. Stellen Sie vor Kauf in Vollmacht des Veräußerers gezielte Fragen an den Verwalter, der Ihnen insoweit grds. auskunftspflichtig ist (ggf. gegen angemessene Sonderhonorierung).

2.4 Prüfung des Kaufvertragsentwurfs

Auch beim Erwerb der Gebraucht-Wohnung sollten Sie sich rechtzeitig den notariellen **Vertragsentwurf** zur Überprüfung der Vertragsklauseln aushändigen lassen. Sie können sich mit dem Verkäufer einigen, bei welchem Urkundsnotar die Verbriefung stattfinden soll.

Beabsichtigen Sie, Schulden und Belastungen des Verkäufers zu übernehmen, müßten Sie sich rechtzeitig der **Zustimmung** etwaiger **Grundpfandgläubiger** vergewissern. Die Kaufurkunde sollte hier über Ihre beabsichtigte Finanzierung klare Aussagen machen. Lassen Sie sich unbedingt vor Kaufunterzeichnung **Pfandfreistellung** von Gläubigern „bei diesem Verkaufspreis" **zusichern!**

Ist das Kaufobjekt noch mit Grundpfandrechten des Verkäufers belastet (die mit Kaufpreisgeldern gelöscht werden sollen), können entsprechende Kaufpreisteile gemäß Vereinbarung beim Notar **hinterlegt** werden, verbunden mit dem Treuhandauftrag an den Notar, daß dieser die Geldmittel zur Wegfertigung valutierter Pfandrechte Zug um Zug gegen Erteilung der Löschungsunterlagen verwendet. Häufig wird insoweit auch vereinbart (zwischen Notar und Kreditinstituten), daß das Institut dem Notar treuhänderisch **Löschungsbewilligungen** überläßt mit der Auflage, davon erst Gebrauch zu machen, wenn der benötigte Ablösebetrag überwiesen ist.

Zur Fremdfinanzierung des Kaufpreises ganz allgemein vgl. ETW, Gruppe 3, S. 214 ff.

Denken Sie daran, daß Sie bei Übernahme von Ausstattungs- und Einrichtungsgegenständen, insbesondere bei einer evtl. **Inventarübernahme** die Erwerbsgegenstände eindeutig vertraglich auflisten und ggf. sogar bewerten.

Für Ihre steuerlichen Überlegungen kann es eine Rolle spielen, welcher **Einheitswert** hinsichtlich des Kaufobjekts festgelegt ist. Spätestens bei der Verbriefung sollte Ihnen der Verkäufer den aktuellen Einheitswertbescheid und auch den Grundsteuerbescheid aushändigen. Eine steuerliche Wertfortschreibung erfolgt i. ü. in der Regel erst auf den 1.1. des Folgejahres.

Berücksichtigen Sie bei Ihrer Kaufentscheidung auch die generell anfallende 2 %ige **Grunderwerbsteuer**, ebenso die **Notar-** und **Grundbucheintragungskosten**. Bei den Gerichts- und Notargebühren kalkulieren Sie vorsichtig ca. 0,7 – 1 % des Erwerbspreises.

Entscheidend ist die klare, am besten datumsmäßig festzulegende Regelung im Vertrag über den **Besitzübergang**, d. h. den Gefahren-, Lasten- und Nutzungsübergang im Innenverhältnis zum Verkäufer. Ab diesem Zeitpunkt steht Ihnen – nach vollständiger Kaufpreis-Zahlung – eine etwaige Mietrendite zu (Kautionsübertragung!); andererseits haben Sie auch mit diesem Datum grds. die laufenden Lasten des Wohnungseigentums, also insbesondere die laufenden Wohngeldverpflichtungen (auf Vorauszahlungsbasis) zu erfüllen bzw. den Verkäufer entsprechend seiner noch bestehenden Schulden gegenüber der Gemeinschaft freizustellen. Kaufpreiszahlung und Besitzübergang sollten allerdings ebenfalls erst nach schriftlicher Mitteilung des Notars erfolgen, daß zu Ihren Gunsten die Auflassungsvormerkung im Grundbuch eingetragen ist (des weiteren evtl. Pfandfreistellungen und Negativverklärungen zu etwaigen Vorkaufsrechten vorliegen). Anteilige Kostenausgleiche für laufende Jahresbetriebs- und Verwaltungskosten einschließlich etwaiger späterer Einzelabrechnungs-Minussalden können und sollten individuell im Vertrag vereinbart werden. Rechte als Wohnungseigentümer erlangen Sie allerdings nach neuer BGH-Rspr. erst mit Ihrer Eigentumseintragung im Grundbuch. Die Rechtsfigur des sog. **werdenden / faktischen Eigentümers** in der **Sondernachfolge** hat der **BGH** verneint (vgl. hierzu Abschn. 1.6.13 oben). Verwalter sind heute auch nicht mehr verpflichtet, zwischen Ihnen und Ihrem Veräußerer zeitanteilig abgrenzend (bezogen auf den Besitzübergangs-Zeitpunkt) in Form zweier Einzelabrechnungen abzurechnen.

Was die **Baumängelgewährleistung** (Haftung für **Sachmängel**, vgl. §§ 459 ff. BGB) betrifft, wird diese bei Gebraucht-Wohnungen verkäuferseits in der Regel ausgeschlossen; die Formulierung in der Urkunde lautet häufig: „Das Vertragsobjekt wird gekauft wie besichtigt unter Ausschluß einer Mängelgewährleistung". In diesem Zusammenhang sollten Sie sich allerdings zusätzlich die ausdrückliche vertragliche Zusicherung des Verkäufers geben lassen, daß diesem zum Verkaufszeitpunkt „keine wesentlichen, nicht offenkundigen Mängel an Sonder- und auch **Gemeinschaftseigentum** bekannt sind". Würde nämlich ein Verkäufer bestehende, nicht auf Anhieb erkennbare Mängel trotz positiver Kenntnis beim Verkauf verschweigen, könnten Sie u. U. Schadensersatzansprüche wegen **arglistiger Täuschung** durch unterlassene Aufklärung geltend machen, u. U. sogar in langer, 30jähriger Frist, ggf. auch vom Vertrag zurücktreten. Den „bösen" Vorsatz (also die positive Kenntnis des Verkäufers zum Verkaufszeitpunkt von einem wesentlichen Mangel im Sondereigentum oder m. E. auch im Gemeinschaftseigentum) haben jedoch Sie als Käufer nachzuweisen (oft schwierig!). Hat ein Verkäufer selbst noch durchsetzbare Gewährleistungsansprüche gegen verantwortliche Baubeteiligte, müßten Sie darauf bestehen, daß er Ihnen diese Ansprüche zur etwaigen Verfolgung (Weiter- oder ggf. Mitverfolgung) **abtritt**; diese Abtretung sollten Sie annehmen. Auf ggf. noch gerichtsanhängige Beweis- oder Klageverfahren bzgl. anfänglicher Baumängel an Sonder- oder Gemeinschaftseigentum sollte ein Verkäufer ebenfalls hinweisen und Ansprüche an den Erwerber abtreten.

Die Haftung für **Rechtsmängel** richtet sich insbesondere nach den §§ 434, 439 BGB; Ihre Rechte folgen aus den §§ 440, 320, 323, 326, 443 BGB.

Eine bisher dem Verkäufer von den Miteigentümern gestattete oder nur geduldete **Nutzung** eines Sondereigentums in Abweichung zu bestehenden Vereinbarungen in Teilungserklärung mit Gemeinschaftsordnung (und Aufteilungsplan) muß nicht unbedingt auch einen Vertrauenstatbestand zu Ihren Gunsten als Rechtsnachfolger bewirken (z. B. Arztpraxis-Kauf in einem Wohnungseigentum); sichern Sie sich hier vor Kauf ab (Nutzungsgestattung auch Ihnen gegenüber)!

Eine förmliche Übergabe wie im Werkvertragsrecht gibt es im Kaufrecht grundsätzlich nicht. Allerdings empfiehlt sich auch hier nach dem Vertragsschluß eine **Besitz-Übergabeverhandlung** (Gefahr-, Lasten- und Nutzungsübergang), bei der zumindest sämtliche Schlüssel übergeben und auch Zählerstände abgelesen werden. Dadurch erleichtern sich zeitanteilige Abrechnungen im Innenverhältnis zum Verkäufer.

Erschließungskosten-Vereinbarungen (vgl. §§ 127 Abs. 2 und 134 Abs. 1 BauGB) können ebenfalls an Aktualität gewinnen, wenn z. B. behördliche Erschließungsmaßnahmen (Kanalanschlußarbeiten, Straßenplanung oder -verbreiterung, Gehwegsänderungen, Leitungsverlegungen usw.) anstehen oder noch nicht endgültig abgerechnet sein sollten.

Im übrigen darf ergänzend auf Ziff. 1.6.10 verwiesen werden.

2.5 Gemeinschaftsregelungen

Wie beim Neubau-Erwerb haben auch beim Gebrauchtwohnungs-Kauf Teilungserklärung und **Gemeinschaftsordnung** erhebliche rechtliche **Bedeutung**. Studieren Sie rechtzeitig und gewissenhaft diese Vertragsunterlagen, ebenso den meist existierenden Verwaltervertrag. Teilungserklärung und Gemeinschaftsordnung geben Aufschluß über den Zweckcharakter der Anlage, die vereinbarten Nutzungen (Nutzungsberechtigungen) im Bereich des Sondereigentums und Gemeinschaftseigentums, die Höhe des Wohngelds, Ihr Stimmrecht usw. Auch hier darf ergänzend auf die Ziffern 1.7 und 1.8 hingewiesen werden.

Spekulieren Sie nicht auf wohnungseigentumsrechtlich notwendige Zustimmungen anderer Eigentümer zu beabsichtigten baulichen oder Nutzungszweck-Änderungen (selbst bei in Aussicht gestellten öffentlich-rechtlichen Genehmigungen)! Der Ausbau eines **Speicher**-Teileigentums oder eines **Hobbyraumes** zu Wohnzwecken z. B. kann durchaus am Widerspruch nur eines einzelnen Miteigentümers scheitern.

2.6 Ergänzende Fragestellungen an Verkäufer und Verwalter

Seit Bestehen der Wohnungseigentümergemeinschaft/der Anlage können im Laufe der Jahre verbindliche **Versammlungsbeschlüsse** gefaßt worden und u. U. auch rechtskräftige **Gerichtsentscheidungen** (einschl. etwaiger − beschlußbestätigter − gerichtlicher Vergleiche) ergangen sein, die auch für Sie als Wohnungserwerber und neues Mitglied der Wohnungseigentümergemeinschaft rechtswirksam sind (**Bindungswirkung** von Versammlungs- und Gerichtsbeschlüssen auch ohne Eintragung im Grundbuch, vgl. **§ 10 Abs. 3 u. 4 WEG**). Oftmals sind dies sogar Entscheidungen, welche verdinglichte, im Grundbuch eingetragene Regelungen der Teilungserklärung mit Gemeinschaftsordnung − einstweilen rechtswirksam − abgeändert haben, ohne daß diese Änderungen und/oder Ergänzungen aus dem Grundbuch (mangels Eintragungs-Notwendigkeit) ersichtlich wären.

Es empfehlen sich deshalb diverse frühzeitige **Fragestellungen** an den Verkäufer und auch den Verwalter, um Aufschluß über die aktuelle Verwaltungs-Praxis der Anlage zu erhalten − und zwar vor verbindlichem Kauf! Dies wird oftmals übersehen und kann früher oder später zu unkalkulierten Risiken führen.

Vom **Wohungsverkäufer** sollten Sie sich rechtzeitig vor der verbindlichen Kauf-Beurkundung deshalb folgende **Unterlagen** aushändigen lassen:

66

- zumindest die letzte Jahresgesamt- und Einzelabrechnung,

- den laufenden Wirtschaftsplan,

- die letzten Versammlungsprotokolle (aus den protokollierten Beschlüssen lassen sich sehr schnell etwaige augenblickliche Probleme der Gemeinschaft erkennen),

- wie schon erwähnt den Einheitswert- und Grundsteuerbescheid,

- einen u.U. bestehenden Mietvertrag (in diesem Zusammenhang sollte eine eigene Kautions-Übertragungsregelung getroffen werden, soweit der Verkäufer eine Mietkaution oder anderweitige Kautionssicherheit in Händen hat). „Kauf bricht bekanntlich nicht Miete" (§ 571 BGB)!

Dringend zu empfehlen ist auch eine Kontaktaufnahme mit dem **Verwalter,** wobei Sie als Erwerbsinteressent diesem ggf. eine entsprechende Ermächtigung oder Vollmacht Ihres Verkäufers auf Verlangen vorzulegen haben. Folgende wichtige **Fragestellungen** sind je nach Einzelfall angezeigt:

- Besitzt der Verkäufer noch Wohngeldrückstände (insbesondere Vorauszahlungs-Schulden), für die Sie u.U. bei entsprechender Vereinbarung in der Gemeinschaftsordnung (gesamtschuldnerisch) mithaften könnten?

- Existieren gültige Eigentümerbeschlüsse, die zu einer Änderung der Teilungserklärung mit Gemeinschaftsordnung (z. B. Änderung des ursprünglich vereinbarten Kostenverteilungsschlüssels) oder zu Beschränkungen des Mitgebrauchs an gemeinschaftlichen Einrichtungen geführt haben?

- Liegen wichtige Gerichtsentscheidungen vor, die das Gemeinschaftsleben und die gemeinsame Verwaltung gegenüber ursprünglichen Vereinbarungen ändernd beeinflußt haben?

- Sind laufende Verfahren der Gemeinschaft bzw. gegen die Gemeinschaft rechtsanhängig (mit evtl. zu erwartenden nachteiligen Kostenfolgen)?

- Wie hoch ist die derzeit bestehende Wohngeldvorauszahlung?

- Wie lautet die Kontenbezeichnung des vom Verwalter betreuten Gemeinschaftskontos, auf das im Regelfall mit Besitz-, Lasten- und Nutzungsübergang die laufenden Wohngelder einbezahlt werden müssen (ggf. „für den Verkäufer")?

– Bestehen derzeit große Wohngeldausfälle durch zahlungssäumige Miteigentümer (Ausfallshaftung bei Eigentümerinsolvenz!)?

– Welchen augenblicklichen Stand hat die derzeitige Instandhaltungsrückstellung bzw. das Rücklage-Anlagevermögen? (In Rücklage-Guthaben treten Sie bekanntlich als rechtsgeschäftlicher Erwerber ein, ohne daß zwischen Ihnen und dem Verkäufer eine Auseinandersetzung zu erfolgen hat; der Übergang sollte eigens vertraglich erwähnt werden, um mögliche Streitfragen einer evtl. stillschweigenden Abtretung zu vermeiden; der anteilige Guthabens-Betrag sollte letztlich auch für die Kaufpreiskalkulation maßgebend sein).

– Von wirtschaftlicher Wichtigkeit ist auch die Frage nach etwa anstehenden größeren Instandsetzungen. Stehen hier Maßnahmen bevor, müssen Sie sich i. d. R. an der Finanzierung solcher Sanierungen beteiligen.

– Sind kurzfristig Sonderumlagen zu erwarten oder bereits beschlossen mit Zahlungsfälligkeiten, die in Ihre Eigentumszeit fallen könnten?

– Existieren noch unerfüllte bauliche und behördliche Auflagen (Spielplatzauflagen, brand- und sicherheitsrechtliche Auflagen, TÜV-Auflagen usw.)?

– Ihr erstes Kontaktgespräch erleichtert dem Verwalter vermutlich auch die Entscheidung über eine etwa vereinbarte Verwalterzustimmung zum Wohnungsverkauf in positivem Sinne (bei Vereinbarung des § 12 WEG in der Teilungserklärung). Äußern Sie sich in diesem Falle in eigenem Interesse unaufgefordert über Ihre Person und Ihre finanzielle Situation, um dem Verwalter die rasche Entscheidung zu erleichtern. Nur aus wichtigem Grund in Ihrer Person (begründete Bedenken gegen Ihre finanzielle oder persönliche Integrität) könnte eine Verwalterzustimmung verweigert werden.

– Lassen Sie sich Namen und Anschrift des Verwaltungsbeirats, insbesondere des Beiratsvorsitzenden geben, um ggf.

auch diesem noch vor einem Kauf ergänzende Fragen stellen zu können.

Sind Sie durch Eintragung im Grundbuch **Eigentümer** geworden, teilen Sie dies (auch wenn Sie hierzu nicht verpflichtet sein sollten) mit dem Datum der Eintragung/Umschreibung dem Verwalter mit.

2.7 Planbeschrieb der Wohnung

In Ihre Unterlagen gehört unbedingt auch eine Planzeichnung Ihrer Wohnung, möglichst eine Detailzeichnung, ggf. ein Auszug aus dem anfänglich genehmigten Aufteilungsplan. Zeichnerische Darstellung und Wohnung „in Natur" sollten identisch sein. Achten Sie insbesondere auf Nebenräume und entsprechende ergänzende Planzeichnungen, insbesondere bei zusätzlichem Erwerb eines Kellers, Speichers, Kfz-Stellplatzes oder zur Wohnung gehörenden Hobbyraums.

Nachträglich vorgenommene, sanktionierte bauliche Veränderungen oder Nutzungszweckänderungen könnten u.U. die ursprüngliche Konzeption der Anlage bereits erheblich verändert haben.

2.8 Der Mietvertrag

Mit dem Erwerb der Wohnung treten Sie kraft Gesetzes in einen u.U. bestehenden Mietvertrag ein (§ 571 BGB). Mögliche Kündigungsrechte ergeben sich aus dem Mietvertrag oder kraft Gesetzes. Lassen Sie sich einen bestehenden Mietvertrag vor endgültigem Kauf aushändigen. Nach dem Erwerb sollten Sie sich persönlich oder schriftlich beim Mieter als dessen neuer Vermieter vorstellen und insbesondere sehr rasch die Kontenänderung mitteilen. Der Verkäufer hat Ihnen auch auf Frage Auskunft zu geben, ob mieterseits Probleme aufgetreten sind und insbesondere der Mieter bisher pünktlich seine Miete und etwaige Nebenkosten bezahlt hat.

Aus dem Mietvertrag ergeben sich im Regelfall die geltende Neben- und Heizkostenbeteiligung, eine etwaige Kündigungs- und Mietzinserhöhungsmöglichkeit, die Höhe der u.U. geleisteten Kaution usw. Über Kündigungen und mögliche Mietzinserhöhungen (– gesetzlich eingeschränkt! –) sollten Sie sich rechtzeitig ein klares Bild verschaffen.

2.9 Ergänzende Verhaltensrichtlinien

Wie beim Erwerb einer neuerstellten Wohnung ist oftmals rechtliche und steuerliche **Fachberatung** empfehlenswert. Berücksichtigen Sie auch Berechtigung und Höhe einer etwa anfallenden **Maklerprovision**. Ist Ihr Makler zugleich **Verwalter** der Gemeinschaft **und** ist weiterhin Verwalter-Verkaufszustimmung nach § 12 WEG in der betreffenden Gemeinschaft vereinbart, besitzt der Makler gegen Sie keinen Provisionsanspruch, es sei denn, er hätte Sie im Zuge des Maklerauftrags über seine Verwalterzustimmungspflicht hinreichend aufgeklärt und von Ihnen daraufhin ein separates Provisionsversprechen unterzeichnet erhalten (so der BGH).

Führten alle Vorüberlegungen zu einem positiven Ergebnis, können der notarielle Vertrag und die Auflassung unterzeichnet werden. Denken Sie daran, daß Sie im Zuge der Urkunds-Verlesung Fragen an den Notar stellen können, die Ihnen dieser in verständlicher Form zu beantworten hat. Der **Notar** ist allerdings − wie schon erwähnt − nicht Ihr genereller wirtschaftlicher, rechtlicher und steuerlicher Berater!

2.10 Wohnungserwerb nach Umwandlung von Altbausubstanz in Wohnungseigentum

Hier gelten grundsätzlich die vorstehenden Überlegungen zum Kauf einer Gebrauchtwohnung.

Den Kauf sollten Sie allerdings erst tätigen, wenn die Teilungserklärung vollzogen und die einzelnen Wohnungs-Grundbücher angelegt sind. Zu diesem Zeitpunkt ist dann in der Regel auch der Aufteilungsplan **abgeschlossenheitsbescheinigt** (Voraussetzung der Begründung von Wohnungseigentum).

Waren Sie bereits Mieter des vom Grundstückseigentümer neugebildeten Wohnungseigentums, kennen Sie Ihr Kaufobjekt und die Gesamtanlage bestens, so daß negative Überraschungen erfahrungsgemäß ausbleiben dürften. Erwerben Sie jedoch eine vermietete, neugebildete Eigentumswohnung, denken Sie an den **Sonderkündigungsschutz** des Mieters Ihrer Wohnung (§ 564 b BGB, mit zusätzlicher Eigenbedarfs-Kündigungssperrfrist des Mieters neben der allgemeinen zusätzlich gesetzlichen Kündigungsfrist des § 565 BGB).

Treffen Sie ggf. vor Kauf Feststellungen, ob bei der Neubegründung von Wohnungseigentum **mietrechtlichen Nutzungsberechtigungen** Rechnung getragen wurde. Bedenken Sie auch, daß der teilende Grundstückseigentümer u. U. einige unverkäufliche Mietwohnungen in seinem Eigentum behält und Eigennutzinteressen auf lange Sicht einmal Vermieter- und Mieterinteressen zuwiderlaufen könnten.

Denken Sie auch an mögliche **Stimmrechtsmajorisierungen** durch den teilenden Grundstückseigentümer je nach vereinbartem Stimmrechtsprinzip.

Ein Altbau erfordert erfahrungsgemäß auch einen höheren **Instandhaltungsbedarf**, so daß sich Ihr Augenmerk verstärkt auf die Instandhaltungsrückstellungs-Regelung und etwaige Rückstellungs-Guthaben richten sollte.

Sichern Sie sich frühzeitig vertraglich ab, daß der Grundstückseigentümer anderen Kaufinteressenten nicht bauliche **Sonderwünsche** und Änderungen zubilligt, die Ihr bereits erworbenes oder zu erwerbendes Eigentum beeinträchtigen könnten (z. B. nachträgliche Verfliesung – statt Teppichboden – in einer Wohnung über Ihnen mit Schallverschlechterungs-Gefahren bei nicht ordnungsgemäßer Ausführung).

Eine ggf. bestehende **Mietverwaltung** des Grundstückseigentümers ist auch mit Entstehen der Wohnungseigentümergemeinschaft streng zu trennen von der neu einsetzenden Wohnungseigentumsverwaltung (insbesondere im buchhalterischen Bereich). Laufende Versorgungs- und Dienstleistungsverträge müssen rechtzeitig auf den neuen Auftraggeber, die Wohnungseigentümergemeinschaft, umgeschrieben werden.

Gewährleistungsrechtliche Besonderheiten ergeben sich nur, wenn sich der Verkäufer vor oder nach Erwerb zu größeren Instandsetzungen / Modernisierungen verpflichtet. Hier muß nach BGH bei Neuerstellung einzelner Gewerke (also einer Schwerpunkt- oder **Kernsanierung**) eine Gewährleistung nach BGB-Werkvertragsrecht vereinbart werden, wobei dann in der Kaufurkunde ausdrücklich und eindeutig die Altbausubstanz von Neuerstellungs-Gewerken abgegrenzt sein könnte; ist dies nicht der Fall oder sind neu erstellte Gewerke technisch nicht trennbar von Altbausubstanz, dürfte stets BGB-Werkvertrags-Gewährleistung in Betracht kommen (mit grds. 5jähriger Gewährleistungsfrist). Der Ratenzahlungsplan nach MaBV dürfte grds. auch bei Altbau-Umwandlungen auf Sanierungsmaßnahmen größeren Umfangs anzuwenden sein (Einzelheiten strittig).

Überraschenderweise hatte i. ü. im Frühjahr 1989 die Stadt München bei einer beabsichtigten Altbau-Umwandlung dem betreffenden Hauseigentümer die Erteilung der **Abgeschlossenheitsbescheinigung verweigert,** mit dem Argument, daß Schall- und Wärmeschutz der vorhandenen Trenndecken und -wände nicht den **heutigen** bauordnungsrechtlichen Anforderungen genügten. Unter Hinweis auf die Allgemeine Verwaltungsvorschrift von 1974 für die Erteilung von Abgeschlossenheitsbescheinigungen (die auch für bereits errichtete Gebäude insoweit gelten würde) bestätigte im Mai 1989 der BayVGH die ablehnende Entscheidung der städtischen Baugenehmigungsbehörde (LBK München); das BVerwG wies mit Urteil vom Juli 1989 die Revision des Eigentümers mit ähnlicher Begründung zurück; eine erste Verfassungsbeschwerde gegen diese neue verwaltungsgerichtlichen Rspr. wurde vom BVerfG erst gar nicht angenommen (Beschluß vom 30. 11. 1989).

Die Gesamtproblematik dieses auch politischen Streitkomplexes steht derzeit in heftiger, kritischer Fachdiskussion, zumal Altbauten heute tatsächlich aus technischen oder wirtschaftlichen Gründen vielfach gar nicht den heutigen technischen Anforderungen gerade im Schall- und Wärmeschutzbereich angepaßt werden können, was vielerorts zu faktischen Umwandlungsverboten führt. Nicht überzeugend sind m. E. die über Auslegung der Allgemeinen Verwaltungsvorschrift von 1974 gewonnenen Begründungsergebnisse der verwaltungsgerichtlichen Rspr., ganz abgesehen von u. U. doch verletzten Grundrechten (Gleichheitssatz, Art. 3 GG und Eigentumsgarantie trotz Sozialbindung, Art. 14 GG). Bezweckt wird offensichtlich mit dieser Rspr. – m. E. nur vermeintlicher – Mieterschutz, der doch in erster Linie allein über das **Mietrecht** gelöst / gefunden werden sollte.

Der V. Zivilsenat des BGH (WEG-Vorlagesenat) hat sich mit seiner Entscheidung v. 14. 2. 1991 gegen das BVerwG ausgesprochen, das Verfahren ausgesetzt und zur endgültigen Klärung dieser immobilwirtschaftlich bedeutsamen Frage den Gemeinsamen Senat der obersten Gerichtshöfe der BRD angerufen. Dieser **Gemeinsame Senat** der 5 obersten Bundesgerichte hat mit Entsch. vom **30. 6. 1992** die Auffassung des BGH bestätigt; Abgeschlossenheitsbescheinigungen müssen deshalb nach derzeitiger Rechtslage nach wie vor auch dann von Baugenehmigungsbehörden bei beabsichtigten Altbau-Umwandlungen erteilt werden, wenn Schall- und Wärmeschutz der Trenn-Dekken und -Wände nicht den heutigen landesbaurechtlichen Anforderungen entsprechen sollten. In politischer Diskussion stehen derzeit vielfach erwünschte **Gesetzesänderungen** (zum angeblichen Schutz langjähriger Mieter vor „spekulativen Vertreibungen" und einem möglichen „Hinaussanieren" aus Altbauten), in Anbetracht bestehender gesetzl. Mieterschutzbestimmungen m. E. nicht nötig und eher investitionshemmend als mieterschutzfördernd anzusehen.

In Anbetracht der restriktiven Behördenpraxis in den letzten 3 Jahren wurde diesseits auch ein Alternativmodell entwickelt (das sog. **Bruchteilsmodell)**, das bereits erfolgreich in einigen Städten vermarktet werden konnte (vgl. hierzu **Abschn. 3.5** einige Seiten weiter!). Derzeit muß auf solche Umgehungs-Modelle nicht mehr zurückgegriffen werden, auch nicht auf das legale **„Keller-Sondereigentums-Modell".**

2.11 Erwerb kraft Gesetzes bzw. Hoheitsaktes

Neben dem vorstehend aufgezeigten rechtsgeschäftlichen (vertraglichen) Erwerb eines Wohnungs-/Teileigentums ist noch ein Erwerb kraft Gesetzes (z. B. **Erbfall**) oder durch staatlichen Hoheitsakt (z. B. Zuschlag in der **Zwangsversteigerung**) möglich. In diesen Fällen wird das Eigentum außerhalb des Grundbuchs übertragen. Die Eintragung im Grundbuch ist für den Eigentumswechsel nicht erforderlich; die **Eintragung** erfolgt hier zu späterem Zeitpunkt und hat nur **Grundbuch-Berichtigungsfunktion.**

3 Wohnungserwerb als Bauherr über steuerliche Erwerbermodell-Beteiligung

3.1 Vorbemerkung

Bauherrenmodell-Konzeptionen in den verschiedensten Varianten werden heute so gut wie nicht mehr auf dem Markt angeboten. Diese Kapitalanlegermodelle früherer Jahre belebten zwar die Bau- und Immobilwirtschaft. Die steuerlichen Anreize für Anleger sind jedoch zwischenzeitlich durch steuergesetzliche Änderungen erheblich eingeschränkt worden. Es hat sich auch gezeigt, daß solchermaßen erworbene Wohnungen durch die diversen Gebührenzuschläge verschiedenster Dienstleistungsträger (selbst bei möglichem Werbungskostenabzug) weit überteuert waren im Vergleich zu konventionell errichteten Wohnungen durch einen Bauträger. Überdies konnten versprochene und garantierte Mietrenditen durch tatsächliche Endvermietungen häufig nicht realisiert werden, ebenso vielfach nicht die versprochenen Steuervorteile; diverse Zwischenvermieter-Konkurse wirkten ebenfalls abschreckend. Bei **hoher Fremdverschuldung** (und sehr niedrigem Eigenkapitaleinsatz) kam es sogar mitunter zu Bauherren-Insolvenzen, insbesondere dann, wenn Mieteinnahmen ausblieben. Vielfach unseriöses Geschäftsgebaren von Funktionsträgerunternehmen und Initiatoren führte ebenfalls zu Bauherren-Schäden und Attraktivitätsverlusten dieser Konzeptionen. Derzeit sind leider immer noch Zivilgerichtsverfahren in Zusammenhang mit solchen Beteiligungen anhängig, so von Unternehmern gegen Bauherren auf anteilige Restwerklohnzahlung, von Bauherren gegen Generalübernehmer oder -unternehmer auf Mängelbeseitigung, von Bauherren gegen Baubetreuer oder Treuhänder auf Schadensersatz wegen Vertragspflichtverletzung, von Bauherren gegen Garantiegeber und Initiatoren (auch aus Prospekthaftung).

Problematisch ist auch immer noch der **Übergang** der Bauherren-Gemeinschaft zur WE-Gemeinschaft. Ab wann ist hier z. B. noch der Treuhänder der seinerzeitigen Bauherren / Treugeber verantwortlich, ab wann bereits der WEG-Verwalter? M. E. müssen hier Verantwortlichkeitsfragen anspruchsbezogen gelöst werden; anfängliche Baumängel müssen deshalb wohl noch von den „Bauherren der ersten Stunde" (bzw. deren Treuhänder) verfolgt werden, allein wohnungseigentumsrechtliche Fragen fallen in den Bereich der entstandenen WE-Gemeinschaft mit Verwalterkompetenz.

Da sich einige Bauherren-Modelle immer noch in der Abwicklung bzw. im Gerichtsstreit befinden, sei nachfolgend noch kurz das Vertragskonzept dieses Modells erläutert.

3.2 Kurzer Überblick über die Vertragssituation des bisher üblichen Bauherrenmodells

Beim Bauherrenmodell schlossen sich geworbene Bauherren zu einer Bauherrengesellschaft (BGB-Innengesellschaft) zusammen, um gemeinsam eine Eigentumswohnanlage zu erstellen. Sie trugen das sog. wirtschaftliche und steuerliche Bauherrenrisiko. Nach Unterzeichnung der einzelnen Beitrittsverpflichtungen erteilten die Bauherren jeweils separat der zentralen Figur – dem **Treuhänder** – notarielle Vollmacht in einem notariell zu beurkundenden Geschäftsbesorgungsvertrag und ermächtigten diesen, sämtliche für die Erstellung der Wohnanlage notwendigen weiteren Verträge abzuschließen. Nicht zuletzt mit der Integrität und Fachkenntnis der Treuhandperson stand und fiel der Beteiligungserfolg. Der Treuhänder schloß nach vollständiger Zeichnung aller Beteiligungen (über Prospekterstellungs- und Vertriebsvertrag) neben dem Grundstücksanteilskauf namens und im Auftrag der Bauherren (§ 3 WEG) sämtliche notwendigen Verträge, u. a. mit dem technischen und wirtschaftlichen Baubetreuer, dem Generalunternehmer oder einem Generalübernehmer, Bau-Sonderfachleuten (Planungsarchitekten, Ingenieuren, Bausachverständigen usw.). Weiterhin wurde i. d. R. von ihm verantwortlich der BGB-Gesellschaftsvertrag der Bauherrengesellschaft konzipiert, über den die Bauherren mehrheitlich Entscheidungen über Auftragsvergabe, Planungsänderungen usw. trafen; weiterhin kümmerte er sich um die Finanzierungsvermittlungsverträge sowie die Zwischen- und Endfinanzierung. Auch der Verwaltervertrag sowie Teilungserklärung mit Gemeinschaftsordnung wurden meist vom Treuhänder konzipiert; um sofortige Vorsteuer-Rückerstattungen zu bewirken, wurde in der Vergangenheit vom Treuhänder i. d. R. auch ein gewerblicher Hauptmieter als **Zwischenvermieter** eingeschaltet. Diverse Vertragsabschlüsse, auch mit Bürgschafts- und Garantiegebern, Konzepterstellern usw. führten ebenfalls durch die Gebühren für diese Arbeiten zu seinerzeit sofort abzugsfähigen Werbungskosten.

Die Einschaltung eines **unabhängigen** und erfahrenen **Treuhänders** bot den Anlegern die Gewähr für korrekte Abwicklung des Anlageobjekts in der Investitionsphase; er mußte kompromißlos die Interessen seiner Treugeber wahrnehmen und besaß weitgehende Rechenschafts- und Auskunftspflichten (ob nun als Beteiligungs-Treuhänder/Treuhand-Kommanditist/Konto-Treuhänder/Mittelverwendungs-Treuhänder oder Basis-Treuhänder mit umfassenden Vollmachten der Investoren). Treuhänder waren meist Ehrenberufler, die strengen Standes- und Berufspflichten unterliegen (wie z. B. Wirtschaftsprüfer, Steuerberater oder Rechtsanwälte).

Entscheidend war es bei diesem Vertragsbild, daß zwischen den Funktionsträgerunternehmen nicht allzu enge wirtschaftliche und firmenverwandtschaftliche **Verflechtungen** bestanden, da andernfalls Mißbrauchsgefahren (Interessenkonflikte) auf der Hand lagen.

Stets waren die Bauherren in Gesamtheit Auftraggeber der Bauarbeiten und damit auch Schuldner von Werklohnforderungen der **Bauunternehmer**, allerdings − BGH-bestätigt − mit nur quotenmäßiger **anteiliger Haftung** (also keiner gesamtschuldnerischen Haftung der Bauherren!). Umgekehrt war zu sagen, daß den Bauherren gegenüber nicht ein meist beauftragter Baubetreuer direkt auf Leistungserfüllung haftete, sondern nur der jeweilige einzelne Unternehmer, da in der Regel nur zwischen diesem und den Bauherren in Gesamtheit vertragliche Beziehungen bestanden. Auch ein zwischengeschalteter Baubetreuer vergab Bauleistungen üblicherweise nur im Namen der Bauherren (also als Vertreter).

Gerichtsstand für Werklohnforderungen von Bauunternehmen gegen Bauherren war und ist der Ort der Wohnanlage (Ort der erbrachten Bauleistung).

3.3 Haftungslagen

Prospekthaftungsansprüche bestehen dann, wenn Prospektinhalte nicht der Wahrheit entsprechen oder nicht vollständig über alle wesentlichen Umstände Aufklärung geben. Die Haftung trifft hier grundsätzlich den oder die verantwortlichen Prospektersteller.

Auch **Vermittler** haften grundsätzlich für die Richtigkeit und Vollständigkeit der Prospektangaben. Personen aus dem Initiatoren-Kreis haften dann, wenn sie durch nach außen in Erscheinung tretendes Mitwirken am Emissionsprospekt einen Vertrauenstatbestand geschaffen haben. Sie besitzen dann eine Garantenstellung (vgl. BGH, NJW 1990, 2461).

Während Initiatoren grundsätzlich nur 6 Monate nach Kenntniserlangung einer Prospektunrichtigkeit, längstens jedoch 3 Jahre **haften**, besteht bei Anlageberatern und Vermittlern eine verstärkte Vertrauenssituation zum geworbenen Bauherrn, die zu einer grundsätzlich 30jährigen Haftung führen kann.

Bei **Treuhändern** ist die **Haftung** meist vertraglich eingeschränkt; allerdings sollte auch hier mindestens eine 3jährige Haftung vereinbart sein. Der BGH hat zwischenzeitlich eine solche mindestens 3jährige Haftung festgeschrieben (beim Wirtschaftsprüfer als Treuhänder sogar mindestens 5jährige Haftung), d. h. kürzere Fristvereinbarungen in üblichen Formular-Treuhandverträgen für ungültig erklärt.

Vermittlungsprovisionen und m. E. auch **Provisionen** für andere Garantien müssen grds. nach höchstrichterlicher Rspr. dann zurückerstattet werden, wenn der einzelne Bauherr keine Vermittlungsleistungen (oder andere Gegenleistungen) in Anspruch genommen hat.

3.4 Erwerbermodell / Bauträgermodell / Erhaltungsmodell
(Einzelheiten hierzu vgl. ETW, Gruppe 10)

Beim steuerlichen Erwerbermodell liegt die Besonderheit darin, daß Bauherren Altwohnungsbestand erwerben, diesen in Wohnungseigentum aufteilen und gemeinsam Sanierungen und Modernisierungen durchführen (ebenso möglich durch Einschaltung von Funktionsträgerpersonen mit – allerdings heute nur noch eingeschränkt möglichen – Werbungskosten-Abzugsmöglichkeiten). Auch diese Modelle sind auf dem Markt aus steuerlichen und mietmarktbedingten Gründen rückläufig.

Aktueller auf dem Immobilienmarkt ist das sog. **Bauträgermodell**, eine Rechtskonstruktion zwischen herkömmlichem Kauf vom Bauträger und dem bisherigen Bauherrenmodell. Der Vorteil dieser neuen Konzeption liegt darin, daß sich ein Bauträger zur schlüsselfertigen Erstellung der Eigentumswohnung verpflichtet, weitere Beratungs- und Betreuungsfirmen/Personen allerdings gebührenpflichtige Dienste anbieten, die zu höherem

Werbungskostenabzug führen, als dies bisher der Fall beim konventionellen Bauträgerkauf war.

Angesprochen sei kurz auch das **Erhaltungsmodell.** Ziel dieser Konzeption ist es, einen möglichst großen Teil der an einer Altbau-Immobilie durchzuführenden Baumaßnahmen als Erhaltungsaufwand (i. G. zum Herstellungsaufwand) zu deklarieren. Kapitalanleger lassen hier an Gebraucht-Wohnungen sinnvolle Instandhaltungs- und Instandsetzungsmaßnahmen selbst durchführen und erreichen dadurch in zulässiger Weise erhebliche Steuervorteile (sofort abzugsfähigen Erhaltungsaufwand). Etwa 10 – 15 % – je nach Einzelfall – des Gesamtaufwands können hier u. U. aus dem Herstellungsaufwand herausgezogen und über sofort abzugsfähige Werbungskosten steuermindernd geltend gemacht werden (neben weiteren Werbungskosten analog der Bauherren-, Bauträger- und Erwerbermodelle somit insgesamt etwa 30 – 35 % des Gesamtaufwands). Einzelheiten dieses Modells (insbesondere steuerrechtlich) sind allerdings noch sehr umstritten.

3.5 Das Bruchteilsmodell (bei nicht möglicher Umwandlung eines Altbaus in Wohnungseigentum)

In Abschnitt 2.10 oben wurde bereits auf die restriktive Praxis der Baugenehmigungsbehörden vielerorts in den letzten 3 Jahren (bestätigt durch Entscheidungen des BayVGH und des BVerwG von 1989) zur Abgeschlossenheitsbescheinigungserteilung bei beabsichtigter Umwandlung von Altbauten im Wohnungseigentum hingewiesen. Zwischenzeitlich hat allerdings der **Gemeinsame Senat** der 5 obersten deutschen Bundesgerichte mit Entscheidung vom 30. 6. 1992 die Rechtsprechung des BVerwG und die entsprechende Behördenpraxis korrigiert und wieder zurechtgerückt. Durch angekündigte Gesetzesreformen könnten jedoch wieder einmal Umwandlungshindernisse geschaffen werden (vordergründig aus Mieterschutzgründen) und das Umwandeln von Altbauten in Wohnungseigentum erneut erschweren. Um Vermarktungschancen solcher Immobilien dennoch zu ermöglichen, wurde diesseits ein Modellkonzept entwickelt, das sog. Bruchteilsmodell nach den §§ 741 ff., 1010 ff. BGB. Notwendig waren insbesondere vertragliche Vereinbarungen zur Absicherung von Vollstreckungsrisiken – bezogen auf das Gesamtgrundstück bzw. alle Bruchteile. Der Vorschlag eines von

der herrschenden Rechtsmeinung nicht uneingeschränkt bestä-
tigten **Vertragskonzeptes** könnte wie folgt aussehen:

a) Auf Veranlassung des teilenden Hauseigentümers als Verkäufer von Anteilen müßte verpflichtend zur unbedingt erforderlichen Vermeidung von Vollstreckungsrisiken zu Lasten der Gesamtgemeinschaft (Zwangsversteigerung in das
Gesamtgrundstück bzw. in Auseinandersetzungsansprüche
innerhalb einer Bruchteilsgemeinschaft bei Insolvenz eines
einzelnen Bruchteilseigentümers) in das notwendige Ver-
tragswerk eine ggf. eigens zu gründende **Treuhandgesellschaft** („Notkauf-Garantiegesellschaft") eingeschaltet werden und zwar mit vorrangig durch Auflassungsvormerkung
im Grundbuch abgesicherter Ankaufsverpflichtung durch
eine solche „Garantie"-Treuhandgesellschaft, die im Notfall
selbst oder über einen von ihr benannten Dritten kaufen
müßte („Notkauf").

b) Entsprechende Miteigentümer-Verkaufsverpflichtungen und
diese Ankaufsverpflichtung der Treuhänderin könnten über
einen **notariellen Vorvertrag** geregelt werden. Die aufschiebend bedingte Verpflichtung der Treuhandgesellschaft zu
einem solchen Noterwerb kann nur mittels entsprechender,
beiderseits verpflichtender notarieller Vorverträge begründet werden. In den einzelnen notariellen Anteils-Erwerbs-
verträgen (Erstkaufverträgen) der künftigen Miteigentümer
müßten dann keine entsprechenden Absprachen mehr getroffen werden, zumal diesbezügliche wechselseitige Eigen-
tümerverpflichtungen auch in der Miteigentümerordnung
nach § 1010 BGB (vgl. unten c) zu verankern sind.

Der vormalige Alleineigentümer als Verkäufer der Miteigentumsanteile und die ankaufsverpflichtete Treuhandgesellschaft sollten nicht rechtlich identisch sein. An der Treuhandgesellschaft könnte sich z. B. auch anteilig das Global-
finanzierungsinstitut beteiligen, ggf. neben einem Wirtschaftsprüfer bzw. Treuhandunternehmen. In einem solchen Kauf-Vorvertrag müßten sich also die Treuhandgesellschaft und Anteilseigner im Rahmen der bestehenden Miteigentümervereinbarung nach § 1010 BGB aufschiebend bedingt zum Kauf bzw. Verkauf verpflichten und zwar nach
Maßgabe entsprechender, im Vorvertrag bereits festzulegen-
der Rahmenbedingungen. Der Kaufpreis für das Kaufobjekt

sollte bereits im Vorvertrag mit 70 % oder 80 % seines Ver-
kehrswerts festgelegt werden. In diesem Vorvertrag könnten
dann auch Fragen des „Not-Verkaufsfalles" angesprochen
und die wesentlichen Regelungen des späteren Sicherungs-
Kaufvertrages stichwortartig festgelegt werden, so u. a. das
Recht des Not-Käufers, in Anrechnung auf den Kaufpreis in
Abt. III des Grundbuchs eingetragene Belastungen bzw. diesen zugrundeliegenden Verbindlichkeiten vorrangig zu erfüllen oder in Anrechnung auf den Kaufpreis mit der Maßgabe zu übernehmen, daß der verkaufende, in Zahlungsverzug befindliche Bruchteilseigentümer aus der persönlichen
Schuld entlassen wird. Vereinbarte Pflicht des Not-Käufers
(Treuhänders) sollte es auch sein, unabhängig von der Höhe
des Kaufpreises dafür zu sorgen, daß die vollstreckungs-
rechtliche Verstrickung des Gesamtgrundstücks entfällt.
Der Not-Käufer (Treuhänder oder Dritter) müßte auch in
bestehende mietrechtliche Bindungen eintreten. Ihm sollte
auch die Pflicht auferlegt werden, im Falle einer etwaigen
Weiterveräußerung auf Drittkäufer, diesen ausdrücklich die
sich aus der Miteigentümervereinbarung ergebenden Pflichten zu übertragen. Der Not-Verkäufer sollte weiterhin be-
willigen und der Not-Käufer entsprechend beantragen, die
Eintragung einer Vormerkung zur Sicherung seines bedingten Anspruchs auf Auflassung des Kaufobjekts zu dessen
Lasten und zugunsten des Not-Käufers bzw. eines von diesem benannten Dritten, als jeweils alleinigem Berechtigtem
und zwar im Range nach der an erster Rangstelle im Grundbuch vermerkten Miteigentümervereinbarung.

c) In einer solchen Miteigentümerordnung nach § 1010 BGB
könnte das Modell vorbemerkend im einzelnen dargestellt
werden unter Hinweis darauf, daß die Stellung eines jeden
Miteigentümers im Rahmen des gesetzlich Zulässigen der
Rechtstellung eines Wohnungseigentümers nach WEG weitestgehend entsprechen solle. Weiterhin könnte hier ergänzend vereinbart werden, daß alle Miteigentümer dann die
Aufteilung in Wohnungs- und Teileigentum gem. § 3 WEG
vorzunehmen hätten, wenn doch einmal eine behördliche
Abgeschlossenheitsbescheinigung erteilt werden sollte. In
einer Anlage 1 zur Miteigentümerordnung sollten die entsprechenden **Miteigentumsbruchteile** rechnerisch aufgeführt
sein, in einer Anlage 2 ggf. eine Aufstellung über die zu den

Anteilen gehörenden Tiefgaragenplätze. Als Anlage 3 sollten Pläne ähnlich einem Aufteilungsplan beigefügt werden (mit den entsprechend eingezeichneten Raum- und Flächennutzungszuordnungen) und in einer Anlage 4 eine Art Gemeinschaftsordnung der Bruchteilseigentümer über Einzelregelungen der Nutzung und Verwaltung des Anwesens. Das Verlangen auf **Aufhebung der Gemeinschaft** sollte jeder Miteigentümer für sich und seine Rechtsnachfolger für immer ausschließen (unter Hinweis auf die gesetzlich zwingende Ausnahme, d. h. eine Aufhebung aus wichtigem Grund). Miteigentümer untereinander sollten sich darüber hinaus jeweils dingliche **Vorkaufsrechte** für alle Verkaufsfälle einräumen, ungeachtet der vereinbarten Verkaufsverpflichtungen an die Treuhandgesellschaft.

Ausdrücklich sollte bei Finanzierung der Miteigentumserwerber die **persönliche Haftung** gegenüber Gläubigern nur auf die Höhe des insoweit aufgenommenen Darlehens beschränkt werden, um eine Gesamtschuldhaftung der anderen Miteigentümer zu vermeiden. Die entsprechende Bescheinigung des Globalpfandgläubigers mit entsprechender Belastungsregelung sollte als weitere Anlage 5 der Miteigentümerordnung beigefügt werden. Miteigentümer wären weiterhin zu verpflichten, unverzüglich bei jedwedem **Zahlungsverzug** (Solvenzgefahr) Mitteilung an andere Miteigentümer zu machen. Über diese Miteigentümerordnung müßte auch ein Erstverwalter bestellt werden (empfehlenswert in Analogie zum Wohnungseigentumsrecht). Der **Verwalter** könnte dann auch bevollmächtigt werden, sich nach wie vor um eine Abgeschlossenheitsbescheinigung und den nachfolgenden Vollzug einer Teilungserklärung und Gemeinschaftsordnung möglichst im Rahmen der bisherigen Regelungen zu bemühen (bei anteiliger Kostenbeteiligung aller Miteigentümer). Alle Miteigentümer sollten insoweit wechselseitig zu jeglichen **Mitwirkungshandlungen** verpflichtet sein, die zur nachträglichen Begründung von Wohnungs- und Teileigentum notwendig wären. Unter festzulegenden Voraussetzungen könnte eine ähnliche Regelung wie im WEG nach den §§ 18 und 19 zusätzlich vereinbart werden.

Weiterhin wäre als **Kernstück** der Miteigentümerordnung die **Veräußerungsverpflichtung** an die Treuhandgesellschaft oder einen von ihr zu benennenden Dritten festzuschreiben

(Eintritt der Bedingung zum Verkauf und Kauf, sobald aufgrund eines von einem Gläubiger des Miteigentümers oder von diesem selbst betriebenen Teilversteigerungsverfahren in das Gesamtgrundstück oder aufgrund eines von einem Gläubiger des Eigentümers betriebenen Zwangsversteigerungsverfahrens in das Gesamtgrundstück Versteigerungstermin durch das zuständige Vollstreckungsgericht anberaumt ist). Gleiches sollte bei Eintragung einer **Zwangshypothek** auf dem Gesamtgrundstück mangels fristgemäßer Befriedigung des betreibenden Gläubigers bzw. nicht anderweitiger Erledigung vereinbart werden. Schließlich sollte die Verkaufsverpflichtung auch im Falle einer Zwangsverwaltung Rechtswirksamkeit erlangen. Jeder Miteigentümer müßte deshalb zur Sicherung der Rechte anderer Miteigentümer und zur Wahrung des Bestandschutzes der Gesamtgemeinschaft verpflichtet werden, mit der Treuhandgesellschaft den unter b) skizzierten Vorvertrag zum Abschluß eines Not-Kaufvertrags über seinen Miteigentumsanteil nach Maßgabe des ebenfalls in der Anlage beigefügten Vertragsmusters zu schließen. Die Miteigentümerordnung wäre an 1. Rangstelle im Grundbuch einzutragen. Bewilligt und beantragt werden sollte auch die Eintragung der Vorkaufsrechte zu Lasten eines jeden Anteils und zugunsten der übrigen Anteile im Range nach den einzutragenden Auflassungsvormerkungen und auch nach den Finanzierungsrechten. Zur Sicherung des Anspruchs eines jeden Miteigentümers gegen die übrigen Eigentümer auf Mitwirkung bei der Bildung von Wohnungseigentum könnten ebenfalls wechselseitige Eigentumsvormerkungen im Range nach den Vorkaufsrechten bewilligt und beantragt werden. Abschließend wären noch die Rechtsnachfolger-Verpflichtungsklausel, die übliche salvatorische Klausel und Schlußbestimmungen in dieser Miteigentümerordnung aufzunehmen.

d) In der als Anlage 4 zur Miteigentümervereinbarung zu erarbeitenden **Gemeinschaftsordnung** (Nutzungs- und Verwaltungsvereinbarung) könnte weitestgehend teils wörtlich, teils sinngemäß auf übliche WE-Gemeinschaftsordnungen bzw. das WEG Bezug genommen werden. Das **Stimmrecht** der Bruchteilseigentümer sollte sich nach den Miteigentumsanteilen richten. In dieser Gemeinschaftsordnung könnten auch Regelungen zur Erstverwalterbestellung mit Vertrags-

rechten und -pflichten eines Verwalters aufgenommen werden. Weiterhin sollte hier vereinbart werden, daß für alle
Streitigkeiten unter den Miteigentümern und zwischen diesen und dem Verwalter, für die im Falle der Begründung von
Wohnungseigentum nach § 43 WEG das WE-Gericht zuständig wäre, die Zuständigkeit eines **Schiedsgerichts** vereinbart wird (nach Maßgabe einer ebenfalls als weitere Anlage
beigefügten Schiedsvereinbarung, die wesentlicher Bestandteil der Miteigentümerordnung ist); insoweit sind die Vorschriften der §§ 1025 ff. ZPO zu beachten.

e) Marktchancen und Ausblick
Ein sorgfältig durchdachtes Bruchteilsmodell-Vertragskon-
zept mit den entsprechenden, insbesondere vollstreckungs-
rechtlichen, Absicherungen der Miteigentümer in weitestge-
hender Analogie zum WE-Recht (unter Beratungspflicht der
Urkundsnotare) dürfte und sollte derzeit vermarktungsfähig
sein, möglicherweise auch an bisherige Altbau-Wohnungs-
mieter, die ihr Immobil-Erwerbsobjekt (Bruchteil mit entsprechend grundbuchrechtlich festgeschriebener Raumnut-
zungsvereinbarung) i.d.R. bereits genauestens kennen und
zwar ungeachtet vielfach pauschaler und m.E. häufig nicht
überzeugender Kritik von Mieterschutzorganisationen. Da
auch Bruchteilsmodelle dem WE-Recht sehr ähnlich sind
(das Bruchteilsrecht des BGB nach den §§ 741 ff. war und ist
die rechtstheoretische Grundlage des WEG, vgl. auch § 10
Abs. 1 Satz 1 WEG, der auf dieses BGB-Gemeinschaftsrecht
subsidiär verweist), sollten insoweit nicht Vergleiche mit anderen Gesamthands- und Gesamtschuldgemeinschaften des
BGB gezogen werden. Bruchteilsmodelle müssen selbstverständlich auch als solche angeboten werden (will man dem
Vorwurf mindestens unlauteren Wettbewerbs entgehen),
wobei jedoch auf weitgehende Analogien zum Wohnungseigentumsrecht und die wirtschaftliche Gleichwertigkeit bei
entsprechender Vertragsgestaltung und Absicherung verwiesen werden könnte. Stets sollte in solchen Bruchteilsmodel-
len über vereinbarte wechselseitige Verpflichtung der Miteigentümer der Weg offenbleiben, bei veränderter Rechtslage nachträglich „echtes Wohnungseigentum" i.S. des WEG
zu begründen.

3.6 Das Generalübernehmermodell (verdecktes Bauherrenmodell)

Oftmals wird der Versuch unternommen, den Kauf des Grundstücks-Miteigentumsanteils vom Bauvertrag zu trennen, um die im Bauträgervertragsrecht bestehende 5-Jahres-Gewährleistungsfrist – ggf. wirksam – auf die 2jährige VOB/B – Frist zu verkürzen und um den Ratenzahlungsgeboten nach MaBV zu entgehen. Steuerlich werden diese beiden Verträge (Grundstückskaufvertrag und Bauleistungsvertrag) ohnehin als ein einheitliches Geschäft angesehen, selbst wenn zwei verschiedene Vertragspartner existieren. In der Literatur wird i. ü. vielfach wegen bestehender Mißbrauchsmöglichkeiten auch bei diesen sog. Generalübernehmermodellen die Anwendung der MaBV gefordert. Große Risiken beim Bau von Wohnungen nach diesem umstrittenen Modell entstehen auch daraus, daß sich sämtliche Erwerber auch untereinander zur Errichtung der Gesamtanlage verpflichten müssen und Zahlungsausfälle bei Grunderwerbs- oder Fertigstellungskosten zum Scheitern des Vertragszwecks führen können. Einzelheiten hierzu vgl. ETW, Gruppe 3, S. 228 ff.

4 Meine wesentlichen Rechte und Pflichten als Wohnungseigentümer in der bestehenden Eigentümergemeinschaft

4.1 Zum Wohngeld/(Hausgeld) und zur Verwalter-Abrechnung

Die monatlich oder quartalweise fällig werdende **Wohngeldvorauszahlung** muß sich grundsätzlich aus einem mit einfacher Mehrheit genehmigten und beschlossenen **Wirtschaftsplan** ergeben (zu Anfang u. U. auch aus der Gemeinschaftsordnung).

Für Wohngeldvorauszahlungs-Schulden des Wohnungsverkäufers (Altschulden, „echte" Rückstände), die bei Wohnungskauf vor Eigentumsübergang (so nach neuer BGH-Rechtsprechung) fällig geworden sind, besteht grds. **keine Haftung des Erwerbers** (Ausnahme nach herrsch. Rechtsmeinung: Es wäre ausnahmsweise in der Gemeinschaftsordnung eine Solidar-/Gesamtschuldhaftung ausdrücklich vereinbart). Gleiches (keine Rückstands-Haftung) gilt grds. für den Erwerb in der Zwangsversteigerung bereits nach ZVG. Ein Ersteher haftet hier erst ab Zuschlag, der sein Eigentum begründet, für nachfolgende Zahlungsfälligkeiten.

Die tatsächlichen Gesamteinnahmen und Gesamtausgaben der Gemeinschaft eines abgelaufenen Geschäftsjahres müssen vom Verwalter in Form einer **Jahresabrechnung** abgerechnet werden (nach derzeit h. M. einfache Einnahmen-/Ausgaben-Überschußrechnung aus Gründen leichter Verständlichkeit; keine Gewinn- und Verlustrechnung; Abgrenzung nur im Bereich der Heiz- und Warmwasserkosten). Kontenstände sind in der Abrechnung zu dokumentieren, ebenso die Entwicklung der Instandhaltungsrückstellung. In Großgemeinschaften (verwaltet von Vollkaufleuten; EDV-Anschluß; doppelte Buchführung) wird oftmals in der Praxis auch nach bilanzähnlichen Form-Systemen abgerechnet, d.h., insbesondere mit sehr weitgehenden Ausgabenpositions-Abgrenzungen bezogen auf ein bestimmtes Wirtschaftsjahr. Soweit diese Abrechnungsdokumentation dem Willen der Eigentümer entspricht und von diesen verstanden werden kann, sollte sie m. E. auch von der Rechtsprechung toleriert werden.

Die Jahresabrechnung ist nach Prüfung des Verwaltungsbeirats grds. von den Eigentümern mit einfacher Beschlußmehrheit in einer Versammlung zu genehmigen. Die auf der Gesamtabrechnung basierenden **Einzelabrechnungen** müssen sachlich und rechnerisch richtig sein (sind Ihre Vorauszahlungsbeträge summenmäßig korrekt erfaßt und ausgewiesen?). Achten Sie hier bei der Einzelabrechnung auch auf den jeweils korrekten Ansatz des gesetzlichen, des vereinbarten oder beschlossenen **Kostenverteilungsschlüssels.** Die Abrechnung muß nach Geboten der oberger. Rspr. klar und übersichtlich gegliedert, d.h. allgemeinverständlich sein. Nach derzeit herrschender Rechtsmeinung muß grds. auch über die **Einzelabrechnungen** Beschluß gefaßt werden, soll die Anspruchsgrundlage für etwaige saldierte Jahresrestschuld-Zahlungen gegenüber einzelnen Eigentümern geschaffen werden; auch Guthabensrückzahlungen gemäß Einzelabrechnung soll genehmigende Beschlußfassung voraussetzen (vgl. zum Muster einer Gesamtabrechnung mit Einzelabrechnungen nach derzeit h.M. Deckert, NJW 1989, 1064ff. und ETW, Gruppe 4).

Die Abrechnung ist vom Verwalter nach neuer Rspr. des BayObLG in den ersten − maximal 6 − Monaten des Folgejahres zu erarbeiten und zur Beschlußfassung zu stellen!

Die **Bewirtschaftungskosten** (d.h. die Brutto-Gesamtausgaben der Gemeinschaft) setzen sich zusammen aus

− den allgemeinen Betriebskosten (untergliedert),
− den Heizkosten,
− der Verwaltergebühr und
− Zahlungen in eine ggf. zu bildende, separat zu buchende Instandhaltungsrückstellung.

Die **Heizkostenabrechnung** (sie gehört mit zu einer Abrechnung!) hat nach bestimmten Kostenverteilungsgrundsätzen zu erfolgen, d.h., Verbrauchskosten und Fixkosten sind grundsätzlich im Verhältnis 70:30, 60:40 oder 50:50 − je nach Vereinbarung oder Beschluß − aufzuschlüsseln (**Heizkostenverordnung!**). Sollte heute in diesem Punkt noch nicht verbrauchsabhängig abgerechnet werden, könnten Sie dies als Maßnahme ordnungsgemäßer Verwaltung über gerichtlichen Antrag gegen die Gemeinschaft erzwingen (andernfalls nämlich 15%-iges Kürzungsrecht des Mieters bzgl. der Heizkosten!). Fixkosten sind grds. nach beheizter oder beheizbarer Wohn- oder Nutzfläche aufzuteilen (vgl. § 7 HeizKVO). Hinsichtlich der Warmwasserkostenverteilung gelten ähnliche Grundsätze (vgl. § 8

86

HeizKVO); zu Einzelheiten der verbrauchsabhängigen Heiz-
und Warmwasserkosten-Abrechnung vgl. Freywald in ETW,
Gruppe 5, S. 501 ff.

Ist die Wohnung **vermietet**, besteht grds. kraft mietvertragli-
cher Vereinbarung die Möglichkeit, bestimmte Nebenkosten
dem Mieter durch eigene Abrechnung weiterzugeben (gemäß
Anlage 3 zu § 27 Abs. 1 der Zweiten Berechnungsverordnung).
Die kraft mietgesetzlicher oder vereinbarter Regelung umlegba-
ren Kosten sollten unschwer aus der Verwalterabrechnung entnommen werden können (nicht umlegbar sind grundsätzlich im
Wohnmietrecht Instandsetzungskosten, die Verwaltergebühr
und die Instandhaltungsrücklage-Anteile!). Rechnen Sie mit
Mietern rechtzeitig (d. h. sobald wie möglich) ab und unterbin-
den Sie ggf. durch „Zwischenbescheide" mögliche **Verwir-
kungs-Einwendungen** des Mieters für den Fall, daß Sie Abrechnungen vom Verwalter erst verspätet erhalten! Werden mieterseits weitergehende zeitliche **Abgrenzungen** von Ausgabenpositionen gefordert (die mietrechtliche Rspr. ist hier nicht eindeutig und nicht einheitlich), muß diese der Vermieter ggf. nachho-
len (evtl. mit Hilfestellung des Verwalters, dem diese Zusatzar-
beit u. U. separat vergütet werden müßte).

Drängen Sie in der Gemeinschaft und beim Verwalter auf die
Bildung einer **angemessenen Instandhaltungsrückstellung;** nur
so können bei überraschenden Reparatur-Notwendigkeiten größeren Umfangs Sonderumlagen oder zinsbelastende Konten-
überziehungen vermieden werden!

Verlangen Sie ordentlichen **Bericht des Verwaltungsbeirats** vor
Genehmigung der Jahresabrechnung über dessen Rechnungs-
und Belegprüfung; mit der Genehmigung der Jahresabrechnung wird nämlich grundsätzlich auch die (zumindest rechnerische) Entlastung des Verwalters für das abgelaufene Geschäftsjahr beschlossen. Die **Entlastung** bedeutet gewissermaßen einen
Anspruchsverzicht gegenüber dem Verwalter bezüglich der Umstände, die bei der Beschlußfassung bekannt waren oder bekannt sein mußten.

Lassen Sie sich vom Verwalter über etwaige **Wohngeldschulden**
anderer Eigentümer informieren, da Sie insoweit für Fehlbe-
stände mithaften, d. h. Schulden anderer Miteigentümer „vor-
finanzieren" (bzw. für etwaige Ausfälle sogar anteilig mithaften). Der Verwalter muß angehalten werden, rechtzeitig Rück-

stände von wohngeldsäumigen Miteigentümern – notfalls gerichtlich – einzutreiben. Unter Wahrung des Verhältnismäßigkeitsgrundsatzes kann u. U. auch gegen säumige Eigentümer mit hohen Wohngeldschulden nach ergebnislosen Vollstrekkungsversuchen beschlossen werden, den betreffenden Eigentümer bis zur Zahlung seiner Rückstände von der **Heiz- und Warmwasserversorgung abzutrennen** (unter Berufung auf das Leistungsverweigerungsrecht nach § 273 BGB, so OLG Hamm von 1991, bestätigt auch durch das BayObLG 1992).

Sie haben im übrigen selbst jederzeit nach Voranmeldung das Recht, in Verwaltungs-, insbesondere Abrechnungsunterlagen und Belege **Einsicht** zu nehmen, soweit Sie hier einen Verwalter nicht rechtsmißbräuchlich schikanieren. Sie können zu wohnungseigentumsrechtlich berechtigten Zwecken auch eine vollständige **Namens- und Anschriftenliste** aller Miteigentümer anfordern. Sämtliche Verwaltungsunterlagen stehen im Eigentum der Gemeinschaft! Auch über Zahlungssäumnisse anderer Eigentümer können Sie sich informieren lassen; aus datenschutzrechtlichen Gründen können Ihnen hier berechtigte Auskunft und Einsicht nicht verweigert werden (Anonymitätsanspruch besteht nicht!). Aus dem Einsichtsrecht folgt auch Ihre Berechtigung, sich von Unterlagen – allerdings auf eigene Kosten – Kopien anfertigen zu lassen. Für Auskunftspflichten des Verwalters unter dem Geschäftsjahr muß allerdings nach weitverbreiteter Meinung ein dringendes Bedürfnis bestehen.

Ein in der Gemeinschaftsordnung **vereinbarter Kostenverteilungsschlüssel** kann grundsätzlich nur allstimmig **abgeändert** werden (Ausnahme: Der Verteilungsschlüssel wäre grob unbillig oder die Gemeinschaftsordnung würde ausdrücklich zu dieser Regelung eine qualifizierte Mehrheit für ausreichend ansehen – auch dann allerdings nach BGH nur, soweit ein sachlicher Grund für eine nachträgliche Änderung vorliegt und Eigentümer nicht unbillig benachteiligt werden –). Beschließt eine Gemeinschaft eine Änderung der dinglich vereinbarten Kostenverteilung nur mit einfacher Mehrheit, haben Sie die Möglichkeit, einen solchen Beschluß fristgemäß anzufechten, da er andernfalls gültig werden würde („Zitterbeschluß").

Kann ein Verwalter mangels Kontendeckung (Wohngeldzahlungs-Ausfälle; zu niedrige Wirtschaftsplan-Kalkulation) Verbindlichkeiten der Gemeinschaft Dritten gegenüber (z. B. den Stadtwerken, einem Handwerker, einem Öllieferanten gegenüber) nicht erfüllen, besteht die dem Wohnungseigentum wesensimmanente Gefahr, daß Sie persönlich von einem Gemeinschafts-Gläubiger in die **Gesamtschuldhaftung** genommen werden; nach Zahlungsleistung haben Sie jedoch einen Augleichsanspruch gegen Ihre anderen Miteigentümer. Drängen Sie in solchen Fällen auf rasche Einberufung einer außerordentlichen Versammlung und entsprechende **Sonderumlage-Beschlußfassung!**

Selbst für unverkaufte oder **leerstehende Wohnungen** ist üblicherweise das gesamte Wohngeld von dem betroffenen Wohnungseigentümer (u. U. auch dem Bauträger-Verkäufer) zu leisten.

Beachten Sie, daß Sie grundsätzlich **nicht** berechtigt sind, gegenüber Wohngeldzahlungen **Zurückbehaltungs- oder Aufrechnungsrechte** geltend zu machen. Nur im Falle einer anerkannten bzw. rechtskräftig durch Gerichtsentscheid festgestellten Gegenforderung oder einer Forderung Ihrerseits aus einer im Interesse der Gemeinschaft vorgenommenen Notgeschäftsführung (z. B. Bezahlung einer Rohrbruchreparatur) besitzen Sie ein Aufrechnungsrecht (Verrechnungslage). Es ist also ein großer (häufiger) Irrtum, zu glauben, daß man als Eigentümer Wohngeldvorauszahlungen z. B. dann einstellen kann, wenn man − selbst zu Recht − mit der Leistung des Verwalters nicht zufrieden ist; eine **Wohngeldzahlungspflicht** besteht nämlich allein **gegenüber** den restlichen **Miteigentümern** (stets wechselseitig)!

Auch eine etwaige **Anfechtung** eines Abrechnungsgenehmigungsbeschlusses Ihrerseits ändert nichts daran, daß Sie zunächst beschlossene Zahlungsschulden begleichen müssen; eine **Beschlußanfechtung** erzeugt **keine aufschiebende Wirkung**; jeder fristgemäß angefochtene Beschluß ist vorerst einmal „schwebend gültig", und zwar solange, bis etwa dessen Ungültigkeit (dann von Anfang an) rechtskräftig durch das Gericht festgestellt ist.

Für **Einzelabrechnungs-Negativsalden,** die − nach Kauf − ab Ihrer Wohnungs-Eigentumszeit (also nach Eigentumsumschreibung) erst **fällig** werden, haften grundsätzlich Sie als Neueigentümer der Gemeinschaft gegenüber. Ihnen steht es jedoch frei, in einem Wohnungserwerbvertrag entsprechende interne Kostenausgleichsregelungen aufzunehmen. Abgrenzend nach Ko

stenpositionen abrechnen muß der Verwalter bei Eigentumswechsel während des Geschäftsjahres nicht mehr. Für früher
fällig gewordene „Altschulden" Ihres Verkäufers als seinerzeiti-
gem Eigentümer haften Sie jedoch grds. nicht (Ausn.: Ausdrücklich vereinbarte Gesamtschuldhaftung auch für solche
Rückstände!).

Wird eine Jahresabrechnung (ohne zeitliche „Manipulation")
nach Zuschlag in der **Zwangsversteigerung** beschlußgenehmigt,
hat der Ersteher nach h.M. eine Einzelabrechnungsschuld des
erstmals abgerechneten Vorjahres der Gemeinschaft gegenüber
auszugleichen, da diese Schuld mit Beschlußfassung fällig wurde, also zu einem Zeitpunkt, als bereits der Ersteher Eigentümer
und Mitglied der Gemeinschaft war. Für Rückstände des Vorei-
gentümers aus früheren, bereits abgerechneten Geschäftsjahren
haftet ein Ersteher schon nach ZVG (Zwangsversteigerungsge-
setz) allerdings nicht. Gleiche Grundsätze gelten für die **Zwangsverwaltung** oder den **Konkurs**. Auch bei **Sonderumlagebeschluß-
fassungen** mit beschlossenen Ratenfälligkeiten ist auf die Eigen-
tumsstellung zum Zeitpunkt der Fälligkeit einer Rate abzustellen.

Besteht ein gewisses Mißtrauen gegenüber der kaufmännischen
Abrechnungsarbeit des Verwalters, kann in einer Versammlung
über entsprechenden Tagesordnungspunkt auch ein einfacher
Mehrheitsbeschluß auf **Rechnungslegung** gefaßt werden. Dieser
Beschluß verpflichtet den Verwalter zur sofortigen Erstellung
einer Einnahmen-/Ausgabenübersicht und einer Vermögensbe-
standsaufnahme (zeitnaher Status ohne Einzelabrechnungs-
pflicht). Häufig wird dieser Beschluß nach § 28 Abs. 4 WEG
bei **Abberufung** eines Verwalters aus wichtigem Grund gefaßt;
nach vereinzelter obergerichtlicher Rechtsprechung muß ein abberufener Verwalter sogar ohne entspr. Beschluß stets von sich
aus zum Stichtag Rechnung legen.

Sind Fehler oder Pflichtwidrigkeiten des Verwalters aus einer
Abrechnung erkennbar (trotz „korrekter" Ausgabenbuchung),
ist zumindest die **Entlastung zu verweigern**, um die Möglichkeit
offen zu halten, Schadensersatzansprüche geltend zu machen.

4.2 Rechte und Pflichten vor und in der Eigentümer-
versammlung

Sie müssen zu einer ordentlichen oder außerordentlichen Eigentümerversammlung ordnungsgemäß **geladen** werden; andern-

falls könnten Sie u. U. Beschlüsse erfolgreich anfechten (Nicht-ladung als Beschluß-Formmangel; ggf. sogar Wiedereinsetzung in den vorigen Stand bei versäumter Ein-Monats-Anfechtungs-frist zulässig und begründet).

Ort einer Versammlung ist grds. der Ort der Wohnanlage (bzw. in der Nähe der Wohnanlage befindliche Räumlichkeiten), nicht der des Firmensitzes eines Verwalters. Eine Gemeinschaft kann hier spezielle Regelungen treffen.

Die **Einberufung** zu einer Versammlung hat **schriftlich** zu erfolgen unter grundsätzlicher Wahrung der vereinbarten oder gesetzlichen **Einberufungsfrist** (nach Gesetz soll die Ladungsfrist – allerdings abdingbar – grds. mindestens 1 Woche betragen).

Im Ladungsschreiben ist die **Tagesordnung** bekanntzugeben; d. h., es müssen in Kurzform die anstehenden Beschlußgegen-stände beschrieben sein (Informationsbedürfnis).

Der **Versammlungstermin** wird vom Verwalter nach eigenem ordnungsgemäßen Ermessen – meist in Absprache mit dem Verwaltungsbeirat – bestimmt. Der **Zeitpunkt** einer Versamm-lung kann nicht zur Unzeit festgelegt werden (z. B. nicht an einem Werktag um 10 Uhr vormittags, allerdings ausnahmswei-se auch an Samstagen, Sonn- und Feiertagen [nachmittags], nicht am Karfreitag).

Die Minderheit von mehr als 1/4 der Wohnungseigentümer (Minderheitenquorum) – berechnet nach Kopfzahl – kann vom Verwalter unterschriftlich die Einberufung einer **außeror-dentlichen Eigentümerversammlung** erzwingen (unter Angabe des Zwecks und der Gründe). In gleicher Weise ist es möglich, die Aufnahme bestimmter **einzelner Tagesordnungspunkte** zu erreichen. Fehlt ein Verwalter oder weigert sich dieser pflicht-widrig, eine notwendige Eigentümerversammlung einzuberu-fen, kann diese auch von einem bestellten **Verwaltungsbeirats-vorsitzenden** oder dessen Stellvertreter wirksam einberufen werden (ansonsten gerichtl. Antrag auf Ermächtigung einer Person / eines Eigentümers zur Einladung möglich).

Bei **Einladungsformmängeln** und darauf gestützte Beschlußan-fechtungen wird gerichtlicherseits häufig auf eine Kausalität ab-gestellt, d. h. die Frage, ob bei Vermeidung des Formmangels nicht ohnehin gleiches Beschlußergebnis erzielt worden wäre; dieses Ergebnis muß jedoch von der Antragsgegnerseite vorgetragen und unter Beweis gestellt werden bzw. zur Überzeugung des Gerichts eindeutig feststehen.

Der **Versammlungsleiter** hat vor Eintritt in die Tagesordnung und im Zweifel (insbesondere auf Geschäftsordnungsantrag hin) auch neuerlich vor einzelnen Beschlußfassungen im Laufe der Versammlung die **Beschlußfähigkeit** der Versammlung ordnungsgemäß festzustellen. Jede Beschlußfassung setzt Beschlußfähigkeit voraus. Das gesetzliche Beschlußfähigkeitserfordernis kann jedoch in der Gemeinschaftsordnung auch wirksam abbedungen sein. Beschlußfähigkeit ist grundsätzlich gegeben, wenn Eigentümer mit mehr als der Hälfte sämtlicher **Miteigentumsanteile** persönlich anwesend oder wirksam vertreten sind (ansonsten Beschlußanfechtungsgefahr).

Die Zulässigkeit der gleichzeitig mit der ersten Einladung für den Fall der Beschlußunfähigkeit der ersten Versammlung anberaumte **Wiederholungsversammlung** (im Gegensatz zur sog. Fortsetzungsversammlung) etwa eine halbe oder eine Stunde später **(Eventualeinberufung)** wird mangels entsprechender Vereinbarung oder erfolgter Organisations-Beschlußfassung von der herrschenden Rechtsmeinung abgelehnt.

Verwalter/Versammlungsleiter und Gemeinschaft müssen Diskussions-, Antrags- und Stimmrechte in der Versammlung in angemessener Form berücksichtigen und dürfen grundsätzlich das „rechtliche Gehör" des einzelnen Eigentümers nicht unangemessen beschneiden (Redezeitbegrenzung oder Rednerliste über Geschäftsordnungsbeschluß möglich!).

Das wesentlichste Recht des Eigentümers an der Mitgestaltung der Geschicke der Gemeinschaft (ordnungsgemäße Verwaltung des Gemeinschaftseigentums) ist sein **Stimmrecht.** Existiert keine abweichende Vereinbarung, gilt das **gesetzliche Kopfprinzip** (jeder Eigentümer hat – unabhängig von der Zahl ihm gehörender SE-Einheiten – eine Stimme). Es kann jedoch auch – abweichend vom gesetzlichen Vorschlag – das Wertprinzip (Stimmrecht nach ME-Quoten) oder das Real- oder Objektprinzip (je Einheit eine Stimme) zulässigerweise (wohl auch gerechter) in der Gem.Ordnung vereinbart sein. Ist eine Personenmehrheit Eigentümer eines Sondereigentums, haben sich die Mitglieder einer solchen Eigentümermehrheit auf ein Votum zu einigen (andernfalls Stimmenungültigkeit).

Stimmrecht besitzt i. ü. grds. auch nur derjenige, der im Grundbuch als Eigentümer (noch oder schon) eingetragen ist; da der BGH die Rechtsfigur des sog. **werdenden/faktischen Eigentümers** in der **Sondernachfolge** abgelehnt hat, behält auch der Veräußerer das Stimmrecht nach Wohnungsverkauf bis zur Umschreibung des Eigentums auf den Erwerber im Grundbuch.

Ersterwerber vom Bauträgerverkäufer (Teilung nach § 8 WEG) haben allerdings **vor** rechtlicher Entstehung der Gemeinschaft (mindestens 2 im Grundbuch eingetragene Eigentümer) nach wie vor nach h. M. alle Rechte und Pflichten wie Volleigentümer (in hier nach wie vor anerkannter sog. **faktischer Gemeinschaft**), sofern nach notariellem Kauf zu ihren Gunsten eine Auflassungsvormerkung im Grundbuch eingetragen ist und Besitz, Lasten, Nutzungen und Gefahr auf sie übergegangen sind. Nach Meinung des BayObLG sollen diese faktischen Eigentümer ihre Rechtstellung auch behalten, wenn nachfolgend die WE-Gemeinschaft rechtlich entsteht/in Vollzug gesetzt wird.

In Ausnahmefällen kann ein Eigentümer nach § 25 Abs. 5 WEG vom Stimmrecht **ausgeschlossen** werden (sein). Ist ein Eigentümer von der Abstimmung zu einem Punkt ausgeschlossen, kann er auch nicht in Vollmacht anderer Eigentümer abstimmen (Ausn.: ausdrückliche Vollmachts-Weisungen oder über Vollmachts-Weiterübertragung im Anschluß an in der Vollmacht erwähnte Unterbevollmächtigungsberechtigung).

Tritt auf Grund etwaiger Stimmrechts-(Vertretungs-)Ausschlüsse zu einem bestimmten **Tagesordnungspunkt Beschlußunfähigkeit** ein, ist es derzeit umstritten, ob dennoch zu diesem Punkt die betreffenden Stimmberechtigten dieser Versammlung wirksam beschließen können, oder ob vielleicht hinsichtlich dieses einen Punktes neuerlich zur sog. Wiederholungsversammlung geladen werden müßte.

Stimmrechtsvollmachten sind grundsätzlich zulässig (vgl. Muster Abschn. 6.4 unten); es kann vereinbart werden, daß eine schriftliche Vollmacht vorgelegt werden muß. Die Vertretungsberechtigung kann jedoch auch in einer Vereinbarung eingeschränkt sein (z. B. Vertretungsberechtigung nur durch Ehegatten, Verwandte, andere Wohnungseigentümer oder den Verwalter). Solche Klauseln sind allerdings eng auszulegen. Bestehen − was wünschenswert wäre − keine einschränkenden Vereinbarungen, kann jede Person als Vertreter bestimmt werden.

In einer Stimmrechtsvollmacht kann der Vollmachtgeber dem Vertreter auch schriftliche Weisungen erteilen, die dann vom Versammlungsleiter zu beachten sind. Von der Stimmrechtsvertretung ist das **Teilnahmerecht** Dritter, beratender Personen, die zusammen mit einem Eigentümer in der Versammlung erscheinen, zu unterscheiden. Die Teilnahme beratender Personen zusammen mit dem Eigentümer muß m. E. als grds. zulässig angesehen werden (ebenso deren Rederecht als sog. Erklärungs-Bote), sofern keine anderslautenden Vereinbarungen in der Gemeinschaftsordnung existieren (a. A. jüngst das KG Berlin 1992 und Vorlage zum BGH).

Je nach gesetzlichem oder vereinbartem **Abstimmungsprinzip** (Kopf-, Wert- oder Objektprinzip) hat der Versammlungsleiter die Abstimmung entweder − Geschäftsordnungsantrag möglich − durch Handzeichen, Stimmkartenauszählung oder schriftlich/offen oder geheim durchzuführen und das **Abstimmungsergebnis** zu einem positiv gestellten Antrag korrekt zu errechnen und bekanntzugeben. Nach wohl richtiger Auffassung (umstritten) hat der Versammlungsleiter Beschlüsse als solche auch zu verkünden (bzw. die mehrheitliche Ablehnung eines Antrags).

Stimmenthaltungen werden nach BGH-Entscheidung von 1988 überhaupt nicht mehr in die Stimmenauswertung einbezogen; sie bleiben unberücksichtigt und sind sozusagen einer ungültigen oder überhaupt nicht abgegebenen Stimme gleichgestellt; anderweitige Vereinbarungen oder frühere Beschlüsse zur Wertung bleiben jedoch trotz der klärenden Grundsatzentscheidung des BGH gültig. Maßgebend für eine übliche einfache Mehrheitsbeschlußfassung ist also grds. die Mehrheit der positiv abgegebenen Ja-Stimmen (gegenüber den Nein-Stimmen), mit anderen Worten, **mehr Ja- als Nein-Stimmen** (ohne Berücksichtigung etwaiger Enthaltungs-Stimmen) führen zu einem zu verkündenden Beschluß! Bei Patt-Situation einer Abstimmung hat ein Antrag nicht die erforderliche Beschlußmehrheit gefunden, ist somit als abgelehnt zu betrachten.

Ein mit Mehrheit abgelehnter Antrag ist **kein** anfechtbarer „Beschluß" (oft als sog. **negativer „Beschluß"** bezeichnet); hier besteht nur Antragsmöglichkeit bei Gericht auf Vornahme bzw. Zustimmungsverpflichtung zu einer bestimmten Handlung als ordnungsgemäße Verwaltungsmaßnahme (keine Fristbindung).

Unterscheide:

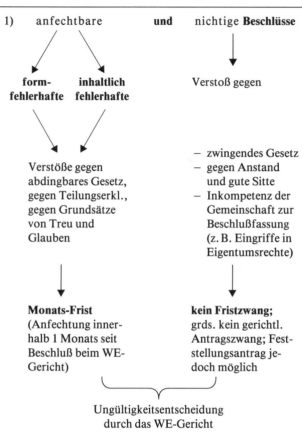

1) anfechtbare **und** nichtige **Beschlüsse**

form- **inhaltlich** Verstoß gegen
fehlerhafte **fehlerhafte**

Verstöße gegen
abdingbares Gesetz,
gegen Teilungserkl.,
gegen Grundsätze
von Treu und
Glauben

– zwingendes Gesetz
– gegen Anstand
  und gute Sitte
– Inkompetenz der
  Gemeinschaft zur
  Beschlußfassung
  (z. B. Eingriffe in
  Eigentumsrechte)

Monats-Frist
(Anfechtung inner-
halb 1 Monats seit
Beschluß beim WE-
Gericht)

kein Fristzwang;
grds. kein gerichtl.
Antragszwang; Fest-
stellungsantrag je-
doch möglich

Ungültigkeitsentscheidung
durch das WE-Gericht

2) Einfache Mehrheitsbeschlüsse – einstimmige Beschlüsse
der Eigentümer in einer beschlußf. Versammlung (Wirkung eines Mehrheitsbeschlusses) – qualifizierte Mehrheitsbeschlüsse z. B. von mehr als ½ oder ⅔ oder ¾ (je
nach Vereinbarung berechnet von allen Eigentümern
oder nur den in einer beschlußf. Versammlung) – allstimmige Beschlüsse (100 %-ige Zustimmung) – mehr-
heitl. abgelehnte Anträge (keine Beschlüsse) – Nichtbe-
schlüsse (i. S. eines Nichts).

Zum organisatorischen Verlauf einer Versammlung, insbesondere zu Abstimmungsvorgängen, können spontan sog. **Ge-
schäftsordnungsanträge** gestellt werden, über die ebenfalls die
Mehrheit der Eigentümer durch sofort vollziehbaren Beschluß
entscheidet (Beispiele: − Änderung der Reihenfolge der Tagesordnung; − Ende der Debatte; − geheime, schriftl. Abstimmung; − Wahl von Stimmauszählern; − Vorsitzwechsel; −
Abbruch oder Unterbrechung der Versammlung; − Redezeitbegrenzung usw.). Solche Geschäftsordnungsbeschlüsse sind
nicht anfechtbar.

Bestimmte Beschlüsse bedürfen nach Gesetz oder Vereinbarung
zu ihrer Wirksamkeit nicht nur der einfachen Mehrheit, sondern u. U. einer **qualifizierten Mehrheit** oder gar der Zustimmung aller Eigentümer. Darauf sollte der Versammlungsleiter
vor Abstimmung hinweisen.

Zu einem Tagesordnungspunkt „**Sonstiges**" oder „Verschiedenes" sollten grundsätzlich (außer in einer Vollversammlung aller Eigentümer) keine Beschlüsse zu konkreten Sachanträgen
gefaßt werden, da hier der Beschlußgegenstand abwesenden Eigentümern nicht bekannt ist. Wird unter einem solchen Sam-
melpunkt für allgemeine Aussprachen und zukünftige Anre-
gungen allerdings trotz bestehenden Anfechtungsrisikos ein
förmlicher Beschluß gefaßt und wird dieser nicht unter Berufung auf formelle und/oder inhaltliche Mängel rechtzeitig angefochten („Zitterbeschluß"), erlangt er mangels Nichtigkeit
Gültigkeit und Bestandskraft für alle Eigentümer und Rechtsnachfolger wie jeder anderweitig formfehlerhafte, jedoch unangefochten bleibender Beschluß auch, solange er existent bleibt
(also nicht durch neuerlichen Beschluß wieder aufgehoben
wird, was grds. bei jedem Beschluß möglich ist).

Der Versammlungsleiter hat grundsätzlich mindestens ein **Er-
gebnisprotokoll** (Beschlußprotokoll) einer Versammlung zu erstellen, welches Aufschluß geben muß über Ort und Tag der
Versammlung, die Beschlußfähigkeit, die Anträge, Beschlüsse,
Abstimmungsergebnisse und die notwendigen Unterschriften
(vgl. Muster Abschn. 6.5 unten). Dieses Protokoll muß nach
neuer Rechtsprechung des BayObLG bei vereinbarter Versendungspflicht **spätestens nach 3 Wochen** seit Versammlungstermin den Eigentümern **zugestellt** sein.

Entspricht eine schriftliche Protokollierung nicht dem wirklichen Verlauf der Versammlung, besteht die Möglichkeit, gerichtlich (nur bei bestätigtem Rechtsschutzbedürfnis evtl. erfolgreich) **Protokoll-Berichtigung** zu beantragen (ggf. i. V. mit einer fristgemäßen Beschlußanfechtung), falls der Versammlungsleiter (Verwalter) nicht Änderungswünschen außergerichtlich Rechnung tragen will. Diffamierungen haben in einem Protokoll nichts verloren; insoweit besteht Zivil- und Strafrechtsschutz.

4.3 Gerichtliche Kontrollmöglichkeiten auf Antrag

Sind nach Ihrer Ansicht formell oder sachlich-inhaltlich fehlerhafte Beschlüsse gefaßt worden (Formmängel im Zuge der Einberufung und aus dem Verlauf der Versammlung; materiell fehlerhafte Beschlüsse; Verstöße gegen Gesetz, die Gemeinschaftsordnung oder gegen den Grundsatz von Treu und Glauben), so haben Sie die Möglichkeit, innerhalb **eines Monats seit der Beschlußfassung** durch **Anfechtungsschriftsatz** an das **Amtsgericht** − Abteilung für Wohnungseigentumssachen −, im Antrag zu bezeichnende Beschlüsse anzufechten. Zuständig ist das Amtsgericht des Ortes der Wohnanlage. Die fristgerecht erfolgte Anfechtung muß in einem ggf. kurzfristig nachgereichten Schriftsatz separat im einzelnen begründet werden. Die Beteiligten haben auch im WEG-Verfahren **Mitwirkungs- und Stoffbeibringungspflichten**. Rechtsanwaltszwang besteht in den beiden ersten Gerichtsinstanzen grundsätzlich nicht, ist jedoch in schwierig gelagerten Fällen empfehlenswert. Die Rechtsbeschwerde − sofortige weitere Beschwerde − zum OLG (BayObLG, KG Berlin) muß allerdings von einem RA unterzeichnet sein, wenn sie nicht zu Protokoll der Geschäftsstelle des Gerichts erklärt wurde. Die Beschlußanfechtung richtet sich nicht gegen den Verwalter, sondern **gegen** sämtliche **restlichen Wohnungseigentümer als Antragsgegner.** Die gerichtliche Entscheidung über die Gültigkeit (Zurückweisung der Anfechtung) oder die Ungültigkeit eines Beschlusses ergeht mit Bindungswirkung gegenüber allen Beteiligten. Der Verwalter ist grundsätzlich nur **Zustellungsbevollmächtigter** der Antragsgegner und sog. weiterer Beteiligter des Anfechtungs-Verfahrens; er hat entsprechende Informationsnebenpflichten.

Das wohnungseigentumsgerichtliche **Verfahren** wird vom **Amtsermittlungsgrundsatz** beherrscht, was soviel bedeutet, daß das Gericht selbst den vorgetragenen Sachverhalt anhand eigener Beweiserhebungen feststellen muß. Für die beteiligten Parteien besteht jedoch Stoffbeibringungspflicht in möglichst substantiierter (detaillierter)/schlüssiger Form. Bleibt ein behaupteter Sach-Vortrag unbestritten, kann auch das Gericht von diesen Tatsachen ausgehen. In den ersten beiden Instanzen (Tatsacheninstanzen, AG und LG) hat grds. eine mündliche, öffentliche **Sühneverhandlung** stattzufinden. Vor dem LG ist grds. vor vollbesetzter Kammer zu verhandeln. Das Gericht stellt im Beschlußanfechtungs-Verfahren in seiner Beschlußentscheidung fest, ob ein angefochtener Eigentümer-Beschluß wirksam bleibt („Zurückweisung der Anfechtung") oder für ungültig erklärt und aufgehoben wird.

Den **Geschäftswert** des Verfahrens bestimmt das Gericht nach billigem Ermessen von Amts wegen nach dem Interesse der Beteiligten an der Entscheidung (vgl. § 48 Abs. 2 WEG); Wertprognosen und damit Prozeßkostenrisiko-Vorhersagen sind heute auf Grund unterschiedlichster Wertfestsetzungen der Gerichte nur sehr schwer möglich; das BVerfG hat i.ü. 1992 die Rechtsgültigkeit des § 48 Abs. 2 WEG bestätigt (im Rahmen verfassungskonformer Auslegung), dabei aber mitangesprochen, daß der Fachrichter bei seiner vorläufigen oder endgültigen Ermessensentscheidung den Grundsatz der Rechtsweggewähr auch für den einzelnen Eigentümer berücksichtigen müsse und gerichtl. Antragstellungen nicht an zu hohen und unverhältnismäßigen Kostenbelastungen scheitern dürften.

Richterliches Ermessen gilt auch für die **Kostenentscheidung** (vgl. § 47 WEG), wobei in Wohnungseigentumssachen grundsätzlich die unterlegene Seite die Gerichtskosten (berechnet nach KostO) zu bezahlen hat, außergerichtliche Kosten (also insbesondere RA-Kosten) im Regelfall jedoch unabhängig vom Ausgang des Prozesses jede Streitseite selbst übernehmen muß (Ausn.: bei mutwilliger oder absolut unbegründeter Verfahrenseinleitung und bei Wohngeldsäumnis- und Schadensersatzverfahren; in diesen Fällen ist auch die Anordnung außergerichtlicher Kostenerstattung üblich).

Strenger formalistischer Antragzwang herrscht im WE-Verfahren nicht; „Anträge" sind vom Richter nach geäußertem Beteiligten-Willen entsprechend auszulegen.

Jedes WE-Gericht kann zu jeder Zeit (nach rechtshängigem Hauptsacheantrag) für die Dauer des Verfahrens sog. **einstweilige Anordnungen** treffen, Gerichtsentscheidungen, die grds. unanfechtbar und sofort vollstreckungsfähig sind (vgl. § 44 Abs. 3 WEG). Beteiligte können den Erlaß solcher einstweiliger Anordnungen auch anregen; die Hauptsache soll dadurch jedoch auch hier nicht vorwegentschieden werden, so daß in einer einstweiligen Anordnung nur ein „Weniger" im Vergleich zum Hauptantrag beschlossen werden kann.

Gegen die erstrichterliche Beschluß-Entscheidung des Amtsgerichts besteht die Möglichkeit, innerhalb **zweier Wochen** ab Zustellung bzw. Bekanntmachung der Gerichtsentscheidung gegenüber dem AG oder dem LG **sofortige Beschwerde** (Erstbeschwerde) zum Landgericht einzulegen, soweit der Wert des Beschwerdegegenstandes (der Einzelbeschwer? str.) nach § 45 Abs. 1 WEG in Neufassung (Rechtspflegevereinfachungsgesetz) DM 1 200, – übersteigt. Gegen die Entscheidung des Landgerichts besteht das letzte Rechtsmittel der **sofortigen weiteren Beschwerde** (Rechtsbeschwerde), die vom Oberlandesgericht entschieden wird (in Bayern: vom Bayerischen Obersten Landesgericht – BayObLG –, in Berlin vom Kammergericht – KG –). Auch hier ist die Beschwerdefrist von **zwei Wochen** seit Zustellung der Vorentscheidung einzuhalten und ein Wertüberschreiten von DM 1 200, – zu beachten. Die III. Instanz (Rechtsbeschwerdeinstanz) entscheidet dann die streitige Angelegenheit rechtskräftig unter alleiniger Prüfung, ob die Vorentscheidungen auf einer Gesetzesverletzung (einschließlich Verfahrensfehlern) beruhen. Beweiserhebungen und Verhandlungstermine finden grundsätzlich in dieser letzten Instanz nicht mehr statt. Neuer Tatsachenvortrag ist den Parteien in III. Instanz nicht mehr gestattet (ist ein Sachverhalt nach Meinung des OLG's noch weiter aufklärungsbedürftig, kann die Sache an die Vorinstanz zurückverwiesen werden).

Will ein OLG in seiner Entscheidung von der Rechtsmeinung eines anderen OLG's oder des BGH zu vergleichbarer Fallkonstellation abweichen und ist die umstrittene Frage kausal für die Streitentscheidung, hat das OLG den Streit zur Grundsatzklärung dem **BGH vorzulegen** (zuständig derzeit in WE-Sachen der V. Zivilsenat des BGH).

Hat sich ein WE-Streit vor Erlaß einer Hauptsacheentscheidung **erledigt** (durch übereinstimmende Erledigterklärungen der Beteiligten, z. B. nach formfehlerheilender neuer Beschlußfassung, oder durch Erledigung, festgestellt von Amts wegen, oder durch Antragsrücknahme, Verzicht oder Vergleich), so ergeht oft nur noch eine gerichtliche Kostenentscheidung; diese kann dann grds. mit Rechtsmitteln angegriffen werden. Wird jedoch in der Hauptsache entschieden, kann bei Beschwer nur gegen die gesamte Entscheidung Beschwerde eingelegt werden, also nicht allein – isoliert – z. B. nur gegen die – nachteilige – Kostenentscheidungsformel!

Neben häufigen Beschlußanfechtungsverfahren gibt es auch die Möglichkeit, **Anträge** auf Herausgabe, Beseitigung (Entfernung), Unterlassung, Wiederherstellung des ursprünglichen Zustands, Verpflichtung zur Vornahme einer bestimmten Handlung, Abgabe einer Willenserklärung und Schadensersatz zu stellen. Anträge auf Beseitigung und Wiederherstellung des alten Zustandes bieten sich ggf. bei benachteiligenden baulichen Änderungen an, Schadensersatzanträge zum Beispiel auch in Verwalterhaftungsfällen. Mögliche Anspruchsgrundlagen ergeben sich insoweit häufig auch aus dem BGB. Die Geltendmachung „gemeinschaftsgebundener" Schadensersatzansprüche gegen einen Verwalter setzt entsprechende, vorausgehende Mehrheitsbeschlußfassung voraus!

Bei **Wohngeldsäumnissen** einzelner Eigentümer hat in erster Linie der Verwalter in eigenem oder fremden Namen (je nach Vereinbarung) nach erfolgloser Abmahnung – kurzfristig – Zahlungsantrag gegen den Schuldner zu stellen. Vom BGH muß derzeit die Frage geklärt werden, ob der WEG-Verwalter selbst Schriftsätze an das Gericht richten und auch vor Gericht auftreten und Anträge stellen kann oder ob insoweit von verbotener Rechtsberatung (Verstoß gegen das RBerG) auszugehen ist, also diese Tätigkeiten allein von rechtsberatenden Berufen ausgeübt werden dürfen/müssen (das KG Berlin verneint hier i. G. zum BayObLG Rechte und auch Pflichten des Verwalters). **Mahn- und Vollstreckungsbescheide** zu beantragen, ist seit Neufassung des § 46a WEG (ab 1. 4. 1991, Rechtspflegevereinfachungsgesetz) überall wieder zulässig, allerdings nach wie vor nur zu empfehlen, wenn nicht mit Widersprüchen der Schuldner gerechnet werden muß. Zahlungsanträge sind an das zuständige WE-Gericht zu richten (auch nach Widerspruch bzw.

Einspruch gegen einen Mahn- bzw. Vollstreckungsbescheid) unter Darstellung der Wohngeldforderung, gestützt auf Wirtschaftsplan bzw. Abrechnungen und die entsprechenden Beschlußprotokolle. Solche Wohngeld-Inkassoverfahren konnte bisher auch ein einzelner Eigentümer gegen säumige Miteigentümer einleiten, allerdings dann mit Leistungsantrag an alle Eigentümer; diese **Einzelklagebefugnis** hat der BGH **verneint** (Voraussetzung wäre entspr. Beschluß-Ermächtigung). Grundlage dieser Verfahren sind allerdings stets beschlossene Wirtschaftspläne, Sonderumlagen oder Abrechnungen mit saldierten Nachzahlungsschulden.

Verstößt ein Beschluß gegen zwingendes Gesetz oder Anstand und gute Sitten, ist eine Versammlung zur Beschlußfassung absolut unzuständig oder greift ein Beschluß in das Sondereigentum oder die dingliche Rechtsstellung eines Eigentümers unzulässigerweise ein, kann dessen **Nichtigkeits-Feststellung** erwirkt werden. In solchen Fällen besteht bei gerichtl. Antragstellung (an sich nicht einmal erforderlich) nicht die einmonatige Ausschlußfrist wie im Falle von Beschlußanfechtungen.

Die **Vollstreckung** aus wohnungseigentumsgerichtlichen Titeln richtet sich nach ZPO (§ 45 Abs. 3 WEG); zuständig bleibt jedoch das WE-Gericht.

Wurde ein eigentümerseits gestellter Antrag in einer Versammlung mit Mehrheit abgelehnt (oft als sog. **negativer „Beschluß"** bezeichnet), so kann diese ablehnende Entscheidung nicht im Wege einer Beschlußanfechtung geltend gemacht werden, da eben hier kein anfechtbarer, positiver Beschluß zustande gekommen ist. Solche Anträge werden jedoch i. d. R. vom Gericht als Zustimmungs-Verpflichtungsanträge zu Maßnahmen „ordnungsgemäßer Verwaltung" ausgelegt. Auch in diesen Fällen ergeht dann eine Gerichtsentscheidung dahin, ob ein Antrag von der Eigentümermehrheit zu Unrecht oder zu Recht abgelehnt wurde (ob die Ablehnung einer beantragten Maßnahme ordnungsgemäßer Verwaltung entsprach oder nicht).

Was die mögliche **Entziehung** des Wohnungseigentums betrifft, sind besondere Regelungen in der Gemeinschaftsordnung zu beachten, ergänzend auch die gesetzlichen Bestimmungen (§§ 18, 19, 43 und 53 – 58 WEG). Nur bei schweren und beharrlichen Pflichtverletzungen und Störungen kann von einer qualifizierten Eigentümermehrheit (mehr als 1/2 aller Eigentümer) als **ultima ratio** die Entziehung und Veräußerung (Versteigerung) des Wohnungseigentums des „Störers" gerichtlich erzwungen werden. Der Grundsatz der Verhältnismäßigkeit ist zu beachten (reichen nicht weniger einschneidende Maßnahmen aus – z. B. Anträge auf Einhaltung der Hausordnung mit Beugestrafandrohung usw. – ?), ebenso das hohe Prozeßkostenrisiko solcher Gerichtsverfahren. Die Entziehung durch qualifizierten Mehrheitsbeschluß und nachfolgendes Zivilgerichtsverfahren auf Veräußerungsverpflichtung ist sehr langwierig und kostenaufwendig und hat sich meist als nur „sehr **stumpfe Waffe**" erwiesen, insbesondere bei Entziehungen wegen Wohngeldsäumnissen (hier andere Vollstreckungen meist sachdienlicher, vielleicht auch ein Beschluß auf Abtrennung der Schuldnerwohnung von der Heiz- und Warmwasserversorgung unter Hinweis auf § 273 BGB).

4.4 Zum Thema der „baulichen Veränderungen"

Verändern **nachträgliche** bauliche Änderungsmaßnahmen der Gemeinschaft oder eines einzelnen Eigentümers das Gemeinschaftseigentum negativ, haben Sie grundsätzlich die Möglichkeit, solchen beabsichtigten Änderungen zu widersprechen (nach eigenmächtigem, nicht genehmigtem Vollzug einer Änderung u. U. sogar das Recht, Beseitigung und Wiederherstellung des ursprünglichen Zustands zu verlangen). Insbesondere Änderungen an der Außenfassade, die den optischen und ästhetischen Gesamteindruck der Anlage (die Harmonie eines Gebäudes) nicht ganz unerheblich stören, bedürfen somit grundsätzlich der Zustimmung aller Eigentümer, ebenso nachteilige Veränderungen an anderem Gemeinschaftseigentum (Gemeinschaftseinrichtungen) und insbesondere dem Gartengrundstück (§ 22 Abs. 1 WEG), soweit dadurch auch alle Eigentümer nachteilig betroffen sind (ansonsten nur der Zustimmung der nachteilig betroffenen Miteigentümer). Abzustellen ist also stets darauf, ob Sie durch eine solche Änderung in Ihren Rechten nicht unerheblich nachteilig tangiert sind. Manche Änderungen (ganz unerheblicher Art) müssen jedoch nach den Grundsätzen des § 14 WEG i. V. m. § 242 BGB (Treu und Glauben) hingenommen werden **(Duldungspflicht!)**.

Auch Änderungen eines einzelnen Eigentümers an bzw. in seinem Sondereigentum dürfen nicht anderes Wohnungseigentum und das Gemeinschaftseigentum beeinträchtigen (§ 14 WEG).

|

Eine **Beschlußfassung** über bauliche Veränderungen ist weder erforderlich noch ausreichend (so die immer noch gültige Grundsatzentscheidung des BGH von 1979). Sollte dennoch – wie häufig – über eine beabsichtigte oder bereits durchgeführte Änderung ein genehmigender Mehrheitsbeschluß gefaßt worden sein (§ 22 Abs. 1 WEG ist abdingbar), der Sie in Ihren Rechten beeinträchtigt, müßten Sie einen solchen Beschluß fristgemäß anfechten, um dessen Aufhebung zu erreichen und der Bindungswirkung eines solchen Beschlusses für alle Eigentümer zu entgehen. Haben Sie selbst nachweisbar einer baulichen Veränderung nicht zugestimmt (m. E. Anfechtung bei Beschlußfassung!), können und müssen Sie nach § 16 Abs. 3 WEG von anteiligen Kostenlasten dieser Änderungsmaßnahme freigestellt werden, sofern Sie nicht von einer wirtschaftlich vernünftigen Änderung im Interesse aller Eigentümer (meist bei Modernisierungs-Änderungen) (mit)profitieren. Zu den diversen Änderungsfällen besteht eine sehr kasuistische Einzelfall-Rechtsprechung (tatrichterliches Ermessen), die Sie in Vergleichsfällen berücksichtigen sollten (vgl. hier ausführlich ETW, Gruppe 5).

Eine plan- und **baubeschreibungsabweichende Bauausführung** noch vor Fertigstellung einer Anlage (z. B. auf Grund getroffener Sonderwunsch-Absprachen) ist nach der verfestigten Rspr. des BayObLG noch kein Fall einer baulichen Veränderung i. S. des § 22 Abs. 1 WEG. Nach h. M. können hier allenfalls – mangels Verwirkung – Ansprüche gegen alle Miteigentümer auf erstmalige plangerechte, ordnungsgemäße Herstellung geltend gemacht werden (§ 21 WEG), wobei dann auch alle Eigentümer anteilig die Herstellungsmaßnahme mitfinanzieren müßten.

Im Spannungsverhältnis zwischen ordnungsgemäßer Instandsetzung/Verwaltung (hier genügt einfache Beschlußmehrheit!) und nachteiligen baulichen Veränderungen (grundsätzliche Zustimmungsbedürftigkeit aller Eigentümer), stehen häufig sog. **modernisierende Instandsetzungen** und Änderungsmaßnahmen z. B. zum Zwecke der Energieeinsparung. Hier ist stets auf den Einzelfall abzustellen unter Berücksichtigung einer **Kosten-Nutzenanalyse** (zweckmäßige Wertverbesserung, baldige Amortisierung der Investitionskosten, Anpassung an heutige Technik, Folgekostenminderung). Grundsätzlich besteht nur Ihre Pflicht, mit dazu beizutragen, den aktuellen Zustand der

Wohnanlage durch notwendige Instandhaltungen und Instandsetzungen im Wert zu erhalten (einschließlich üblicher und angemessener Verbesserungen nach heutigem Stand der Technik).
Durch Modernisierungen dürfen allerdings auch keine sonstigen, bisher nicht vorhandenen Nachteile (auch keine gesund-
heitlichen Gefährdungen) entstehen.

Zur umstrittenen Frage des nachträglichen Anschlusses an das
FS-Breitbandkanalnetz haben im Anschluß an diverse unter-
gerichtliche Entscheidungen mit unterschiedlichsten Entschei-
dungsergebnissen zwischenzeitlich diverse OLG'e (OLG Celle,
OLG Karlsruhe, BayObLG) entschieden, daß der Anschluß je-
denfalls dann der Zustimmung aller Eigentümer bedarf, wenn
ein solcher Beschluß darauf abzielt, eine an sich auf neuestem
Stand befindliche, alle Programme gut empfangende Gemein-
schaftsantennenanlage zu ersetzen und Umrüstungs- und Anschlußkosten auf sämtliche Eigentümer umzulegen. In einem
solchen Fall handelt es sich nicht mehr um ordnungsgemäße
Instandhaltung oder Instandsetzung, sondern nach wie vor um
eine bauliche Veränderung. Von einem Sachzwang zu einer un-
bedingten Modernisierung kann (noch) nicht gesprochen werden. Erst bei einer etwaigen Reparaturbedürftigkeit der vorhandenen Gemeinschaftsantenne kann u. U. einer Modernisierung
Rechnung getragen werden (dann einfache Mehrheitsbeschlußfassung ausreichend). Die Nachteilswirkung nicht zustimmen-
der Eigentümer liegt insbesondere in den nicht unerheblichen
Mehrkosten (Anschluß- und laufende Grundgebühren) und
dem auch verfassungsrechtlich geschützten „negativen Infor-
mation- und Medienbezugsrecht". Einzelanschlüssen können
sich allerdings widersprechende Eigentümer oftmals nicht wi-
dersetzen, auch nicht den u. U. damit verbundenen, unvermeid-
baren Eingriffen in das Gemeinschaftseigentum, wenn Dul-
dungspflichten angenommen, d. h. Veränderungen nur gering-
fügig nachteilig sind. § 21 Abs. 5 Nr. 6 WEG und der Grundsatz der (i. ü. positiven wie negativen) Informationsfreiheit
(Art. 5 Abs. 1 S. 1 GG) ändern an diesem Ergebnis nichts.

Neuerdings ist es postalisch auch zulässig, daß sich nur an-
schlußwillige Eigentümer verkabeln lassen können (als Teilneh-
mergemeinschaft), was meist auch technisch möglich ist; sie haben dann allerdings auch allein die gesamten Anschlußkosten
zu tragen; weiterhin müssen dann die anschlußwilligen Eigen-

tümer den ablehnenden den Einbau von Trennfiltern (Konnektoren) an deren FS-Geräten finanzieren.

Ein einzelner Eigentümer wird derzeit nach h. M. auch grds. nicht als berechtigt angesehen, für seinen verbesserten/vermehrten Empfang einen eigenen **Parabolspiegel** außenfassadenseitig anzubringen, um Satellitenprogramme empfangen zu können (§ 22 Abs. 1 WEG!). Gemeinschaftsparabolantennen (mit Receiver/Empfänger) könnten vielleicht dann einmal als Modernisierungsmaßnahme gewertet werden, wenn die bestehende Antennenanlage objektiv erneuerungsbedürftig ist.

4.5 Gewährleistungsansprüche wegen Mängeln am Gemeinschaftseigentum

Es gehört grundsätzlich zu den gemeinsamen Instandhaltungs- und Instandsetzungspflichten des Gemeinschaftseigentums, auch anfängliche Baumängel beseitigen zu lassen. Der Verwalter hat die Gemeinschaft bei diesem Vorgehen zu unterstützen. Es ist sogar **Nebenpflicht des Verwalters,** Baumängelgewährleistungsansprüche nicht verfristen zu lassen, d. h. ggf. rechtzeitig zur Fristunterbrechung entsprechende Anträge im selbständigen Beweisverfahren zu stellen oder zumindest auf entsprechende rechtzeitige Beschlußfassungen in dieser Richtung hinzuwirken. Weiterhin muß der Verwalter die Gemeinschaft frühzeitig nach Abnahme des Gemeinschaftseigentums **organisatorisch unterstützen,** insbesondere auf rechtzeitige Anträge und Beschlüsse hinwirken (z. B. Einschaltung von Privatgutachtern und Bausachverständigen, Beauftragung eines Rechtsanwalts mit der sachgemäßen Verfolgung bestehender Gewährleistungsansprüche usw.). Würde sich hier ein Verwalter völlig passiv oder falsch verhalten, könnte sich u. U. einmal eine Schadensersatzpflicht eines Verwalters wegen Verletzung seiner vertraglichen Nebenpflichten ergeben; die Haftung beträgt hier bei positiver Vertragsverletzung des Verwalters (seiner Nebenpflichten) grds. 30 Jahre, wenn Fristen hier nicht ausdrücklich verwaltervertraglich rechtsgültig verkürzt wurden (möglich allerdings nach Grundsätzen des AGB-Gesetzes wohl nur hinsichtlich leicht fahrlässigen Fehlverhaltens). Mehrere Oberlandesgerichte haben in den letzten Jahren bereits Verwalter wegen Nebenpflichtverletzungen in diesem Zusammenhang zur Schadensersatzzahlung verurteilt.

Primäre Gewährleistungsrechte wie **Nachbesserungs- und Ko-stenerstattungs-** (einschließlich Vorschuß-)Ansprüche (Eigen-nachbesserung bei Verzug) kann grundsätzlich der einzelne Eigentümer mit Leistung an die Gemeinschaft gegen die verant-wortlichen Gewährleistungsschuldner geltend machen. Aller-dings empfiehlt sich auch hier gemeinschaftliches Vorgehen über entsprechende Beschlußfassung (vgl. Muster Abschn. 6.8 unten). Die üblichen sekundären Gewährleistungsrechte **Minde-rung und Schadensersatz** setzen jedoch grundsätzlich eine Mehr-heitsbeschlußentscheidung voraus, bevor hier Ansprüche klage-weise geltend gemacht werden können. Die Wandelung (Rück-tritt) des einzelnen Eigentümers wegen Mängeln am Gemein-schaftseigentum ist in der Praxis selten (deren Zulässigkeit i. ü. nicht unbestritten). Der BGH hat in einer Entscheidung vom Febr. 1990 auch die Klagebefugnis eines einzelnen Eigentümers bejaht, **anteilig Minderung an sich** fordern zu können, in einem Fall, in dem es um behauptete Feuchtigkeits- und Lärmmängel ging, die speziell ihn bzw. seine Wohnung nachteilig betrafen (sog. Ausstrahlungsmängel). Entscheidend ist i. ü., wo die Mangelursache gelegen ist (auch beim häufigen Schallmangel im Regelfall in gemeinschaftlichen Bauteilen), also nicht, wo sich der Mangel auswirkt (hier im Sondereigentum); Schallmängel sind damit auch Mängel im / am Gemeinschaftseigentum, ebenso wie z. B. Mängel an Fensterkonstruktionen, fehlerhafte Feuchtigkeitsisolierungen auf Balkonen oder Terrassen usw. Schadensersatzansprüche sind in jedem Fall **gemeinschaftsge-bunden**, wie der BGH 1991 nochmals bestätigt hat; über Mehr-heitsbeschluß zur Wahl- und Klagebefugnis kann allerdings auch ein einzelner Eigentümer (natürlich auch der Verwalter als Prozeßstandschafter) ermächtigt werden, das Verfahren zu füh-ren, allerdings mit Antragstellung auf Zahlungsleistung an die Gemeinschaft (nicht, auch nicht anteilig, an sich selbst).

Drängen Sie den Verwalter frühzeitig, diesen Themenkomplex möglichst bald in Eigentümerversammlungen behandeln zu las-sen, um die notwendigen Beschlußmehrheiten zu bekommen und das Prozeß- und Kostenrisiko auf alle Eigentümer gleicher-maßen zu verteilen. Sind erst einmal meist kurze Gewährlei-stungs- und Verjährungsfristen abgelaufen, muß u. U. aus eige-ner Tasche eine Sanierung des Gemeinschaftseigentums anteilig mitfinanziert werden (als Maßnahme erstmaliger ordnungsge-mäßer Herstellung / Fertigstellung).

In Bauträger-Erwerbsverträgen kann gültigerweise nach verfestigter BGH-Rspr. allein **BGB-Werkvertragsgewährleistung** (mit grds. 5-Jahres-Gewährleistungsfrist) vereinbart werden. Bei neu hergestellten Bauwerken ist somit eine Fristverkürzung (etwa unter Bezugnahme auf § 13 VOB/B) nicht mehr möglich (Verstoß gegen Grundsätze des AGB-Gesetzes). Ausdrückliche Individualabreden sind beim Bauträgerverkauf selten, setzen i. ü. Verhandlungsmöglichkeit und -bereitschaft und ausdrückliches, nachweisbares Aushandeln bestimmter Vertragsklauseln voraus.

Im Zuge der Gewährleistung von Mängeln am/im Gemeinschaftseigentum sind auch **Folgeschäden** im **Sondereigentum** mitzubeseitigen.

Treten allerdings **nach Ablauf** der Mängelgewährleistungsfristen später Schäden auf, muß sich die Gemeinschaft um die Instandsetzung von ursächlich im Gemeinschaftseigentum befindlichen Bauschäden kümmern, der einzelne Sondereigentümer hingegen grundsätzlich um die Schadensbeseitigung in seinem Sondereigentum (also z. B. auch um seine Putz- oder Tapetenschäden als Folge einer gemeinschaftlichen Dachundichtigkeit oder einer undichten Terrassenisolierung). Eine Gefährdungshaftung einzelnen Sondereigentümern gegenüber (also eine Haftung der Gemeinschaft ohne Schuld) kennt das Wohnungseigentumsrecht nicht.

Ansprüche gegen die Gemeinschaft hat hier ein einzelner Sondereigentümer hinsichtlich seiner Folgeschäden im Sondereigentum nur dann, wenn die Gemeinschaft (bzw. der Verwalter) bzgl. einer notwendigen Sanierung des Gemeinschaftseigentums **schuldhaft** untätig bleiben bzw. geblieben sind (so die oft verkannte oder unbekannte herrschende Rechtsmeinung).

Muß allerdings im Zuge einer Sanierung von Gemeinschaftseigentum durch die Gemeinschaft **Sondereigentum zerstört** werden (z. B. der Fliesenbelag eines Balkons oder einer Dachterrasse im Zuge der Erneuerung einer Isolierung), hat der Balkon- bzw. Dachterrasseneigentümer (Sondereigentümer) Anspruch darauf, wieder eine neue Verfliesung zu bekommen (vgl. § 14 Nr. 4, 2. Halbsatz WEG analog).

Stehen Sanierungen des Gemeinschaftseigentums an, die nur durch **Betreten** einer Sondereigentümer-Wohnung aus örtlichen, technischen oder wirtschaftlichen Gründen verwirklicht werden können, besteht entsprechende Duldungspflicht des betreffenden Sondereigentümers.

4.6 Hausordnungsfragen

Existiert eine vereinbarte oder beschlossene Hausordnung, können Sie sich bei Verstößen gegen Störer aus dem Eigentümerkreis zur Wehr setzen. Ein Eigentümer hat auch für das Verschulden seines Mieters anderen Eigentümern gegenüber einzustehen.

Auch der Verwalter ist gesetzlich verpflichtet, die Einhaltung der Hausordnung zu überwachen (durch entsprechende Abmahnungen); Prozeßführung für die Gemeinschaft setzt allerdings einen ermächtigenden Beschluß voraus.

Kein Mitbewohner kann Ihnen den **ordnungsgemäßen** (verkehrsüblichen) Gebrauch Ihres Sondereigentums und den gemeinschaftlichen Mitgebrauch des Gemeinschaftseigentums streitig machen. Eine im Interesse der Gesamtheit der Eigentümer vereinbarte oder beschlossene, nutzungsreglementierende Hausordnung enthält grundsätzlich Regelungen über allgemeine Sorgfalts-, Sicherheits- und Gefahrvorbeugungspflichten, Benutzungsregelungen hinsichtlich gemeinschaftlicher Flächen, Räume und Einrichtungsgegenstände (aber auch des Sondereigentums), Reinigungspflichten und insbesondere die Vereinbarung von Ruhezeiten. Streitfälle ergeben sich oft zu − gerichtlich u.U. sehr unterschiedlich beurteilten − Fragen wie Tierhaltung, Musikausübung/Ruhezeiten, tätige Mithilfe/Turnus-Dienste, Stellplatznutzung, Grillen, Verschließen der Haustüre, spielende Kinder, Garten-, Balkon-, Terrassen-, Treppenhausnutzung, Umzugskostenpauschale usw. In diesem Zusammenhang ist festzuhalten, daß Ihre üblichen (Nutzungs- und Gebrauchs-)Rechte als Wohnungseigentümer nicht übermäßig und grundlos eingeschränkt werden können.

Die gewerbliche Nutzung eines Sondereigentums kann allerdings eingeschränkt oder unter Auflagen gestellt werden. Teileigentum kann nur in dem Umfang genutzt werden, wie sich dies aus der Zweckbestimmung dieser Einheit gemäß Teilungserklärung mit Gemeinschaftsordnung und Aufteilungsplan ergibt, wobei übermäßige Immissionen und Störungen von solchen Eigentumsnutzungen nicht ausgehen dürfen. Eigentümer sind auch insoweit für ihre Mieter verantwortlich. Auch hier gelten die Grundsätze des § 14 WEG und des § 278 BGB.

Im Einzelfall unzumutbarer Störung durch einen Mieter oder Pächter einer anderen Wohnung (oder eines Teileigentums) oder gar bei vereinbarungswidriger Nutzung des Miet(Pacht)-Gegenstands haben Sie u. U. direkte Abwehr(unterlassungs)ansprüche aus § **1004 BGB** gegen einen solchen widerrechtlich Nutzenden (der seinerseits evtl. Regreßansprüche gegen seinen Vermieter/Verpächter besitzt).

4.7 Kontrolle des Verwalters

Ein Verwalter muß sich stets von neuem das Vertrauen einer Eigentümergemeinschaft „verdienen" und erarbeiten. Kurze Amtszeiten tragen diesem Verlangen Rechnung, da ohne erneute Wiederwahl-Beschlußfassung die Laufzeit eines Verwaltervertrages kraft zwingender gesetzlicher Regelung auf **maximal fünf Jahre** beschränkt ist (vgl. den zwingenden § 26 WEG).

Halten Sie einen Verwalter an, seine kaufmännisch-buchhalterischen, seine rechtlich-organisatorischen und seine technischen Pflichten ordnungsgemäß zu erfüllen. Ein guter Verwalter muß allerdings auch **angemessen honoriert** werden!

Zur Verwalterpflicht gehört es auch, einen bestellten Hausmeister zu überwachen. Weiterhin ist der Verwalter der primäre Garant dafür, daß die Anlage stets bautechnisch sicher ist und von ihr keine Gefahren auf Bewohner oder fremde Personen ausgehen. Notwendige Instandsetzungsarbeiten hat er zumindest organisatorisch vorzubereiten, ebenso den Abschluß der erforderlichen Wartungs- und Versicherungsverträge.

Bei schuldhaftem, d. h. vorsätzlichem (wohl selten), aber auch fahrlässigem Verhalten kann grds. die Gesamtheit der Gemeinschaft (über entspr. Beschlußfassung!) u. U. **Schadensersatzansprüche** gegen den Verwalter wegen Verletzung seiner vertraglichen oder gesetzlichen Pflichten (einschließlich seiner Nebenpflichten) geltend machen. Der Verwalter ist bekanntlich quasi Treuhänder und Sachwalter fremden Vermögens und damit zu erhöhter Sorgfalt verpflichtet. Dem Verwalter obliegt auch die sog. **Verkehrssicherungspflicht** (Mitverantwortung für die Sicherheit des Grundstücks und gefahrgeneigte Bau- und Einrichtungsteile des Gemeinschaftseigentums).

Etwa vereinbarte **Verwalterzustimmungsklauseln** nach § 12 WEG zu Wohnungsverkäufen (seltener auch -vermietungen) berechtigen den Verwalter nicht, solche Zustimmungen ohne berechtigten Grund zu verweigern. Ein wichtiger Grund für eine Zustimmungsverweigerung kann nur auf begründet erwartete persönliche oder finanzielle Unzuverlässigkeit eines Erwerbers gestützt werden (bei zu Unrecht verweigerter Zustimmung könnte ein Veräußerer den Verwalter in Schadensersatzhaftung nehmen).

Die Hauptpflichten des Verwalters, die bei Nachlässigkeiten oder Säumnissen zu einer Haftung führen könnten, ergeben sich insbesondere aus §§ 27, 28 WEG (die in § 27 Abs. 1 und 2 WEG normierten Rahmen-Pflichten sind grundsätzlich zwingender Natur).

Jederzeit kann durch einfache Beschlußmehrheit (nur im Ausnahmefall durch gerichtlichen Antrag eines einzelnen Eigentümers) ein Verwalter **aus wichtigem Grund abberufen** und dessen Verwaltervertragsverhältnis fristlos gekündigt werden (§ 26 Abs. 1 WEG); Voraussetzung ist ein entsprechender TO-Punkt in der Ladung zur Versammlung. Der Beschluß wird sofort wirksam (unabhängig von einer möglichen Beschluß-Anfechtung durch den abberufenen Verwalter). Die Gemeinschaft muß allerdings im Streitfall die wichtigen Abberufungsgründe beweisen (**schwere** Verwalterpflichtverletzungen!). Fühlt sich ein Verwalter zu Unrecht abberufen, kann er den Abberufungsbeschluß anfechten und gleichzeitig Restvergütungsansprüche gegen die Gemeinschaft stellen (Honorarausfall, ggf. unter Abzug ersparter Aufwendungen). Ob Verfehlungen eines Verwalters für eine Abberufung aus wichtigem Grund ausreichen, sollte vorher fachanwaltlich begutachtet werden. Ein durch Beschluß mit sofortiger Wirkung abberufener Verwalter hat unverzüglich einem neu bestellten Verwalter die zur Fortführung der ordnungsgemäßen Verwaltung notwendigen Unterlagen herauszugeben (ein Zurückbehaltungsrecht besitzt der Ex-Verwalter nicht).

Mit der Abberufung sollte gleichzeitig auch ein Beschluß auf sofortige **Rechnungslegung** durch den abberufenen Verwalter gefaßt werden, ebenso möglichst anschließend ein Verwalterneubestellungsbeschluß. Eine Abrechnung des vergangenen Geschäftsjahres hat grds. bereits der neu bestellte Verwalter zu erstellen, auch bei regulärer Amtsbeendigung des bisherigen Verwalters z. B. zum 31. 12. eines Jahres (nunmehr herrschende Rechtsmeinung).

Wurde nach der Abberufung nicht sofort ein neuer Verwalter durch einfache Beschlußmehrheit bestellt, kann ein **Verwaltungsbeiratsvorsitzender** eine neuerliche außerordentliche Eigentümerversammlung kurzfristig zum Zwecke der Verwalter-Neubestellung einberufen. Besteht kein Verwaltungsbeirat, hat jeder Eigentümer das Recht, das Wohnungseigentumsgericht anzurufen mit dem Antrag auf Bestellung eines „Interims"-**Notverwalters** durch das Gericht, hilfsweise auf Ermächtigung, selbst eine außerordentliche Versammlung einberufen zu können mit einem TO-Punkt Verwalterneubestellung.

Manchmal haben Eigentümer und auch Verwalter nach Ablauf vereinbarter Amts- und Vertragszeit vergessen, rechtzeitig an die Wiederbestellung zu denken. Verwaltet hier der bisherige Verwalter weiter, ist er sozusagen nicht legitimierter **Scheinverwalter** bzw. Geschäftsführer ohne Auftrag. Beschlüsse in Folge seiner Einladung und Versammlungsleitung könnten hier im Regelfall erfolgreich anfechtbar sein (sind allerdings nicht nichtig); die ordentliche Neu- bzw. Wiederbestellung sollte also schnellstmöglich nachgeholt werden (ggf. mittels gerichtlicher Hilfe).

Eine **BGB-Gesellschaft** (also z. B. Ehegatten, eine Sozietät oder Bürogemeinschaft) kann nach neuer BGH-Rspr. **nicht** wirksam zum **Verwalter** bestellt werden; auch insoweit wäre eine solche Verwaltungsgesellschaft nur eine nicht legitimierte Scheinverwaltung (Beschlußanfechtungsrisiken!); sehr rasch sollte auch hier **ein** Gesellschafter nachträglich zum offiziellen Verwalter gewählt werden.

4.8 Übernahme eines Verwaltungsbeirat-Mandats

Tragen Sie sich mit dem Gedanken, das sicher ehrenvolle, mitunter aber auch „undankbare" und zeitaufwendige Amt eines Verwaltungsbeirats anzunehmen, sei Ihr Augenmerk auf § 29 WEG gelenkt. Aus dieser Bestimmung ergeben sich Ihre grundsätzlichen Aufgaben und Befugnisse. Hauptaufgabe des Beirats ist die **Unterstützung des Verwalters.** Weisungsrechte gegenüber einem Verwalter besitzt ein Beirat allerdings nicht. Der Beirats-Vorsitzende (oder sein Stellvertreter) hat darüber hinaus noch die Pflicht, das Versammlungsprotokoll zu unterzeichnen (§ 24 Abs. 6 WEG), weiterhin die Möglichkeit, unter gewissen Voraussetzungen (vgl. § 24 Abs. 3 WEG) selbst eine Eigentümerversammlung einzuberufen. Durch Beschluß kann ein Beirat mit der Erledigung weiterer Aufgaben im Interesse der Gemeinschaft betraut/ermächtigt werden. Der Beirat ist allerdings nicht gesetzlicher Vertreter der Gemeinschaft und hat auch nicht die Legitimation, durch eigene Entscheidungen vollendete Tatsachen zu schaffen (die grundsätzlich dem mehrheitlichen Willen der Eigentümergesamtheit überantwortet bleiben). Es muß auch davor gewarnt werden, daß sich ein Beirat/Beiratsvorsitzender sozusagen zum „Ersatz-Verwalter aufschwingt".

Trotz regelmäßig unentgeltlicher und ehrenamtlicher Tätigkeit haftet ein Verwaltungsbeirat (ein jedes Mitglied) Miteigentümern gegenüber grds. sogar für leichte Fahrlässigkeit. Allerdings kann sich der Beirat durch Beschluß auch von einer solchen Haftung (insbesondere bei wunschgemäß übernommenen „Sonderaufträgen") befreien lassen (jedoch nicht bzgl. Vorsatz oder grober Fahrlässigkeit). Ein Beirat kann sich auch durch Mehrheitsbeschluß entlasten lassen. Über die Wahl/Wiederwahl, die Zahl der Mitglieder, die Amtsdauer und etwaigen Auslagenersatz entscheidet die Gemeinschaft mangels Vereinbarung grds. mit einfacher Beschlußmehrheit. Jedes Beiratsmitglied ist auch berechtigt, ein Mandat während des Geschäftsjahres niederzulegen. Nichtwohnungseigentümer können grds. (mangels entspr. Vereinbarung in der Gem.Ordnung) nicht in einen Beirat gewählt werden; mangels vereinbarter Zulässigkeit ist ein anderslautender Mehrheitsbeschluß zumindest erfolgreich anfechtbar, aber nicht nichtig (§ 29 WEG ist abdingbar).

Im Rahmen der Wahrnehmung gemeinschaftlicher Interessen ist der Beirat das koordinierende und oft auch vermittelnde Bindeglied zwischen den Miteigentümern untereinander und auch zwischen diesen und dem Verwalter. Die notwendige Harmonie in einer Gemeinschaft hängt nicht zuletzt vom Auftreten und Verhalten eines fachkundigen Verwaltungsbeirats ab und seiner vertrauensvollen Zusammenarbeit mit dem Verwalter,

| **IV. Wesentliche Rechte und Pflichten** | Raum für Notizen |

stets im Interesse der Gesamtgemeinschaft. Stellen Sie sich deshalb im eigenen, aber auch aus übergeordnetem Interesse aller Beteiligten zur Wahl!

Neben einem Beirat können auch jederzeit Sonderausschüsse gewählt werden (z. B. ein Bauausschuß, ein techn. Baumängelhilfeausschuß oder ein Gartengestaltungsausschuß).

5 Steuerliche Hinweise für Wohnungseigentümer

von Gerhard Jaser, Dipl.-Finanzwirt (FH), Augsburg

5.1 Steuerbelastungen beim Erwerb einer Eigentumswohnung

Durch den Kauf einer Eigentumswohnung ergeben sich verschiedene Möglichkeiten zur Steuerersparnis. Doch es entstehen auch Steuerbelastungen, die der Erwerber kennen sollte, um keine unangenehmen Überraschungen zu erleben, und die beim Finanzierungsplan und der Rentabilitätsberechnung berücksichtigt werden müssen.

5.1.1 Grunderwerbsteuer

Bei jedem Kauf einer Eigentumswohnung fällt Grunderwerbsteuer an. Sie beträgt 2 v. H. der Bemessungsgrundlage. Zur Bemessungsgrundlage gehören neben dem Kaufpreis für Grund und Boden und Gebäudeteil (Sonder- und Gemeinschaftseigentum) auch die Aufzahlungen an den Veräußerer für **Sonderleistungen** (z. B. teurere Fliesen, Fußböden etc.).

Vermindert sich der vereinbarte Kaufpreis aufgrund von **Eigenleistungen,** die der Erwerber erbracht hat (z. B. Malerarbeiten), so verringert sich auch die Bemessungsgrundlage für die Grunderwerbsteuer. Das gilt sogar dann, wenn der ursprüngliche Grunderwerbsteuerbescheid bereits bestandskräftig geworden ist. Vergessen Sie nicht, die **Herabsetzung** der Steuer beim Finanzamt zu **beantragen!**

Wenn Ihre Eigentumswohnung auf einem Erbbaugrundstück errichtet wurde und Sie deshalb monatlich Erbbauzinsen bezahlen müssen, so entsteht für Sie neben der Steuer für den eigentlichen Kaufpreis eine zusätzliche Grunderwerbsteuerbelastung. Der Erwerb eines Erbbaurechts unterliegt nämlich ebenfalls der Grunderwerbsteuer. Ist die Laufzeit des Erbbaurechts 53 Jahre oder länger, so ist Bemessungsgrundlage für die Grunderwerbsteuer das 18fache des jährlichen Erbbauzinses.

Von der Grunderwerbsteuer **befreit** sind die folgenden Erwerbsvorgänge:

Erwerb (Kauf oder Schenkung) von Verwandten in gerader Linie (Großeltern, Eltern, Kinder; nicht: Geschwister);

Erwerb	durch Schenkung (übernommene Belastungen, wie z. B. Grundschuld, Rentenverpflichtung oder Nießbrauch sind aber zu versteuern, sofern nicht der Erwerb von einem Verwandten in gerader Linie erfolgt);
Erwerb	durch den Ehegatten des Veräußerers;
Erwerb	durch den früheren Ehegatten im Rahmen der Vermögensauseinandersetzung nach der Scheidung;
Erwerb	von Grundstücksanteilen durch Miterben zur Teilung des Nachlasses.

Die Grunderwerbsteuer **entsteht** bereits mit Abschluß des Kaufvertrages. Dies gilt auch dann, wenn die Eigentumswohnung erst gebaut wird. Planen Sie die Grunderwerbsteuerzahlung deshalb mit an die vorderste Stelle in Ihrer Finanzierung ein. Der Grunderwerbsteuerbescheid kommt sehr schnell, und nach einem Monat ist die Steuer schon fällig. Stundungen werden kaum gewährt.

Das Grunderwerbsteuergesetz gilt ab 1. 1. 1991 auch für Erwerbsvorgänge in den **neuen Bundesländern.**

5.1.2 Erbschaft- und Schenkungsteuer

Wenn Sie Geld zum Kauf Ihrer Eigentumswohnung oder eine Eigentumswohnung selbst geschenkt erhalten oder erben, müssen Sie unter Umständen Schenkung- oder Erbschaftsteuer zahlen.

Wie wird diese Steuer berechnet und wie hoch ist sie?

Bemessungsgrundlage für die Steuerberechnung bei einer unentgeltlichen Übertragung einer Eigentumswohnung ist nicht der Verkehrswert, sondern der wesentlich niedrigere **Einheitswert** (s. S. 119). Dieser wird mit dem 1,4fachen des zuletzt festgestellten Betrages angesetzt. Übernommene Schulden und Belastungen sind bei der Erbschaft in voller Höhe abzugsfähig.

Bei einer Schenkung unter Auflage oder einer gemischten Schenkung wird der Teil des 1,4fachen Einheitswertes zur Steuer herangezogen, der nach dem Verkehrswert dem unentgeltlich zugewendeten Teil der Wohnung entspricht.

Wenn Ihnen z. B. Ihr Onkel seine Eigentumswohnung zum halben Verkehrswert verkauft, so liegt eine gemischte Schenkung vor. Die unentgeltlich zugewandte Hälfte unterliegt mit dem 1,4fachen vom halben Einheitswert der Schenkungsteuer.

In gleicher Weise wird die Schenkungssteuer berechnet, wenn mit der Schenkung Schulden übernommen werden müssen. Wenn Sie z. B. eine Eigentumswohnung mit einem Verkehrswert von 450 000, – DM geschenkt erhalten, die mit einer Grundschuld von 150 000, – DM belastet ist, so haben Sie nur zwei Drittel der Wohnung geschenkt erhalten. Der Schenkungssteuer unterliegen damit nur ⅔ des 1,4fachen Einheitswerts. Die Grundschuld mindert den Wert der Schenkung nicht mehr.

Sparen Sie Schenkungsteuer bei Geldschenkungen durch richtige Gestaltung!

Geldschenkungen unterliegen normalerweise mit dem vollen Betrag der Schenkungsteuer. Wird jedoch Geld geschenkt mit der Auflage, damit eine **genau bestimmte** Eigentumswohnung zu kaufen, wird nur der 1,4fache Einheitswert bei der Steuerberechnung angesetzt. Wird nur ein Teil des Kaufpreises geschenkt, ist nur der entsprechende Anteil des Einheitswertes zu versteuern.

Geldschenkungen zum Kauf einer **nicht näher bestimmten** Eigentumswohnung werden dagegen mit dem **vollen** Geldbetrag der Schenkungsteuerberechnung zugrundegelegt.

Zum besseren Nachweis gegenüber dem Finanzamt empfiehlt es sich, daß Schenker und Beschenkter eine kurze Vereinbarung unterschreiben, daß die Schenkung zum Kauf der genau bezeichneten Wohnung (Wohnungs-Nr., Stockwerk, Straße, Haus-Nr., Ort) erfolgt. Es genügt auch, wenn der Schenker auf der Banküberweisung die entsprechenden Angaben macht.

Nachteilig kann sich eine Geldschenkung unter der Auflage, eine bestimmte Eigentumswohnung zu erwerben, bei der Einkommensteuer auswirken, wenn die Eigentumswohnung für eigene Wohnzwecke genutzt werden soll. Die sog. Grundförderung nach § 10e EStG wird nämlich nur gewährt, wenn und soweit der Eigentümer die Anschaffungskosten getragen hat.

Das ist nicht der Fall, wenn es sich um eine Geldschenkung unter Auflage handelt, die bei der Schenkungsteuer mit dem

116

1,4fachen Einheitswert angesetzt wird. Es muß deshalb bei größeren Geldschenkungen geprüft werden, was günstiger ist: Schenkungsteuer oder Einkommensteuer sparen.

Erfolgt die Schenkung von den Eltern, wird wegen der hohen Freibeträge (90 000, – DM pro Elternteil) eine reine Geldschenkung **ohne** Auflage vorteilhafter sein, da die Schenkungsteuerbelastung in der Regel wesentlich geringer ist als die Vergünstigung bei der Einkommensteuer. Liegt eine Schenkung unter Auflage vor, kann die Grundförderung allerdings von dem nicht geschenkten Teil der Anschaffungs- oder Herstellungskosten vorgenommen werden.

Ist das Gebäude zur **Vermietung** vorgesehen, sollten Sie darauf achten, daß die Schenkung unter der Auflage erfolgt, ein genau bestimmtes Grundstück oder eine genau bezeichnete Eigentumswohnung zu erwerben. Für die Abschreibung sind nämlich in jedem Fall die gesamten Anschaffungs- oder Herstellungskosten maßgebend.

Freibeträge

Nicht jede Schenkung oder Erbschaft löst Steuer aus. Von dem steuerpflichtigen Erwerb können je nach Steuerklasse (siehe unten) die folgenden Freibeträge abgezogen werden:

Bei Steuerklasse I: Ehegatte 250 000, – DM, im Falle des Erwerbs von Todes wegen zuzüglich eines Versorgungsfreibetrages von weiteren 250 000, – DM;

Kinder 90 000, – DM von jedem Elternteil, im Falle des Erwerbs von Todes wegen zzgl. eines bis zum Höchstalter von 27 Jahren gestaffelten Versorgungsfreibetrages zwischen 50 000, – DM und 10 000, – DM;

Bei Steuerklasse II: 50 000, – DM;

Bei Steuerklasse III: 10 000, – DM;

Bei Steuerklasse IV: 3 000, – DM.

Schenken mehrere Personen, so können die Freibeträge mehrmals abgezogen werden. So sind z.B. bei Schenkungen von Eltern an Kinder für jedes Kind 90 000, – DM vom Vater und nochmals 90 000, – DM von der Mutter befreit, falls jedes Elternteil entsprechendes Vermögen besitzt.

| V. Steuerliche Hinweise | Raum für Notizen |

Unentgeltliche Zuwendungen innerhalb von 10 Jahren von der gleichen Person werden für die Steuerberechnung zusammengefaßt. Erfolgen nach Ablauf der Zehnjahresfrist weitere Schenkungen oder eine Erbschaft, so können die Freibeträge erneut in Anspruch genommen werden. Die Zehnjahresfrist wird durch die erste Schenkung in Lauf gesetzt.

Steuersätze

Die Erbschaft- und Schenkungsteuer wird nach folgenden Vomhundertsätzen erhoben:

Wert des steuer-pflichtigen Erwerbs bis einschließl. DM:	Vomhundertsatz in der Steuerklasse			
	I	II	III	IV
50 000	3	6	11	20
75 000	3,5	7	12,5	22
100 000	4	8	14	24
125 000	4,5	9	15,5	26
150 000	5	10	17	28
200 000	5,5	11	18,5	30
250 000	6	12	20	32
300 000	6,5	13	21,5	34
400 000	7	14	23	36
500 000	7,5	15	24,5	38
600 000	8	16	26	40
700 000	8,5	17	27,5	42
800 000	9	18	29	44
900 000	9,5	19	30,5	46
1 000 000	10	20	32	48
2 000 000	11	22	34	50
3 000 000	12	24	36	52
4 000 000	13	26	38	54
6 000 000	14	28	40	56
8 000 000	16	30	43	58
10 000 000	18	33	46	60
25 000 000	21	36	50	62
50 000 000	25	40	55	64
100 000 000	30	45	60	67
über 100 000 000	35	50	65	70

V. Steuerliche Hinweise	Raum für Notizen

Steuerklassen

Nach dem Verwandtschaftsverhältnis des Erben/Beschenkten zum Erblasser/Schenker erfolgt die Zuordnung in eine der folgenden vier Steuerklassen:

Steuerklasse I: Ehegatten und Kinder (auch Stiefkinder)

Steuerklasse II: Enkel und Urenkel

Steuerklasse III: Eltern, Großeltern, Geschwister, Geschwisterkinder, Schwiegereltern, Schwiegerkinder und geschiedene Ehegatten

Steuerklasse IV: Alle übrigen Erwerber

Zur richtigen Einordnung in die jeweilige Steuerklasse stellen Sie sich die Frage: „Wer ist der Beschenkte/Erbe?"

Das Erbschaftsteuergesetz, das für die Berechnung der Erbschaft- und Schenkungsteuer maßgebend ist, gilt ab 1. 1. 1991 auch für Erbschaften und Schenkungen **in den neuen Bundesländern.**

5.2 Steuervorteile durch Besitz einer Eigentumswohnung

Der Besitz einer Eigentumswohnung bringt manche Steuervergünstigung. Achten Sie aber schon vor dem Kauf auf die im steuerlichen Paragraphendschungel versteckten Fußangeln, damit Sie auch alle Möglichkeiten der Steuervergünstigungen voll ausnützen können.

5.2.1 Einheitsbewertung

Für jedes inländische Grundstück und somit auch für jede Eigentumswohnung wird vom Finanzamt ein **Einheitswert** festgestellt. Der Einheitswert ist ein rein steuerlicher Wert, der als Grundlage für die Grundsteuerfestsetzung, aber auch für die Vermögensteuer sowie die Erbschaft- und Schenkungsteuer benötigt wird. Der Einheitswert, der nicht von der Höhe des Kaufpreises abhängt, beträgt etwa zwischen $\frac{1}{5}$ und $\frac{1}{12}$ des Verkehrswertes der Eigentumswohnung.

Das Sondereigentum an einer Wohnung und der Miteigentumsanteil an dem gemeinschaftlichen Eigentum werden nicht getrennt, sondern als eine Einheit bewertet.

Der Einheitswert wird erstmals auf den 1. 1. des Jahres festgestellt, das auf die Fertigstellung folgt (z. B. Fertigstellung Fe-
bruar 1992 – erster Einheitswert: 1. 1. 1993). Die Einheitswerte für Eigentumswohnungen werden nach dem sogenannten Er-
tragswertverfahren wie folgt ermittelt:

Jahresrohmiete × Vervielfältiger
= Einheitswert (abgerundet auf 100, – DM).

Jahresrohmiete:

Der Einheitswert wird nach den Wertverhältnissen zum 1. 1.
1964 festgestellt, deshalb ist die heute bezahlte bzw. übliche
Miete nicht maßgebend. Auch wenn die Eigentumswohnung
erst 1992 fertiggestellt wird, wird für die Einheitsbewertung die
für vergleichbare Wohnungen zum 1. 1. 1964 festgestellte Miete
angesetzt. Diese Miete ermitteln die Finanzämter anhand von
Mietspiegeln, die Sie bei Ihrem Finanzamt einsehen können.
Die Mietspiegel sind nach Lage, Art und Ausstattung der Wohnungen gegliedert. Für öffentlich geförderte Wohnungen gelten
in der Regel niedrigere Mietwerte als für frei finanzierte Wohnungen. Das ist der Grund, warum zwei gleich große Wohnungen in der gleichen Wohnanlage verschieden hohe Einheitswerte
erhalten können. Die Abweichung kann bis zu einem Drittel
oder mehr betragen.

Die sich aus dem Mietspiegel ergebende Monatsmiete pro qm
wird mit der Wohnfläche vervielfacht und auf das Jahr umgerechnet.

Je besser die Ausstattung und die Lage einer Wohnung sind,
um so höher wird die Miete angesetzt und um so höher wird der
Einheitswert. Die Ausstattung ersehen die Finanzämter aus den
Baubeschreibungen der Baufirmen und Makler.

Die **Wohnfläche** entnehmen die Finanzämter in der Regel aus
den Prospekten der Bauträger. Leider sind darin auch die
Grundflächen von **Balkonen, Loggien, Freisitzen** und **Terrassen** zur Hälfte oder zu einem Drittel enthalten. Diese Flächen
müssen jedoch nicht angesetzt werden. Sie können bei der
Wohnflächenberechnung außer Ansatz bleiben. Ihr Einheitswert kann dadurch niedriger, Ihre Grundsteuerbelastung geringer werden.

V. Steuerliche Hinweise	Raum für Notizen

Vervielfältiger

Der Vervielfältiger für die Einheitswertberechnung beträgt bei Eigentumswohnungen, die nach dem 21. 6. 1948 errichtet wurden, je nach Gemeindegröße zwischen 9,0 und 9,8.

Ermäßigung

Unter Umständen kann der Einheitswert **ermäßigt** werden, wenn starke Beeinträchtigungen vorliegen durch Lärm, Rauch oder Gerüche. Verkehrslärm ist kein Ermäßigungsgrund.

Grundstücksart

Im Einheitswertbescheid wird nicht nur die Höhe des Einheitswertes festgestellt, sondern auch die **Grundstücksart.** Die Eigentumswohnung wird dabei in der Regel unter die Grundstücksart „**Einfamilienhaus**" eingeordnet.

Prüfung des Einheitswertbescheids

Ein einmal festgestellter Einheitswert behält in der Regel viele Jahre Gültigkeit. Prüfen Sie ihn deshalb genau, ehe er rechtskräftig wird, ob nicht eine zu große Wohnfläche oder ein zu hoher Mietpreis angesetzt wurde. Gegebenenfalls müssen Sie gegen den Einheitswertbescheid innerhalb eines Monats Einspruch einlegen.

Einheitswerte in den neuen Bundesländern

Soweit in der Vergangenheit Einheitswerte festgestellt worden sind, gelten diese weiter. Ist bisher kein Einheitswert vorhanden, wird eine Feststellung nur durchgeführt, wenn er für die Vermögen-, Erbschaft-, Gewerbe- oder Grunderwerbsteuer benötigt wird. Nur wegen der Grundsteuer allein werden (vorerst) keine Einheitswerte festgestellt.

5.2.2 Vermögensteuer

Wenn Sie bisher Vermögensteuer bezahlen mußten, verringert sich durch den Kauf einer Eigentumswohnung Ihr steuerpflichtiges Vermögen; denn die Eigentumswohnung wird nur mit dem 1,4fachen Einheitswert angesetzt, während die Schulden in voller Höhe abgezogen werden können. Zu dem auf den Erwerb folgenden 1. Januar muß deshalb eine sogenannte **Neuveranlagung** durchgeführt werden. Dazu müssen Sie einen entsprechenden **Antrag** beim Finanzamt **stellen.** Ein solcher Antrag ist nicht erforderlich, wenn der Kauf im Jahr vor einem Hauptfeststellungszeitpunkt (1. 1. 1989, 1. 1. 1993) erfolgte.

5.2.3 Grundsteuer

Als Eigentümer einer Eigentumswohnung im Inland müssen Sie ab dem auf den Erwerb folgenden 1. Januar an die Gemeinde, in der sich die Wohnung befindet, Grundsteuer bezahlen. Diese richtet sich nach der Höhe des Einheitswerts und einem von der Gemeinde festgesetzten Hebesatz, der etwa zwischen 250 und 450 v. H. liegt. Die Grundsteuerbelastung beträgt jährlich etwa 1 – 1,5 v. H. vom Einheitswert, falls keine Vergünstigung (siehe Seite 123 ff.) möglich ist.

Die Grundsteuer wird wie folgt berechnet:

1. Finanzamt setzt Grundsteuermeßbetrag fest:
   Einheitswert × 3,5 v. T. (Steuermeßzahl für Eigentumswohnungen)
   = Grundsteuermeßbetrag
2. Gemeinde setzt Grundsteuer fest:
   Grundsteuermeßbetrag × Hebesatz
   = Grundsteuer für ein Jahr

Die Grundsteuer ist in vier Teilbeträgen jeweils am 15. 2., 15. 5., 15. 8. und 15. 11. eines Jahres zu entrichten. Die Grundsteuer wird nicht vom Verwalter über das Wohngeld bezahlt. Um die rechtzeitige Bezahlung müssen Sie sich selbst kümmern. Erteilen Sie Ihrer Gemeinde einen Abbuchungsauftrag für die Grundsteuer. Damit vermeiden Sie Mahngebühren und Säumniszuschläge.

Beachten Sie, daß Einwendungen gegen die Höhe der Grundsteuer infolge eines zu hohen Einheitswertes nur durch einen Einspruch gegen den Einheitswertbescheid geltend gemacht werden können.

Grundsteuer in den neuen Bundesländern

Ist ein Einheitswert nicht vorhanden, so wird die Grundsteuer nach der Wohnfläche als Ersatzbemessungsgrundlage erhoben.

Bei Wohnungen mit Bad, Innen-WC und Sammelheizung beträgt sie im Jahr 2, – DM/qm Wohnfläche, bei Wohnung ohne eines dieser Ausstattungsmerkmale 1,50 DM/qm und Jahr. Diesen Beträgen liegt ein Hebesatz von 300 % zugrunde. Bei einem höheren oder niedrigeren Hebesatz ermäßigen sich die Beträge entsprechend.

5.2.3.1 Grundsteuervergünstigung nach dem II. Wohnungsbaugesetz

Für vor dem 1. 1. 1990 neu erstellte Eigentumswohnungen kann unter bestimmten Voraussetzungen die Grundsteuervergünstigung nach dem II. Wohnungsbaugesetz (WoBauG) in Anspruch genommen werden. Die Vergünstigung besteht darin, daß auf die Dauer von 10 Jahren für den Anteil am Einheitswert, der auf das Gebäude entfällt, keine Grundsteuer zu bezahlen ist. Nur für den Anteil, der auf den Grund und Boden entfällt – das sind zwischen 10 und 20 v. H. – ist Grundsteuer zu entrichten.

Diese Grundsteuervergünstigung wird gewährt für vor dem 1. 1. 1990 fertiggestellte

– öffentlich geförderte Wohnungen und
– steuerbegünstigte Wohnungen.

Wird eine grundsteuerbegünstigte Wohnung veräußert, kann auch der Erwerber die Vergünstigung bis zum Ablauf des ursprünglichen 10-Jahres-Zeitraums in Anspruch nehmen.

Die Grundsteuervergünstigung nach dem II. Wohnungsbaugesetz wurde im Rahmen der Großen Steuerreform ab 1990 abgeschafft. Für vor dem 1. 1. 1990 fertiggestellte Wohnungen wird die Vergünstigung jedoch bis zum Ablauf der 10 Jahre weitergewährt, wenn die Voraussetzungen erfüllt sind. Das gilt auch für Eigentumswohnungen, die erst nach dem 31. 12. 1989 erworben werden/worden sind.

Grundsteuerbefreiung in den neuen Bundesländern

Für Wohnungen, die nach dem 31. 12. 1980 und vor dem 1. 1. 1992 bezugsfertig wurden, gilt unter bestimmten Voraussetzungen eine bis zu zehnjährige Grundsteuerbefreiung (§ 43 GrStG).

5.2.3.2 Grundsteuerermäßigung für Kriegsbeschädigte und andere Körperbehinderte

Haben Sie eine Kapitalabfindung aufgrund des Bundesversorgungsgesetzes oder eine Grundrentenabfindung nach dem Rentenkapitalisierungsgesetz erhalten? Wenn Sie diese Abfindung zum Erwerb einer Eigentumswohnung oder zur Tilgung von Schulden verwenden, die mit dem Erwerb der Wohnung in unmittelbarem Zusammenhang stehen, wird Ihre Grundsteuer ermäßigt. Stellen Sie einen entsprechenden Antrag bei dem Finanzamt, das für die Festsetzung des Grundsteuermeßbetrags zuständig ist. Der Besteuerung wird dann nur der um die erhaltene Abfindung verminderte Einheitswert zugrunde gelegt.

5.2.3.3 Grundsteuererlaß bei wesentlicher Ertragsminderung

Bei wesentlicher Ertragsminderung durch Unwetterschäden, Brand u. ä. oder bei unverschuldetem Mietausfall kann die festgesetzte Grundsteuer nachträglich teilweise erlassen werden. Stellen Sie den Erlaßantrag bis spätestens 31. März des folgenden Jahres an die **Gemeinde.**

5.2.4 Einkommensteuer

Der größte Vorteil für den Erwerber einer Eigentumswohnung ergibt sich in der Regel bei der Einkommensteuer.

Der Eigentümer einer Eigentumswohnung, der eine Steuerermäßigung erhalten will, muß zur Einkommensteuer veranlagt werden, auch wenn er die Wohnung nicht vermietet und nur seine Lohn- oder Gehaltseinkünfte bezieht. Zur Höhe der Steuerersparnis siehe Seite 148.

Wie kommen Sie als Lohnsteuerzahler in den Genuß der Steuererstattung? Sie müssen erstmals nach Ablauf des Jahres des Erwerbs der Eigentumswohnung eine Einkommensteuererklärung ausfüllen und beim Finanzamt einreichen. (Wegen der Eintragung eines Freibetrags auf der Lohnsteuerkarte s. Abschnitt 5.2.4.7).

5.2.4.1 Die eigengenutzte Eigentumswohnung

Die einkommensteuerliche Förderung von selbstgenutztem Wohnungseigentum erfolgt ab 1987 im Rahmen des Sonderausgabenabzugs. Die Steuereinsparungsmöglichkeiten sind jedoch sehr beschränkt.

Es können nur die folgenden Vergünstigungen in Betracht kommen:

– Grundförderung nach § 10e EStG

– Abzug der bis zum Beginn der erstmaligen Selbstnutzung angefallenen Aufwendungen nach § 10e Abs. 6 EStG (sog. Vorbezugskosten)

– Schuldzinsenabzug nach § 10e Abs. 6a EStG bei neuen Eigentumswohnungen

– Gewährung von Baukindergeld im Zusammenhang mit der § 10e-Grundförderung (§ 34f EStG)

– Abzug von Aufwendungen für bestimmte förderungswürdige Zwecke (Denkmalschutz – §§ 7i, 10f EStG; Städtebausanierung – §§ 7h, 10f EStG).

Die Grundförderung nach § 10e EStG

Begünstigte Objekte

Die Vergünstigungen des § 10e EStG können für im Inland belegene Eigentumswohnungen in Anspruch genommen werden, die vom Eigentümer zu eigenen Wohnzwecken genutzt werden.

Das Alter der Wohnung spielt keine Rolle, Altbauten sind ebenso begünstigt wie Neubauten. Auch die Wohnungsgröße ist ohne Bedeutung. Wohnungen in den neuen Bundesländern sind nur begünstigt, wenn sie nach dem 31. 12. 1990 angeschafft oder hergestellt werden.

Unter Anschaffung ist der entgeltliche Erwerb zu verstehen. Deshalb erhalten Sie **keine Grundförderung** nach § 10e EStG **für eine geschenkte Wohnung**. Wegen der Besonderheiten bei Geldschenkungen zum Kauf einer Eigentumswohnung beachten Sie unbedingt die Ausführungen zur Schenkungsteuer (s. S. 116/117). Als **Erbe** einer Eigentumswohnung können Sie die Grundförderung des Erblassers fortführen, wenn Sie die Wohnung selbst beziehen.

Eigengenutzte Ferien- und Wochenendwohnungen sind nur dann nicht begünstigt, wenn sie in einem Sondernutzungsgebiet liegen und nicht ganzjährig bewohnt werden dürfen (BFH, Urt. v. 28. 3. 1990, BStBl II S. 815).

Die Grundförderung wird auch gewährt für einen Ausbau (z. B. im Dachgeschoß) oder einen Anbau (z. B. Wintergarten, der ganzjährig zu Wohnzwecken genutzt werden kann). Voraussetzung ist, daß der Ausbau/Anbau zusammen mit der bisherigen Wohnung eigenen Wohnzwecken dient.

Nicht möglich ist die Grundförderung für einen Ausbau etc., wenn und solange für die Eigentumswohnung selbst noch § 10e EStG oder § 7b EStG beansprucht wird.

Wenn Sie die § 10e-Grundförderung für einen Ausbau vornehmen, erhalten Sie auch das volle Baukindergeld nach § 34f EStG (s. S. 133 unten). Dadurch können Sie u. U. den ganzen Ausbau über die Einkommensteuerersparnis finanzieren.

Selbstnutzung

Die Vergünstigung des § 10e EStG kann nur für Wohnungen in Anspruch genommen werden, die vom Eigentümer zu eigenen Wohnzwecken genutzt werden. Es ist jedoch nicht erforderlich, daß die ganze Wohnung vom Eigentümer genutzt wird. Wenn nur **einzelne Räume** einer im übrigen selbstgenutzten Wohnung unentgeltlich überlassen werden, so wird trotzdem die **volle Grundförderung** gewährt.

Wird die **gesamte Wohnung unentgeltlich überlassen**, so erhält der Eigentümer **keine Grundförderung** nach § 10e EStG und auch keine Abschreibung nach § 7 Abs. 4 bzw. 5 EStG, weil er keine Einnahmen erzielt. Dabei spielt es keine Rolle, ob die Überlassung an nahe Angehörige oder an fremde Personen erfolgt. Wegen der Steuervergünstigung nach § 10h EStG für unentgeltlich an nahe Angehörige überlassene Wohnungen, die nachträglich ausgebaut wurden, wird auf S. 136 verwiesen.

Höhe der Grundförderung

Die Grundförderung nach § 10e EStG beträgt

— im Jahr der Anschaffung oder Fertigstellung und in den folgenden drei Jahren jeweils **bis zu 6 v. H.** und

– in den darauffolgenden vier Jahren jeweils **bis zu 5 v. H.**

der Bemessungsgrundlage.[1]

Die Bemessungsgrundlage ist auf einen Höchstbetrag von 330 000, – DM begrenzt, so daß

– in den **ersten vier Jahren** jährlich **bis zu 19 800, – DM**
– in den **Jahren fünf bis acht** jährlich **bis zu 16 500, – DM**

abgezogen werden können. Die maximale Einkommensteuerminderung innerhalb des achtjährigen Begünstigungszeitraums beläuft sich somit auf (4 × 19 800, – DM + 4 × 16 500, – DM =) 145 200, – DM.

Zur Bemessungsgrundlage rechnet – neben den Anschaffungs- und Herstellungskosten für den Gebäudeteil – auch **die Hälfte der Anschaffungskosten für den zur selbstgenutzten Wohnung gehörenden Grund- und Boden(anteil).**

Die Anschaffungskosten inkl. Nebenkosten (s. S. 146) müssen zu diesem Zweck nach dem Verhältnis der Verkehrswerte aufgeteilt werden.

In der Praxis wird die Aufteilung aus Vereinfachungsgründen wie folgt durchgeführt:

| Anschaffungskosten insgesamt |
| ./. 50 % der Anschaffungskosten für Grund und Boden |
| = Bemessungsgrundlage für Grundförderung |

Wenn Sie eine neue Eigentumswohnung kaufen, erhalten Sie sicherlich auf Wunsch vom Bauträger eine Bestätigung, aus der sich diese Aufteilung ergibt. Beim Erwerb einer gebrauchten Wohnung können Sie die Aufteilung dem Finanzamt überlassen oder Sie können sie selbst vornehmen. Sie müssen sich hierfür Vergleichswerte für den Grund und Boden beschaffen, z.B. bei den Gutachterausschüssen der Städte oder Landkreise oder bei den Gemeinden.

Bei Übertragung einer Wohnung im Wege der **vorweggenommenen Erbfolge** kann der Übernehmer Grundförderung, Vor-

---

[1] Bei Erwerb oder Baubeginn vor dem 1. 10. 1991 beträgt die Grundförderung acht Jahre lang jeweils 5 v. H., höchstens 16 500, – DM.

kostenabzug und Baukindergeld geltend machen, wenn er Abfindungszahlungen an den bisherigen Eigentümer oder Gleichstellungsgelder an Geschwister zu erbringen hat oder auf der Wohnung ruhende Verbindlichkeiten übernehmen muß. **Aber Vorsicht** – Versorgungsleistungen (z. B. Rentenzahlungen und Einräumung von Nutzungsrechten) führen bei einer Übertragung im Rahmen der vorweggenommenen Erbfolge nicht zu Anschaffungskosten, so daß die Grundförderung hierfür nicht möglich ist.

Gehört eine Eigentumswohnung mehreren Personen, die nicht miteinander verheiratet sind, so können diese, wenn sie die Wohnung selbst nutzen, die Vergünstigung nach § 10e im Verhältnis ihrer Miteigentumsanteile beanspruchen. Das heißt, daß jeder Miteigentümer den seinem Anteil entsprechenden Teilbetrag wie Sonderausgaben abziehen kann. Macht ein Miteigentümer keine Grundförderung geltend, so erhöht sich dadurch der Abzugsbetrag für den (die) anderen Miteigentümer nicht. Die Höchstbeträge von 19 800, – DM bzw. 16 500, – DM gelten für die ganze Wohnung und nicht für jeden Miteigentümer extra.

Dauer der Grundförderung

Die Grundförderung kann für eine Eigentumswohnung für die Jahre der Selbstnutzung, jedoch maximal acht Jahre in Anspruch genommen werden. Der Achtjahreszeitraum beginnt mit dem Jahr der Fertigstellung bzw. der Anschaffung, wenn eine bereits fertiggestellte Wohnung erworben wird. Erstmals kann die Grundförderung in dem Jahr abgezogen werden, in dem die Wohnung **zu eigenen Wohnzwecken genutzt** wird, und zwar mit dem vollen Jahresbetrag, auch wenn der Einzug erst Ende Dezember erfolgt.

Vorsicht! Wenn Sie die Wohnung im Jahr der Anschaffung bzw. Fertigstellung nicht selbst nutzen, verlieren Sie für ein ganzes Jahr die § 10e-Grundförderung. Das gilt selbst dann, wenn Sie die Wohnung nicht beziehen können, weil der bisherige Eigentümer oder Mieter nicht auszieht. Um diesen Nachteil zu vermeiden, **empfiehlt es sich**, insbesondere beim Kauf gegen Jahresende, im notariellen Kaufvertrag den Übergang von Besitz, Nutzen und Lasten für das folgende Jahr zu vereinbaren (z. B. Kaufvertrag 16. 11. 1992, Übergang von Besitz, Nutzen und Lasten: 15. 1. 1993).

Nachholung nicht ausgenutzter Grundförderung

Wenn Sie die Grundförderung in einem oder mehreren Jahren nicht voll ausnützen, weil z.b. Ihr Einkommen zu gering ist, so kann die Grundförderung in einem späteren Jahr, jedoch spätestens im letzten Jahr des achtjährigen Begünstigungszeitraums nachgeholt werden.[1]

Es ist im Extremfall sogar möglich, sieben Jahre lang keine Grundförderung in Anspruch zu nehmen und dann im achten Jahr 44% der Bemessungsgrundlage in einem Betrag wie Sonderausgaben abzuziehen.

Beachten Sie aber: Eine Nachholung ist nur **für** die Jahre und **in** den Jahren möglich, in denen Sie die Wohnung – zumindest für kurze Zeit – für eigene Wohnzwecke genutzt haben.

Nachträgliche Anschaffungs- und Herstellungskosten

Fallen innerhalb des achtjährigen Begünstigungszeitraums nachträgliche Anschaffungs- oder Herstellungskosten an, so können diese so behandelt werden, als wären sie schon im Jahr der Anschaffung entstanden. Das bedeutet, daß z.b. beim Erwerb im achten Jahr einer zu einer Eigentumswohnung gehörenden Garage auf einmal 44% der Anschaffungskosten inkl. des halben Grund- und Bodenanteils nach § 10e EStG abgezogen werden können, falls die Bemessungsgrundlage insgesamt den Höchstbetrag von 330000,– DM (bei Anschaffung der Wohnung vor dem 1. 10. 1991: 300000,– DM) nicht übersteigt.

Ausschluß der Grundförderung

Die Grundförderung können Sie dann nicht in Anspruch nehmen, wenn Sie eine Eigentumswohnung von Ihrem Ehegatten erwerben, von dem Sie nicht dauernd getrennt leben.

Einkunftsgrenze

Die Grundförderung wird nur für solche Jahre des 8jährigen Begünstigungszeitraums gewährt, in denen der Gesamtbetrag

---

[1] Bei Anschaffung oder Baubeginn vor dem 1. 10. 1991 kann die Nachholung nur bis zum Ablauf des vierten Jahres vorgenommen werden.

der Einkünfte 120000, – DM bei Alleinstehenden und 240000, – DM bei Ehegatten nicht übersteigt. Diese Einschränkung gilt nur, wenn der Bauantrag nach dem 31. 12. 1991 gestellt oder der Kaufvertrag nach diesem Stichtag abgeschlossen wird.

Objektbeschränkung

Die Grundförderung nach § 10e EStG kann jeder Steuerpflichtige nur für **ein** Objekt in Anspruch nehmen.

Ehegatten, die nicht dauernd getrennt leben, können die Grundförderung für insgesamt zwei Objekte abziehen, jedoch nicht gleichzeitig für zwei **in räumlichem Zusammenhang belegene Wohnungen.** Ein räumlicher Zusammenhang ist dann gegeben, wenn zwei Wohnungen durch geringfügige Baumaßnahmen zu einer Einheit verbunden werden können. Dies dürfte insbesondere für neben- oder übereinanderliegende Wohnungen zutreffen. Erwerben jedoch Brautleute zwei nebeneinanderliegende Eigentumswohnungen (jeder eine Wohnung), so können sie auch bei Verbindung der Wohnungen die Grundförderung für beide Wohnungen weiter vornehmen, wenn sie verheiratet sind. Die Parole lautet: Kaufen – einziehen – heiraten – 2 × Grundförderung beanspruchen.

Beachten Sie, daß ein Objektverbrauch nach § 7b auch für die Grundförderung angerechnet wird. Das heißt, daß Ehegatten, die bereits für zwei Objekte die § 7b-AfA in Anspruch genommen haben, keine Grundförderung nach § 10e mehr bekommen können.

Als Objekt zählt beim § 10e EStG wie beim § 7b EStG bereits ein Miteigentumsanteil, sowie ein Ausbau oder eine Erweiterung, für die die Grundförderung gewährt wird.

Ist bei einem Steuerpflichtigen, der bisher seinen Wohnsitz im Gebiet der **alten** Bundesländer hatte, bereits Objektverbrauch eingetreten, so kann er für eine weitere in den **neuen** Bundesländern belegene Wohnung die Vergünstigungen nach § 10e EStG geltend machen. Voraussetzung ist, daß der Steuerpflichtige die Wohnung nach dem 31. 12. 1990 und vor dem 1. 1. 1995 angeschafft oder hergestellt hat und seinen Wohnsitz in das Beitrittsgebiet verlegt.

Folgeobjekt

Wird eine Wohnung nicht bis zum Ende des Begünstigungszeitraums zu eigenen Wohnzwecken genutzt, so kann der Abzugsbetrag für ein Folgeobjekt in Anspruch genommen werden. Voraussetzung ist, daß das Folgeobjekt innerhalb von zwei Jahren vor und drei Jahren nach Ablauf des Jahres angeschafft oder hergestellt wird, in dem das Erstobjekt letztmals **zu eigenen Wohnzwecken** genutzt wurde.

Wurde für das Erstobjekt z.B. drei Jahre der § 10e-Abzugsbetrag in Anspruch genommen, kann für ein eigengenutztes Folgeobjekt noch fünf Jahre die Grundförderung nach § 10e gewährt werden. Maßgebend ist die Bemessungsgrundlage für das Folgeobjekt. Bei der Höhe des Begünstigungssatzes sind die bereits für das Erstobjekt verstrichenen Jahre zu berücksichtigen.

Aufwendungen vor Beginn der Selbstnutzung (§ 10e Abs. 6 EStG)

Aufwendungen, die bis zum Beginn der erstmaligen Nutzung einer Wohnung durch den Eigentümer anfallen, sind in voller Höhe als Sonderausgaben abzugsfähig, wenn sie

- wirtschaftlich eng mit der Anschaffung oder Herstellung der Eigentumswohnung zusammenhängen und
- im Falle der Vermietung als Werbungskosten abzugsfähig wären und
- weder Anschaffungs- noch Herstellungskosten sind.

Im einzelnen können dies folgende Aufwendungen sein:

- Abgeld (s. Damnum)
- Abschlußgebühr für Bausparvertrag
- Bereitstellungsprovision und -zinsen für Darlehen und Hypotheken
- Damnum, Disagio (Beachten Sie: Belastung durch die Bank, Sparkasse etc. muß vor Beginn der Selbstnutzung erfolgt sein!)
- Darlehensgebühr
- Erbbauzinsen
- Finanzierungskosten aller Art
- Geldbeschaffungskosten
- Grundbucheintragungsgebühren für Hypotheken und Grundschulden

131

- Grundsteuer
- Hypothekenvermittlungsgebühr
- Notariatsgebühren für Hypotheken- und Grundschuldbestellung (nicht für Kaufvertragsabschluß)
- Reparaturkosten nach dem Erwerb einer gebrauchten Eigentumswohnung, wenn die Aufwendungen nicht mehr als 20 v. H. der auf den Gebäudeanteil entfallenden Anschaffungskosten ausmachen. Führen Sie die Reparaturen, Renovierungen und Modernisierungen unbedingt **vor dem Einzug** aus!
- Schätzungskosten für Geldbeschaffung
- Tilgungsstreckungsdarlehen, aber nur soweit Tilgung vor Beginn der Selbstnutzung erfolgt (Damnum ist steuerlich günstiger!)
- Zinsen aller Art, die für Darlehen etc. zum Erwerb einer Eigentumswohnung vor Beginn der Selbstnutzung anfallen.

Derartige Aufwendungen müssen Sie bereits in der Einkommensteuererklärung des Jahres geltend machen, in dem Sie diese Aufwendungen bezahlt haben. Das gilt auch dann, wenn Sie die Wohnung erst später erwerben bzw. beziehen.

Wenn Sie Ihre bisher **gemietete Wohnung** erwerben wollen, können Sie auch „Vorbezugskosten" geltend machen. Der Tag des „Einzugs" ist in diesem Fall der Tag, an dem lt. Kaufvertrag Besitz, Nutzen, Lasten und Gefahren auf Sie übergehen. Die bis dahin angefallenen Kosten können Sie nach § 10e EStG abziehen. **Vereinbaren** Sie deshalb in der notariellen Urkunde einen **späteren Übergang** und zahlen Sie bis dahin weiter Ihre Miete. So haben Sie etwas Zeit gewonnen, um die Wohnung zu renovieren und zu modernisieren und um die Finanzierung evtl. mit Damnum unter Dach und Fach zu bringen.

Vorbezugskosten können neuerdings auch für eine unentgeltlich erworbene Wohnung geltend gemacht werden, z.B. Reparaturaufwendungen, wenn die Arbeiten vor dem Einzug ausgeführt werden (BFH; Urteil vom 11. 3. 1992, Az.: X R 113/89).

Sonstige begünstigte Baumaßnahmen

Die Aufwendungen für die folgenden Maßnahmen, die an einer zu eigenen Wohnzwecken genutzten Wohnung ausgeführt werden, können mit jährlich 10 v.H. wie Sonderausgaben abgezogen werden:

V. Steuerliche Hinweise

– Maßnahmen in Sanierungsgebieten (§ 7h i.V.m. § 10f EStG)
– Baumaßnahmen an denkmalgeschützten Gebäuden (§ 7i i.V.m. § 10f EStG).

Es spielt keine Rolle, ob die entsprechenden Maßnahmen an Wohnungen ausgeführt werden, die vor dem 1. 1. 1987 oder nach dem 31. 12. 1986 fertiggestellt bzw. angeschafft wurden. Nach den §§ 7h, 7i EStG sind zwar nur Herstellungskosten begünstigt. Aufgrund des § 10f EStG können diese Steuervergünstigungen seit 1990 auch für **Erhaltungsaufwendungen** an zu eigenen Wohnzwecken genutzten Wohnungen in denkmalgeschützten Gebäuden bzw. in Sanierungsgebieten in Anspruch genommen werden. Diese Voraussetzungen sind die gleichen wie beim Herstellungsaufwand (s. hierzu S. 143). Die Vergünstigung nach § 10f EStG wird nur für **ein** Objekt gewährt, bei Eheleuten für zwei Wohnungen.

Kinderermäßigung (Baukindergeld)

Wenn Sie die Grundförderung nach § 10e EStG in Anspruch nehmen, ermäßigt sich Ihre tarifliche Einkommensteuer für jedes Kind, das zu Ihrem Haushalt gehört bzw. gehört hat und für das Sie einen Kinderfreibetrag erhalten, um 1 000,– DM jährlich. Da dieser Betrag direkt von der Steuerschuld abgezogen wird, bedeutet dies auf den Begünstigungszeitraum von acht Jahren bezogen eine **Steuerersparnis von insgesamt 8 000,– DM pro Kind.**

Voraussetzung für das Baukindergeld ist die Inanspruchnahme der Grundförderung nach § 10e EStG. Für die Jahre, für die keine Grundförderung gewährt wird, scheidet auch das Baukindergeld aus.

Rücktrag und Vortrag

Wirkt sich das Baukindergeld in einem Jahr nicht oder nicht in voller Höhe steuerentlastend aus, weil die Steuerschuld zu gering ist, so wird es vom Finanzamt automatisch von der Einkommensteuerschuld der beiden vorausgegangenen Jahre oder bis zwei Jahre nach Ablauf des § 10e-Begünstigungszeitraums abgezogen.[1]

---

[1] Bei Anschaffung oder Baubeginn vor dem 1. 10. 1991 ist ein Rück- und Vortrag des Baukindergeldes nicht möglich.

Begrenzung des Baukindergeldes

Das Baukindergeld wird insgesamt nur bis zur Höhe der Bemessungsgrundlage für die § 10e-Grundförderung gewährt. Diese Begrenzung, die nur für nach dem 31. 12. 1991 angeschaffte oder fertiggestellte Objekte gilt, hat praktische Bedeutung für Ausbauten und Erweiterungen (s. S. 126 oben) mit geringen Baukosten oder Anschaffungen im Wege der vorweggenommenen Erbfolge mit sehr niedrigen Anschaffungskosten.

Schuldzinsenabzug nach § 10e Abs. 6a EStG

Im Jahr der Anschaffung/Fertigstellung einer eigengenutzten Wohnung und in den beiden folgenden Jahren können Schuldzinsen jeweils bis zu 12000, – DM wie Sonderausgaben abgezogen werden, wenn die Grundförderung in Anspruch genommen wird. Ein im ersten Jahr nicht ausgenutzter Teil des Höchstbetrags kann im vierten Jahr nachgeholt werden. Dabei werden die Zinsen nicht auf den Verbrauch des ersten Jahres angerechnet, die bis zum Einzug entstanden und als Vorkosten abgezogen werden. **Achten Sie** deshalb im ersten Jahr auf eine genaue Trennung der Zinsen auf die Zeit bis zum Einzug und nach dem Beginn der ersten Selbstnutzung.

Vorsicht beim Erwerb! Den Schuldzinsenabzug erhalten Sie im Falle der Anschaffung nur, wenn der Erwerb spätestens im Jahr der Fertigstellung erfolgt. Mit anderen Worten: Für eine **gebrauchte** Wohnung wird der Schuldzinsenabzug **nicht** gewährt.

Der Schuldzinsenabzug ist zeitlich auf solche Objekte beschränkt, für die der Bauantrag nach dem 30. 9. 1991 gestellt wurde oder nach diesem Stichtag der Baubeginn erfolgt oder der Kaufvertrag abgeschlossen wird. Zudem muß die Wohnung **vor dem 1. 1. 1995** fertiggestellt oder angeschafft werden.

Sondervergünstigungen für eigengenutzte Wohnungen in den neuen Bundesländern (§ 7 Fördergebietsgesetz)

In Anbetracht des allgemein schlechten Zustandes der Bausubstanz in den neuen Bundesländern sah sich der Gesetzgeber veranlaßt, in das Fördergebietsgesetz auch eine Steuerbegünstigungsvorschrift für eigengenutzte Wohnungen aufzunehmen, die über die in allen Bundesländern gültigen Bestimmungen der §§ 10e und 10f EStG hinausgeht.

134

| V. Steuerliche Hinweise | Raum für Notizen |

Nach § 7 des Fördergebietsgesetzes können von den Aufwendungen (maximal von 40000, – DM), die

- für Erhaltungs- und Herstellungsarbeiten anfallen,
- an bestehenden Gebäuden (Eigentumswohnungen) im Beitrittsgebiet,
- die zu eigenen Wohnzwecken genutzt werden,
- in der Zeit vom 1. 1. 1991 bis 31. 12. 1994 ausgeführt werden,
- im Jahr der Zahlung und
- in den folgenden neun Jahren
- jeweils bis zu 10 v. H.
- wie Sonderausgaben abgezogen werden.

Die Aufwendungen sind nur begünstigt, wenn sie

- nicht zu den Betriebsausgaben oder Werbungskosten gehören,
- nicht in die Bemessungsgrundlage nach §§ 10e oder 10f EStG einbezogen werden und
- nicht nach § 10e Abs. 6 EStG abgezogen werden.

Die Vergünstigung nach § 7 des Fördergebietsgesetzes gilt nur für eigengenutzte Wohnungen im Beitrittsgebiet, also **nicht in Berlin (West)**.

Der 10jährige Abzugszeitraum **beginnt** im Jahr der Zahlung. Werden die Arbeiten beispielsweise im Jahr 1991 abgeschlossen, die Rechnungen aber erst 1992 bezahlt, so ist der Abzug erstmals 1992 möglich, letztmals im Jahr 2001.

Der Sonderausgabenabzug kann nur für die Jahre in Anspruch genommen werden, in denen die Wohnung zu eigenen Wohnzwecken genutzt wird. Ein **Selbstbewohnen** in diesem Sinne liegt auch vor, wenn Teile der im übrigen eigengenutzten Wohnung **unentgeltlich** für Wohnzwecke einem anderen überlassen werden.

Die Vorschrift des § 7 Fördergebietsgesetz enthält eine **Höchstgrenze**. Die im gesamten Anwendungszeitraum (1. 1. 1991 bis 31. 12. 1994) angefallenen Aufwendungen dürfen nur bis zu einem Betrag von insgesamt **40000, – DM** als Sonderausgaben abgezogen werden.

Bei Eigentumswohnungen spielt es keine Rolle, ob die Erhaltungs- oder nachträglichen Herstellungsaufwendungen auf das

Sonder- oder das Gemeinschaftseigentum entfallen. Deshalb sollten die Aufwendungen in der Steuererklärung **nicht vergessen** werden, die vom Verwalter aus der Instandsetzungsrücklage bezahlt werden.

Für die nicht nach § 7 Fördergebietsgesetz begünstigten Aufwendungen (Anschaffungskosten, anschaffungsnahe Herstellungskosten soweit sie 40 000, – DM übersteigen) kann bei Vorliegen der entsprechenden Voraussetzungen die Grundförderung nach § 10 e EStG in Anspruch genommen werden. Die Vergünstigungen nach § 10 e und § 7 Fördergebietsgesetz sind nebeneinander möglich, allerdings nicht für die gleichen Aufwendungen.

5.2.4.2 Unentgeltlich überlassene Wohnungen (§ 10 h EStG)

Für unentgeltlich überlassene Wohnungen erhält der Eigentümer keine Steuervergünstigung. Von diesem Grundsatz gibt es eine Ausnahme, die in § 10 h EStG enthalten ist:

Wird in einem bestehenden Gebäude, in dem der Eigentümer eine Wohnung zu eigenen Wohnzwecken nutzt, nachträglich eine weitere abgeschlossene Wohnung aus- oder angebaut, die einem nahen Angehörigen unentgeltlich überlassen wird, so können für die Ausbaukosten 4 Jahre lang je 6 v. H. und weitere 4 Jahre je 5 v. H. wie Sonderausgaben abgezogen werden. Höchstbemessungsgrundlagen wie beim § 10 e EStG: 330 000, – DM pro Wohnung. Voraussetzung ist, daß nach dem 30. 9. 1991 der Bauantrag gestellt oder mit dem Ausbau begonnen wurde.

Möglich ist auch der Vorkostenabzug wie beim § 10 e Abs. 6 EStG, nicht aber der Schuldzinsenabzug nach § 10 e Abs. 6 a EStG.

Für den Bereich Wohnungseigentum wird die Vorschrift des § 7 h EStG kaum große praktische Bedeutung erlangen, da es bautechnisch kaum möglich sein dürfte, in eine Eigentumswohnung eine zweite Wohnung einzubauen, die abgeschlossen ist und einen eigenen Zugang hat, der nicht durch die bisherige Wohnung führt.

5.2.4.3 Die vermietete Eigentumswohnung

Die Einkünfte aus einer vermieteten Eigentumswohnung werden durch Gegenüberstellung der Einnahmen und Werbungskosten ermittelt. Ein Überschuß der Werbungskosten über die Einnahmen führt zu einer Minderung Ihres Einkommens und damit zu einer niedrigeren Steuerbelastung. Sind die Einnahmen höher als die Werbungskosten, ergibt sich eine Steuermehrbelastung.

Einnahmen (zu versteuern im Jahr der Vereinnahmung)

– Mieten (auch für Garagen und Abstellplätze), vom Mieter bezahlte Nebenkosten, Mietvorauszahlungen (evtl. Verteilung auf Dauer des Mietverhältnisses),
– erstattete Werbungskosten früherer Jahre (Grundsteuer, Zinsen, Versicherungsbeiträge, Wohn- oder Hausgelderstattungen),

Werbungskosten (abzugsfähig grundsätzlich im Jahr der Bezahlung)

Darunter fallen alle Aufwendungen zum Erwerb, zur Sicherung und Erhaltung von Einnahmen aus der Eigentumswohnung. Im einzelnen können dies sein:

– Abfindungen, Abstandszahlungen an Mieter für vorzeitige Räumung (keine Werbungskosten, wenn ein Zusammenhang mit dem Verkauf der Eigentumswohnung besteht),
– Abgeld,
– Abschlußgebühr für Bausparvertrag (aber dann Versteuerung der Guthabenszinsen als Einnahmen aus Vermietung und Verpachtung – ohne Freibetrag),
– Abschreibungen – s. S. 139 ff. (AfA),
– Anzeigen wegen Vermietung,
– Bausparkassen-Darlehenszinsen,
– Bereitstellungsprovision für Darlehen und Hypotheken,
– Damnum, Disagio,
– Darlehensgebühr,
– Erbbauzinsen,
– Erhaltungsaufwendungen (bis zu einem Betrag von 4 000, – DM + MWSt pro Maßnahme braucht das Finanzamt nicht zu prüfen, ob evtl. Herstellungsaufwand vorliegt. Bei hohen Aufwendungen ist nach § 82 b EStDV auf Antrag eine Verteilung auf 2 – 5 Jahre möglich),
– Fahrstuhlbetriebskosten,
– Fahrtkosten zur Besichtigung nicht erworbener Objekte und im Zusammenhang mit Geldbeschaffung (mit eigenem Pkw – ,52 DM/km),

V. Steuerliche Hinweise	Raum für Notizen

- Finanzierungskosten aller Art,
- Geldbeschaffungskosten,
- Grundbucheintragungsgebühren für Hypotheken und Grundschulden (nicht für Eigentümerumschreibung oder Auflassungsvormerkung),
- Grundsteuer,
- Gutachterkosten für nicht erworbene Objekte,
- Hausbeleuchtung,
- Hausgeld (s. a. Instandsetzungsrücklage),
- Hausmeistervergütung,
- Hausverwalterkosten,
- Heizungskosten,
- Hypothekenvermittlungsgebühr,
- Instandsetzungs- und Instandhaltungsaufwendungen (s. Erhaltungsaufwand),
- Instandsetzungsrücklage: Die Beiträge zur Instandsetzungsrücklage sind erst dann als Werbungskosten abzugsfähig, wenn Reparaturaufwendungen aus dem Rücklagentopf bezahlt werden,
- Kabelfernsehen: Einmalgebühr und Anschlußkosten sind bei bereits bestehenden Gebäuden als Werbungskosten abzugsfähig,
- Kaminkehrergebühren,
- Kanalreinigungsgebühren,
- Kontogebühren, soweit sie auf die mit der Vermietung zusammenhängenden Kontobewegungen entfallen,
- Maklerprovision für Vermittlung von Mietern (nicht für Kauf und Verkauf der Eigentumswohnung),
- Mietrückzahlungen (= negative Einkünfte),
- Möbel bei möblierter Vermietung (abzugsfähig in Höhe der Abschreibung),
- Müllabfuhr,
- Notariatsgebühren für Hypotheken- und Grundschuldbestellungen (nicht für Kauf und Verkauf),
- Prozeßkosten wegen Streitigkeiten mit Mietern (Räumungsklage, Mieterhöhungsverlangen),
- Rechtsanwaltskosten, soweit sie nicht durch den Erwerbsvorgang entstanden sind,
- Rentenzahlungen im Zusammenhang mit dem Erwerb der Eigentumswohnung (abzugsfähig mit Ertragsanteil),
- Reparaturkosten s. Erhaltungsaufwand,
- Schätzungskosten für Geldbeschaffung,

138

- Schornsteinfegergebühren,
- Straßenreinigungsgebühr,
- Telefonkosten (anteilig),
- Tilgungsstreckungsdarlehen in Höhe der jeweiligen Tilgung,
- Umsatzsteuerzahlungen an das Finanzamt,
- Versicherungen (Brand-, Glas-, Leitungswasser-, Sturm-, Haftpflichtversicherungen u.a., nicht: Risikolebensversicherung),
- Vorsteuer, die für Lieferungen und Leistungen bezahlt wurde, die die Eigentumswohnung betreffen,
- Wohngeld ohne Beitrag zur Instandsetzungsrücklage,
- Zinsen aller Art, wenn die Kreditaufnahme in wirtschaftlichem Zusammenhang mit dem Erwerb oder der Herstellung der vermieteten Eigentumswohnung oder mit Reparaturaufwendungen steht.

5.2.4.4 Abschreibungsmöglichkeiten (AfA) bei vermieteten Eigentumswohnungen

Überblick über die wichtigsten Abschreibungsmöglichkeiten und die erforderlichen Voraussetzungen

Degressive Abschreibung

a) § 7 Abs. 5 Satz 2 EStG

Wenn Sie eine Eigentumswohnung zur Vermietung erwerben, möchten Sie sicher eine möglichst hohe Steuerersparnis erreichen. Dann ist die degressive Abschreibung nach § 7 Abs. 5 Satz 2 EStG die richtige Abschreibung für Sie.

Höhe:

- Im Jahr der Anschaffung / Fertigstellung und in den folgenden 3 Jahren	jeweils 7	v. H.
- in den folgenden 6 Jahren	jeweils 5	v. H.
- in den folgenden 6 Jahren	jeweils 2	v. H.
- in den folgenden 24 Jahren	jeweils 1,25	v. H.

der Anschaffung bzw. Herstellungskosten.

Abweichende Abschreibungssätze sind nicht zulässig. Im Jahr der Fertigstellung ist der volle Jahresbetrag als Werbungskosten abzuziehen.

Voraussetzungen:

- Herstellung als Bauherr oder
- Erwerb spätestens im Jahr der Fertigstellung,
- Vermietung zu Wohnzwecken.

Für gebrauchte Wohnungen scheidet die degressive AfA aus. Bei Vermietung der Räumlichkeiten zur Nutzung als Büro oder Praxis wird die Abschreibung nach § 7 Abs. 5 Satz 2 EStG nicht gewährt, sondern nur die AfA nach Satz 1 Nr. 2 (s. u.).

b) § 7 Abs. 5 Satz 1 Nr. 2 EStG

Höhe:

- 8 Jahre	jeweils **5** **v. H.**
- 6 Jahre	jeweils **2,5** **v. H.**
- 36 Jahre	jeweils **1,25** **v. H.**

Diese AfA-Sätze können für Eigentumswohnungen, die vor dem 1. 3. 1989 erworben wurden oder für die der Bauantrag vor dem 1. 3. 1989 gestellt wurde, in Anspruch genommen werden. Eine Vermietung zu Wohnzwecken ist nicht Voraussetzung, auch bei Vermietung zu gewerblichen oder freiberuflichen Zwecken ist die degressive AfA nach § 7 Abs. 5 Satz 1 Nr. 2 EStG möglich.

Darauf müssen Sie bei allen degressiven Gebäude-Abschreibungen **achten:** Der Erwerb muß **spätestens** bis zum Ende des Jahres der Fertigstellung erfolgen, und der Bauherr darf keine degressive Abschreibung oder Sonderabschreibung für die gleiche Wohnung beansprucht haben. Verlangen Sie vom Veräußerer **vor** dem Kauf eine entsprechende schriftliche Bestätigung.

Für Eigentumswohnungen in den **neuen Bundesländern** können die degressiven Abschreibungen nach § 7 Abs. 5 EStG nur vorgenommen werden, wenn die Wohnung nach dem 31. 12. 1990 angeschafft oder fertiggestellt worden ist.

Erhöhte Absetzungen für Wohnungen mit Sozialbindung (§ 7k EStG)

Höhe:

– Im Jahr der Anschaffung/ Fertigstellung und in den folgenden 4 Jahren	jeweils **bis zu 10** v. H.
– in den darauffolgenden 5 Jahren	jeweils **bis zu 7** v. H.

der Anschaffungs- bzw. Herstellungskosten.
Nach Ablauf dieser 10 Jahre sind bis zur vollen Absetzung jeweils 3⅓ v. H. des Restwertes abzuschreiben.

Voraussetzungen:

Die erhöhten Absetzungen nach § 7k EStG können nur in Anspruch genommen werden, wenn die folgenden Voraussetzungen erfüllt sind:

1. Die Wohnung muß im Inland gelegen sein.
2. Der Bauherr erhält die § 7k-AfA nur, wenn der Bauantrag nach dem 28. 2. 1989 gestellt worden ist.
3. Im Fall der Anschaffung muß der notarielle Kaufvertrag nach dem 28. 2. 1989 abgeschlossen worden sein/werden. Der Hersteller darf für die veräußerte Wohnung keine anderen Abschreibungen als nach § 7 Abs. 4 EStG in Anspruch genommen haben.
   Der Erwerb muß – wie bei der degressiven AfA nach § 7 Abs. 5 EStG – spätestens bis zum Ende des Jahres der Fertigstellung erfolgen.
4. Die Wohnung muß vor dem 1. Januar 1996 fertiggestellt und angeschafft werden.
5. Es dürfen keine Mittel aus öffentlichen Haushalten unmittelbar oder mittelbar gewährt werden.
6. Die Wohnung darf mindestens 10 Jahre lang nur an Personen vermietet werden, für die entweder eine Bescheinigung über die Wohnberechtigung nach § 5 des Wohnungsbindungsgesetzes ausgestellt worden ist, oder die die Voraussetzungen des § 88a Abs. 1b des II. Wohnungsbaugesetzes erfüllen.
7. Auf die Dauer von mindestens 10 Jahren nach Fertigstellung bzw. Anschaffung dürfen die verlangten Mieten die Höchstmieten, die in den jeweiligen Bundesländern im sozialen Wohnungsbau gelten, nicht überschreiten.

|

Aufgrund der Mietpreis- und Belegungsbindung ist die Abschreibung nach § 7k EStG **nicht zu empfehlen**. In aller Regel ist die degressive AfA nach § 7 Abs. 5 Satz 2 EStG (s. S. 139) in Verbindung mit der Marktmiete wirtschaftlicher.

In den **neuen Bundesländern** ist die § 7k-AfA nur möglich, wenn die Wohnung nach dem 31. 12. 1990 angeschafft oder fertiggestellt wurde.

Lineare Abschreibung (§ 7 Abs. 4 EStG)

Ungünstige Abschreibungsmöglichkeit!

Höhe:

2 v.H., wenn Fertigstellung nach dem 31. 12. 1924;

2,5 v.H., wenn Fertigstellung vor dem 1. 1. 1925.

Bei Erwerb oder Fertigstellung während des Jahres ist nur die zeitanteilige AfA möglich.

Sonderabschreibungen nach § 7c EStG

Für Wohnungen, die durch Baumaßnahmen an bestehenden Gebäuden (Aus-, Um- und Anbauten) neu geschaffen werden, können im Jahr der Fertigstellung und in den folgenden 4 Jahren jeweils **20 v.H.** der entstandenen Aufwendungen, **höchstens 12000, – DM jährlich** pro Wohnung, abgeschrieben werden.

Voraussetzungen:

- Es muß sich um eine abgeschlossene Wohnung handeln.
- Der Bauantrag für die Baumaßnahmen darf nicht vor dem 3. 10. 1989 gestellt worden sein, oder wenn ein Bauantrag nicht erforderlich ist, darf erst nach dem 2. 10. 1989 mit den Bauarbeiten begonnen worden sein.
- Die Wohnung muß vor dem 1. 1. 1993 fertiggestellt werden.
- Die neu geschaffene Wohnung muß vom Zeitpunkt der Fertigstellung bis zum Ende des fünfjährigen Abschreibungszeitraums zu fremden Wohnzwecken genutzt werden.
- Für die Wohnung dürfen keine Mittel aus öffentlichen Haushalten unmittelbar oder mittelbar gewährt werden.

Für Baumaßnahmen in den neuen Bundesländern ist zusätzlich Voraussetzung, daß die entsprechenden Bauarbeiten nicht vor dem 1. 1. 1991 abgeschlossen worden sind.

Beim Wohnungseigentum dürfte der Anwendungsbereich des § 7c EStG auf Ausnahmefälle beschränkt bleiben, da die nachträgliche Schaffung einer Wohnung mit eigenem Eingang technisch kaum durchführbar ist. Möglich ist am ehesten der Umbau von gewerblich genutztem Teileigentum in eine Wohnung.

Vorsicht: Wird eine neu geschaffene Wohnung nicht während des gesamten fünfjährigen Begünstigungszeitraums zu fremden Wohnzwecken genutzt, wird die Abschreibung nach § 7c EStG rückwirkend versagt.

Die Sonderabschreibung nach § 7c EStG kann auch bei einer verbilligten Vermietung (s. S. 147) in voller Höhe in Anspruch genommen werden, wenn die verlangte Miete mindestens 50 v. H. der ortsüblichen Marktmiete beträgt.

Weitere Abschreibungsmöglichkeiten (Sonderfälle)

§ 7h EStG

Von den Herstellungskosten (in Ausnahmefällen auch von den Anschaffungskosten) für Modernisierungsmaßnahmen an Gebäuden in Sanierungsgebieten und städtebaulichen Entwicklungsbereichen können jährlich 10 Jahre lang bis zu **10 v. H.** Abschreibungen vorgenommen werden. Voraussetzung ist die Vorlage einer Bescheinigung der zuständigen Gemeinde über die durchgeführten Maßnahmen.

Für Eigentumswohnungen in den **neuen Bundesländern** wird die Sonderabschreibung nach § 7h EStG nur gewährt, wenn die Baumaßnahmen nach dem 31. 12. 1990 abgeschlossen wurden.

§ 7i EStG

Bei einer Eigentumswohnung in einem Gebäude, das nach den landesrechtlichen Vorschriften ein **Baudenkmal** ist, können von den Herstellungskosten für Baumaßnahmen die zur Erhaltung als Baudenkmal oder seiner sinnvollen Nutzung erforderlich sind, 10 Jahre lang jeweils **10 v. H.** als Abschreibung abgezogen werden. Für Wohnungen in den neuen Bundesländern ist

143

Voraussetzung, daß die Baumaßnahmen nach dem 31. 12. 1990 abgeschlossen wurden.

Die erhöhten Absetzungen können nur in Anspruch genommen werden, wenn der Steuerpflichtige durch eine Bescheinigung der nach Landesrecht zuständigen Stelle nachweist, daß die Voraussetzungen des § 7i EStG erfüllt sind.

Begünstigt sind nach § 7i EStG auch die in gemeinsamer Bauträgerschaft vorgenommenen Baumaßnahmen, z.B. im Rahmen eines Denkmalschutzmodells.

§ 4 Fördergebietsgesetz

Von den Anschaffungs- oder Herstellungskosten von Gebäuden, Gebäudeteilen und Eigentumswohnungen im Fördergebiet, die der Erzielung von Einkünften dienen, können **neben** der linearen Abschreibung

- **innerhalb der ersten fünf Jahre**
- **insgesamt 50 v.H.** als Sonderabschreibung abgezogen werden (§§ 3, 4 Fördergebietsgesetz).

Nach Ablauf des fünfjährigen Begünstigungszeitraums sind die weiteren Abschreibungen mit 2 v.H. vom Restwert vorzunehmen.

Fördergebiet sind die Länder **Berlin (Ost und West)**, Brandenburg, Mecklenburg-Vorpommern, Sachsen, Sachsen-Anhalt und Thüringen.

Die Sonderabschreibung kann zusätzlich zur linearen AfA von 2 % in Anspruch genommen werden. In den ersten fünf Jahren ist somit eine AfA von insgesamt 60 % möglich. Neben der Sonderabschreibung ist eine degressive AfA nicht zulässig.

Die Verteilung der 50 %igen Sonderabschreibung auf die einzelnen Jahre bleibt dem Steuerpflichtigen überlassen. Es ist im Extremfall sogar möglich, bereits im ersten Jahr 50 % der Anschaffungs- oder Herstellungskosten als Werbungskosten oder Betriebsausgaben abzuziehen. Eine gleichmäßige Verteilung mit jährlich 10 % ist ebenso möglich wie ein Abzug von jährlich wechselnden Beträgen.

Die **Höhe** der Sonderabschreibungen ist betragsmäßig nicht begrenzt.

Die Sonderabschreibungen nach dem Fördergebietsgesetz sind möglich für Gebäude und Eigentumswohnungen, die

- nach dem 31. 12. 1990 und
- vor dem 1. 1. 1995

fertiggestellt oder angeschafft werden und für in diesem Zeitraum geleistete Anzahlungen auf Anschaffungskosten und entstandene Teilherstellungskosten.

Die Sonderabschreibungen sind möglich bei Gebäuden und Eigentumswohnungen des Betriebsvermögens und des Privatvermögens. Der **Erwerb** von Gebäuden, die nicht zu einem Betriebsvermögen gehören, ist nur begünstigt, wenn

- die Anschaffung spätestens bis zum Ende des Jahres der Fertigstellung erfolgt und
- für das Gebäude weder eine degressive AfA nach § 7 Abs. 5 EStG noch erhöhte oder Sonderabschreibungen in Anspruch genommen worden sind.

Nachträgliche Herstellungskosten und Modernisierungsaufwand

Für Modernisierungsmaßnahmen und andere nachträgliche Herstellungsarbeiten an bestehenden Gebäuden und Eigentumswohnungen im Fördergebiet können die 50 %igen Sonderabschreibungen im Jahr der Beendigung der nachträglichen Herstellungsarbeiten und in den folgenden vier Jahren in Anspruch genommen werden.

Die obigen Ausführungen zu der Vergünstigung für Anschaffungs- und Herstellungskosten gelten für nachträgliche Herstellungsarbeiten und Modernisierungsaufwendungen entsprechend.

Einziger, aber gravierender **Unterschied**: Abschreibung des Restwertes nach Ablauf des fünfjährigen Zeitraums für die Sonderabschreibungen. Nach § 4 Abs. 3 des Fördergebietsgesetzes ist der Restwert vom sechsten bis zum zehnten Jahr in gleichen Jahresbeträgen abzusetzen. Das bedeutet, daß die Aufwendungen für nachträgliche Herstellungsarbeiten und Modernisierungsmaßnahmen **innerhalb von 10 Jahren in voller Höhe** als Werbungskosten oder Betriebsausgaben abgezogen werden können.

Diese Vergünstigung für nachträgliche Herstellungsarbeiten wird in erster Linie für hohe **anschaffungsnahe Aufwendungen** Bedeutung haben, die nach der Rechtsprechung des BFH nicht als Erhaltungsaufwand, sondern als Herstellungsaufwand anzusehen sind.

Abzuraten ist von Beteiligungen an **Modernisierungsmodellen,** bei denen sich Kapitalanleger zu einer Modernisierungsgemeinschaft in der Art einer Bauherrengemeinschaft zusammenschließen, da in diesen Fällen der gesamte Aufwand zu den Anschaffungskosten gehört, für die die Sonderabschreibungen nicht möglich sind, weil keine neue Wohnung erworben wurde.

Bemessungsgrundlage für die Abschreibungen

Die Abschreibungen sind von den Anschaffungs- oder Herstellungskosten der Eigentumswohnung, nicht aber von den Aufwendungen für Grund und Boden zu berechnen.

Zu den **Anschaffungskosten** gehören neben dem Kaufpreis: Maklerhonorar, Notarkosten, Grunderwerbsteuer, Grundbucheintragungsgebühr, Gutachterkosten für das erworbene Objekt, Aufzahlungen für Sonderleistungen.

Für die Abschreibung sind die Anschaffungskosten inklusive Nebenkosten nach dem Verhältnis der Verkehrswerte auf Grund und Boden und Gebäude aufzuteilen. Beim Erwerb von neuen Eigentumswohnungen erkennen die Finanzämter in der Regel die von den Bauträgern ausgestellten Bescheinigungen über die Kaufpreisaufteilungen an.

Zu den **Herstellungskosten** gehören alle Aufwendungen, die zwangsläufig in Zusammenhang mit der Herstellung eines Gebäudes anfallen.

Zu den **Aufwendungen für Grund und Boden** gehören neben dem Kaufpreisanteil für Grund und Boden noch Erschließungskosten, Straßenanliegerbeiträge und Kanalanschlußgebühren.

Bei **unentgeltlichem Erwerb** (Schenkung, Erbschaft) kann der neue Eigentümer die Abschreibungen des Rechtsvorgängers fortführen.

V. Steuerliche Hinweise	Raum für Notizen

Verbilligte Vermietung

Überlassen Sie Ihre Eigentumswohnung einem Angehörigen nicht unentgeltlich, wenn Sie Einkommensteuer sparen wollen. Für eine unentgeltlich überlassene Wohnung können Sie **keine Werbungskosten abziehen**, und auch die Grundförderung nach § 10e EStG wird Ihnen nicht gewährt (Ausnahme siehe S. 136).

Vermieten Sie diese Wohnung an den Angehörigen und verlangen Sie **mindestens die Hälfte der ortsüblichen Miete** von ihm. Sie müssen zwar die Ihnen zufließende Miete als Einnahme versteuern, können aber die **gesamten** Werbungskosten inkl. AfA abziehen. Solange die Miete geringer ist als die Werbungskosten, sparen Sie Einkommensteuer.

Beachten Sie aber: Der Mieter muß die Miete laufend bezahlen und sie muß mindestens die Hälfte der Marktmiete betragen. Beträgt die Miete z.B. nur 40% der üblichen Miete, so sind nur 40% der Werbungskosten abzugsfähig.

5.2.4.5 Finanzierungsnachweis für das Finanzamt

Die Finanzämter wollen vom Käufer einer Eigentumswohnung in der Regel wissen, wie der Kaufpreis finanziert wurde und wie hoch die Zinseinnahmen für das Eigenkapital in den letzten vier oder fünf Jahren waren.

Mögliche Auswirkungen:

Soweit die Zinsen (= Einkünfte aus Kapitalvermögen) höher waren als 400,– DM (ab 1989: 700,– DM) bei Ledigen und 800,– DM (ab 1989: 1400,– DM) bei Verheirateten pro Jahr und bisher nicht versteuert waren, erfolgt eine Nachforderung der Einkommensteuer für mehrere Jahre.

In gravierenden Fällen droht sogar Nachholung für 10 Jahre und Steuer-Strafverfahren.

Stammt das Eigenkapital aus **Schenkungen**, ist mit Schenkungsteuernachforderung zu rechnen, falls die Freibeträge (s. S. 117) überschritten werden.

5.2.4.6 Höhe der Steuerersparnis

Bei Erwerb einer Eigentumswohnung zur Eigennutzung (Kaufpreis inkl. des halben Grund- und Bodenanteils mindestens

330000, – DM) beträgt die Steuerersparnis in den ersten vier Jahren bei einer Grundförderung von 6% und ohne Zinsabzug bei einem bisher zu versteuernden Einkommen

von	bei Verheirateten	bei Ledigen
40000, – DM	4172, – DM	5075, – DM
50000, – DM	4470, – DM	5675, – DM
60000, – DM	4772, – DM	6294, – DM
70000, – DM	5100, – DM	6895, – DM
80000, – DM	5372, – DM	7498, – DM
100000, – DM	5972, – DM	8678, – DM
150000, – DM	7474, – DM	0, – DM[1]

Wenn der Zinsabzug mit dem Höchstbetrag von 12000, – DM möglich ist, beträgt die Steuerersparnis für Grundförderung (6% v. 330000, – DM = 19800, – DM) und Zins in den ersten drei Jahren bei einem zu versteuernden Einkommen

von	bei Verheirateten	bei Ledigen
40000, – DM	5886, – DM	7585, – DM
50000, – DM	6892, – DM	8539, – DM
60000, – DM	7378, – DM	9522, – DM
70000, – DM	7886, – DM	10487, – DM
80000, – DM	8340, – DM	11453, – DM
100000, – DM	9304, – DM	13384, – DM
150000, – DM	11718, – DM	6353, – DM[1]

Für jedes zum Haushalt gehörende Kind, für das dem Steuerpflichtigen ein Kinderfreibetrag gewährt wird, erhöhen sich diese Beträge um 1000, – DM (s. S. 133).

5.2.4.7 Freibetrag auf der Lohnsteuerkarte

Lohnsteuerzahler können sich ab Erwerb einer Eigentumswohnung, frühestens ab Fertigstellung für die Ihnen zustehenden Steuervergünstigungen für eigengenutzte Wohnungen und die voraussichtlichen Verluste aus Vermietung und Verpachtung

---

[1] Steuerersparnis nur für Schuldzinsenabzug, da bei einem Gesamtbetrag der Einkünfte von mehr als 120000, – DM die Grundförderung nicht gewährt wird.

einen entsprechenden Freibetrag auf der Lohnsteuerkarte eintragen lassen.

Machen Sie von der Möglichkeit der Eintragung eines Freibetrags Gebrauch. Sie kommen dadurch früher in den Genuß der Steuerersparnis. Die entsprechenden Formulare erhalten Sie beim Finanzamt.

Auch das Baukindergeld nach § 34f EStG kann auf der Lohnsteuerkarte berücksichtigt werden. Der Steuerabzugsbetrag von 1000, – DM pro Kind wird hierzu in einen Freibetrag von 4000, – DM umgerechnet.

Eingetragen werden können:

a) Bei eigengenutzten Wohnungen

Sämtliche in Betracht kommenden Steuervergünstigungsmöglichkeiten, insbesondere

- Grundförderung nach § 10e Abs. 1 – 5 EStG
- Vorbezugskosten nach § 10e Abs. 6 EStG, die im Jahr des Einzugs angefallen sind
- Schuldzinsen nach § 10e Abs. 6a EStG
- Abzugsbetrag nach § 10f EStG
- Abzugsbetrag nach § 7 Fördergebietsgesetz

b) bei vermieteten Wohnungen

Verluste, die sich durch die Inanspruchnahme von

- Sonderabschreibungen (z. B. §§ 7c, 7k EStG, § 4 Fördergebietsgesetz)
- degressive Abschreibungen mit einem Mindestsatz von 5 v. H.

ergeben.

Nach dem Entwurf der Lohnsteuer-Richtlinien 1993 sollen künftig alle Verluste aus Vermietung und Verpachtung als Freibetrag auf der Lohnsteuerkarte eingetragen werden können, also auch bei linearen Abschreibungen.

5.2.5 Umsatzsteuer

Die Einnahmen aus der Vermietung einer Eigentumswohnung sind von der Umsatzsteuer befreit. Ein Verzicht auf die Steuerbefreiung zum Zwecke des Vorsteuerabzugs ist ab 1985 für zu

|

Wohnzwecken vermietete Wohnungen nicht mehr möglich. Sollten Sie Ihr Wohnungseigentum aber für gewerbliche oder freiberufliche Zwecke vermieten (z. B. als Büro- oder Praxisräume), dann optieren Sie zur Mehrwertsteuerpflicht der Mieteinnahmen und verlangen Sie vom Mieter die Mehrwertsteuer zusätzlich zur Miete. Auf diese Weise können Sie die Ihnen von anderen Unternehmern in Rechnung gestellte Vorsteuer – auch für den Kaufpreis – in Ihrer Umsatzsteuererklärung abziehen.

5.3 Steuerliche Fragen beim Verkauf einer Eigentumswohnung

Auch durch die Veräußerung Ihrer Eigentumswohnung werden Sie nicht mit einem Schlag alle Steuerprobleme los. Passen Sie auf, daß Ihnen das Finanzamt vom Veräußerungserlös nicht noch einen Teil abnimmt!

5.3.1 Grunderwerbsteuer

Achten Sie beim Notar darauf, daß im Vertrag die Klausel enthalten ist, daß die beim Verkauf anfallende Grunderwerbsteuer der Käufer trägt. Steuerschuldner dem Finanzamt gegenüber sind nämlich Erwerber und Veräußerer.

5.3.2 Grundsteuer

Ihre Grundsteuerpflicht endet erst **mit Ablauf** des Kalenderjahres der Veräußerung. Die Gemeinde verlangt bis dahin die Grundsteuer von Ihnen. Vereinbaren Sie deshalb beim Verkauf, daß der Erwerber ab dem Zeitpunkt des Kaufs Ihnen die Grundsteuer erstatten muß.

5.3.3 Vermögensteuer

Soweit der Verkaufserlös an dem auf den Verkauf folgenden 1. Januar noch vorhanden ist, ist dieser Betrag bei der Vermögensteuer statt des bisherigen Einheitswertes anzusetzen. Vermögensteuer fällt erst an, wenn die Freibeträge (11 000, – DM für Sparguthaben und 70 000, – DM persönlicher Freibetrag pro Person) überschritten werden. Der Steuersatz beträgt pro Jahr 0,5 v. H. des steuerpflichtigen Vermögens.

V. Steuerliche Hinweise

5.3.4 Einkommensteuer

Im Jahr der Veräußerung können noch die folgenden Abschreibungen vorgenommen werden:

§ 7 Abs. 5 EStG (degressiv): zeitanteilig nach Monaten
§ 7 Abs. 4 EStG (normale): zeitanteilig nach Monaten
§ 7k EStG: Widerruf der früheren Sonderabschreibungen, wenn die Wohnung vor Ablauf von 10 Jahren verkauft wird. Es muß dann aber die degressive AfA nach § 7 Abs. 5 Satz 2 EStG (s. S. 139) gewährt werden.
§ 7h EStG (Sanierungsmaßnahmen): voller Jahresbetrag
§ 7k EStG (Denkmalschutzmaßnahmen): voller Jahresbetrag
§ 82b EStDV (Verteilung von größerem Erhaltungsaufwand): Der gesamte bisher nicht abgezogene Betrag kann in voller Höhe als Werbungskosten geltend gemacht werden.

§ 4 Fördergebietsgesetz: Es läßt sich derzeit nicht mit Sicherheit sagen, ob bei Veräußerung vor Ablauf der ersten fünf Jahre der noch nicht verbrauchte Teil der Sonderabschreibungen von 50 % von der Finanzverwaltung zum Abzug zugelassen wird.

Andere Werbungskosten sind nur noch abzugsfähig, soweit sie auf die Zeit **bis** zur Veräußerung entfallen.

Die Grundförderung nach § 10e EStG kann im Jahr der Veräußerung in voller Höhe abgezogen werden, falls die Wohnung, wenn auch nur für kurze Zeit, noch selbst genutzt wurde.

Spekulationsgewinne

Vorsicht! Wenn Sie Ihre Eigentumswohnung innerhalb von **zwei Jahren** nach dem Erwerb verkaufen und dabei mehr erzielen als Sie bezahlt haben, ist der Mehrerlös als Spekulationsgewinn steuerpflichtig. Das gilt selbst dann, wenn keine Spekulationsabsicht bestanden hat, also auch bei einem Notverkauf. Warten Sie deshalb unbedingt die Zweijahresfrist ab. Dann ist der Gewinn steuerfrei. Maßgebend ist in aller Regel der Abschluß der notariellen Verträge.

Spekulations**verluste** können nur bis zur Höhe eines eventuellen Spekulationsgewinns berücksichtigt werden.

5.3.5 Umsatzsteuer

Die Veräußerung einer Eigentumswohnung unterliegt nicht der Umsatzsteuer.

Aber **Vorsicht,** wenn für die Anschaffungs- bzw. Herstellungskosten Vorsteuer abgezogen wurde! In diesem Fall ist bei Veräußerung vor Ablauf von 10 Jahren seit der erstmaligen Vermietung die Vorsteuer zeitanteilig an das Finanzamt zurückzubezahlen, und zwar für jedes bis zum Ende des Zehnjahreszeitraumes noch verbleibende Jahr 1/10 der ursprünglich abgezogenen Vorsteuer.

5.3.6 Gewerbesteuer

Gewerbesteuer fällt nur an, wenn die Eigentumswohnung zum Betriebsvermögen eines Gewerbebetriebes gehört hat oder wenn aufgrund einer Vielzahl von Verkäufen (mehr als drei innerhalb von fünf Jahren) ein Gewerbebetrieb vorliegt.

5.3.7 Schenkungsteuer

Soll der Veräußerungserlös verschenkt werden? **Sparen Sie Schenkungsteuer durch richtige Gestaltung!**

Übertragen Sie die Eigentumswohnung **vor** dem Verkauf, so daß die Veräußerung vom Beschenkten erfolgt. Dann unterliegt nur der 1,4fache Einheitswert der Schenkungsteuer, ansonsten der volle Geldbetrag. Die Veräußerung kann unmittelbar nach der Schenkung erfolgen. Ein steuerpflichtiger Spekulationsgewinn entsteht beim Verkauf einer geschenkten Eigentumswohnung normalerweise nicht.

6 Muster

(mit einführenden Erläuterungen und Anmerkungen)

6.1 Hausordnungsvorschlag

I. Einführung

Rechtsgrundlagen:

§§ 13, 14, 15, 21 Abs. 5 Nr. 1, 27 Abs. 1 Nr. 1 WEG;
Vereinbarungen in der Gemeinschaftsordnung;
allgemeine Rechtsgrundsätze (insbesondere „Anstand und gute
Sitte", „Treu und Glauben").

Vorbemerkende Erläuterungen:

Um ein möglichst störungsfreies, geordnetes und von wechsel-
seitiger Rücksichtnahme geprägtes Zusammenleben auf eng-
stem Raum in einer Eigentumswohnanlage ermöglichen zu hel-
fen, sollten Eigentümer mehrheitlich eine Hausordnung beschließen, sofern eine solche nicht bereits von Anfang an in eine
Gemeinschaftsordnungs-Vereinbarung aufgenommen wurde.
Die Aufstellung einer Hausordnung entspricht ordnungsgemäßer Verwaltung (§ 21 Abs. 5 Nr. 1 WEG) und kann deshalb
von jedem Wohnungseigentümer, notfalls auch auf gerichtlichem Wege gefordert werden (mit dem Antrag, die restlichen
Eigentümer zu verpflichten, eine der Gemeinschaft entsprechende, allgemein übliche Hausordnung zu beschließen). Ergänzungen, Erweiterungen und Änderungen einer bestehenden
Hausordnung können ebenfalls stets mit einfacher Eigentümer-
beschlußmehrheit beschlossen werden; dies gilt auch für Hausordnungen, die in eine Gemeinschaftsordnung als Rahmen-
oder auch Detailvereinbarung bereits integriert sind (auch eine
solche vereinbarte Hausordnung hat m. E. nicht grundsätzlich
unabänderbaren Vereinbarungscharakter, sondern ist als
schriftlicher Mehrheitsbeschluß zu qualifizieren).

Muß eine Hausordnung erst beschlossen werden, sollten Verwalter und/oder Verwaltungsbeirat einen Entwurf fertigen und
der Gemeinschaft zur Diskussion und endgültig genehmigenden
Beschlußfassung vorlegen. Es können auch durch Beschluß
Personen ermächtigt werden, selbst eine verbindliche Hausord-

nung aufzustellen und den Eigentümern zum Zwecke der genehmigenden Beschlußfassung bekanntzumachen. Dabei ist stets den besonderen Belangen einer speziellen Gemeinschaft/ Anlage Rechnung zu tragen. Der in einer Teilungserklärung mit Gemeinschaftsordnung festgeschriebene übergeordnete Zweckcharakter einer Gesamtanlage kann durch Hausordnungsregelungen grundsätzlich nicht geändert/eingeschränkt werden.

Das nachfolgende **Muster** ist aus diesem Grunde nur ein **möglicher Vorschlag** mit einigen Vereinbarungs-Varianten, sollte also auf keinen Fall unbesehen und unüberlegt auf eine eigene Anlage mit vielleicht anders gelagerten Regelungs-Bedürfnissen übertragen werden. Stets sind die Grundsätze ordnungsgemäßer Verwaltung und allgemeine Billigkeits- und Gerechtigkeitsgedanken zu beachten. Inhaltlich sind einer Hausordnung Grenzen gesetzt; schwerwiegende Eingriffe in die Substanz des erworbenen Sondereigentums und die Rechtsstellung des einzelnen Eigentümers sind nicht möglich, ebenso nicht Absprachen, welche Rahmenvereinbarungen der Gemeinschaftsordnung (im Grundbuch eines jeden Sondereigentums als Bestandteil eingetragen) zuwiderlaufen.

Die Grenzen der erlaubten/unzulässigen Regelungsinhalte sind naturgemäß fließend und im Detail leider sehr umstritten (vgl. z. B. die umfangreiche Rechtsprechung zu den Themenbereichen Tierhaltung, Musikausübung, Umzugskostenpauschale, Gartennutzung usw.). Vielfach muß mit unbestimmten und auslegungsbedürftigen Rechtsbegriffen gearbeitet werden, da alle möglichen Stör-Einzelfälle sicher nicht erschöpfend geregelt werden können.

Zwischen der Hausordnung der Eigentümergemeinschaft und mietvertraglich vereinbarten Hausordnungen bei Wohnungsvermietungen sollte möglichst von Anfang an Kongruenz (Übereinstimmung) hergestellt werden.

Im übrigen müßte durch mietvertragliche Sonderabsprachen der Eigentümerhausordnung (einschließlich etwaiger Änderungsbeschlüsse) stets der Vorrang eingeräumt werden, um Konflikte zum Mietrecht auszuschließen.

Die allgemeine Hausordnung kann ohne weiteres bei Regelungsnotwendigkeiten auch durch eine Garagenordnung, Schwimmbad- und Saunaordnung, Waschküchenordnung, Spielplatzordnung usw. ergänzt werden.

VI. Muster,

Achtung: Prüfen Sie bei evtl. gedanklicher Verwertung des nachfolgenden Musters vorab, welche Regelungsvorschläge ggf. Ihren konkreten Vereinbarungen in der Gemeinschaftsordnung oder bereits verbindlich gefaßten Beschlüssen bzw. Gerichtsentscheidungen widersprechen und damit grundsätzlich nicht in eine spezielle Hausordnung mit geänderten Inhalten übertragen werden sollten.

II. Muster

Hausordnung

(der Wohnungseigentümergemeinschaft . . .)

Vorbemerkung:

Hausbewohner können nur dann friedlich unter einem Dach zusammenleben, wenn sie den Willen zu guter Nachbarschaft auf der Grundlage gegenseitiger Rücksichtnahme und Achtung besitzen und auch danach leben. Aus diesem Grund unterwerfen sich die Eigentümer nachfolgenden Hausordnungsregelungen, wobei sie sich auch verpflichten, im Falle beabsichtigter Wohnungs- bzw. Teileigentumsvermietung sobald als möglich die Einhaltung und Beachtung dieser Regelungen und etwaiger Ergänzungen, Änderungen und Erweiterungen auch Mietern / Untermietern / Pächtern zur Auflage zu machen. Die Hausordnung ergänzt und präzisiert insoweit die Gemeinschaftsordnung und vorgenannte Grundsätze.

A. Häusliche Ruhe (Anm. 1)

1. Als grundsätzliche **Ruhezeiten** werden die täglichen Zeiträume von 22 Uhr bis 6 Uhr und 13 Uhr bis 15 Uhr festgelegt. An Sonn- und Feiertagen wird diese Ruhezeit erweitert auf 18 Uhr bis 8 Uhr und 12 Uhr bis 15 Uhr.
   Von dieser Regelung ausgenommen sind allein Geschäftsbetriebe in vorhandenem Sondereigentum/Teileigentum (einschließlich in zulässiger Weise beruflich genutztes Wohnungseigentum) mit berechtigterweise weitergehenden Geschäftszeiten, wobei auch hier unübliche und übermäßige Lärmstörungen zu vermeiden sind (Anm. 2).

2. In den vereinbarten Ruhezeiten dürfen keine **ruhestörenden Arbeiten** vorgenommen werden (wie z. B. Teppichklopfen o. ä., handwerkliche, mit Lärm verbundene [Hobby]-Arbeiten etc.). Dies gilt auch für Arbeiten in Kellerräumen und auf bzw. in gemeinschaftlichen Flächen und Räumen in und außer Haus.

3. Das **Musizieren** in Wohnungen ist ebenfalls in vorgenannten Ruhezeiten nicht gestattet. Musikinstrumente sind darüber hinaus – soweit möglich – schallzudämpfen.

4. **Tonträger** dürfen nicht über Zimmerlautstärke eingestellt werden; sie dürfen auch nicht bei geöffnetem Fenster oder auf Balkonen, Loggien oder Terrassen betrieben werden (Anm. 3). Gleiches gilt für Benutzungsgeräusche von genehmigungsfreien Maschinen/Haushaltsmaschinen (wie z. B. Wasch-, Näh-, Küchen- und Schreibmaschinen sowie Staubsaugern).

6. Eltern und Erziehungsberechtigte haben dafür Sorge zu tragen, daß Ruhestörungen durch **Kinder** insbesondere in den vereinbarten Ruhezeiten vermieden werden. Das Spielen ist nur auf den hierfür vorgesehenen Kinderspielplätzen und -flächen zulässig, also insbesondere nicht in Kellerräumen, Hausgängen, Fluren und Treppenhäusern.

7. Es ist auch darauf zu achten, daß während der Ruhezeiten **Haus- und Wohnungstüren** leise geschlossen werden und bei Zu- und Abfahrten zur oder von der Garage jeglicher unnötige Lärm vermieden wird. Besucher/Gäste sind zur Nachtzeit leise zu verabschieden. Treppenhäuser und Flure dürfen nicht mit Holzschuhen (Kleppern) begangen werden.

8. Das **Baden/Duschen** zwischen 22 (23) Uhr und 6 Uhr (an Sonn- und Feiertagen zwischen 22 (23) Uhr und 8 Uhr) ist nicht gestattet.

9. **Gästeparties** in Wohnungen (insbesondere mit Musik und Tanz) werden höchstens 1- bis 2mal im Quartal für zulässig erachtet.
   Das Gebot der Zimmerlautstärke von Tonträgern und Musikinstrumenten gilt in solchen Fällen erst ab 24 Uhr. Solche Parties und geräuschvolle Veranstaltungen in Wohnungen sind jedoch rechtzeitig vorher unmittelbar betroffenen Nachbarbewohnern anzukündigen.

VI. Muster	Raum für Notizen

B. Sauberhaltung, Reinlichkeit und sonstige Verhaltens-, Sicherungs- und Sorgfaltspflichten

1. **Teppiche,** Polster, Betten, Matratzen, Kleidungsstücke, Schuhe etc. dürfen nur auf/in hierfür vorgesehenen gemeinschaftlichen Plätzen/Räumen oder innerhalb des Wohnungseigentums unter Beachtung der Ruhezeiten **gereinigt** werden. Eine Reinigung auf Terrassen und Balkonen ist nicht gestattet. Bettzeug darf auch nicht aus offenen Fenstern oder über Balkonbrüstungen zum Lüften gehängt werden.

2. Kehricht, **Küchenabfälle** u.ä. dürfen nur in die hierfür bestimmten Abfallbehälter/Mülltonnen entleert werden. Zerkleinerbares Sperrgut (Schachteln, Verpackungsmaterial, Holz und dgl.) ist vor Einlagerung in die Mülltonnen zu zerkleinern, größeres Sperrgut selbständig in Sammeldeponien zu bringen. Zeitungen und Zeitschriften sind zu bündeln und für gesonderten Abtransport an Abholtagen neben die Mülltonnen zu legen (Anm. 4).
Flüssigkeiten und Abfälle (wie Zigarettenkippen, Brot- und Kuchenkrümel etc.) dürfen nicht aus Fenstern oder über Balkone geschüttet werden.
Auch beim Gießen von absturzsicher angebrachten Blumenkästen ist darauf zu achten, daß Gießwasser nicht auf darunterliegende Flächen und/oder Gebäudeteile läuft. Kletterpflanzen an Außenwänden sind im übrigen nicht gestattet (Anm. 5).

3. In **Ausgußbecken** und WC's dürfen keine Abfälle und schädlichen Flüssigkeiten gegeben werden. Es ist speziell verboten, das WC quasi als Abfalleimer zu benutzen, z. B. für Blechdosen, Watte, Textilien, Hygieneartikel, Windeln, Zeitungen, Zigarettenschachteln, Rasierklingen, Bauabfälle, Farbreste, Fette, Öle o.ä.

4. Schuldhaft herbeigeführte **Verunreinigungen** gemeinschaftlicher Räume, Flächen und Einrichtungsteile sowie anderen Sondereigentums hat der Störer selbstverantwortlich unverzüglich zu beseitigen, ggf. entstandenen Schaden zu ersetzen.

5. Das grundsätzlich in begrenzter Zahl gestattete Halten von Hunden und sonstigen **Haustieren** bedarf der vorherigen schriftlichen Erlaubnis der Hausverwaltung. Der betreffen-

157

de Tierhalter muß dafür sorgen, daß durch die Tiere weder Schmutz noch anderweitige Belästigungen verursacht werden.

Hunde sind innerhalb des Hauses und der Außenanlage stets an der Leine zu führen. Verunreinigungen gemeinschaftlicher Gebäudeteile und Flächen sind sofort vom Tierhalter zu beseitigen. Bei Nichtbeachtung dieser Verhaltensregelungen kann eine bereits erteilte Erlaubnis nach einmaliger, erfolgloser Abmahnung widerrufen werden.

6. Das Auftreten von **Ungeziefer** in Wohnungen ist dem Verwalter unverzüglich mitzuteilen (z.B. Befall von Schaben/Kakerlaken/Russen, Silberfischchen usw.). Kammerjägern darf der Zutritt in Wohnungen nicht verwehrt werden.

7. In **Treppenhäusern**, Kellergängen, Fluren und auf gemeinschaftlichen Loggien dürfen keine Gegenstände (z.B. Schuhe, Schränke, Pflanzen, Blumentöpfe) abgestellt werden. Fahrräder, Kinderwagen und dgl. sind grundsätzlich nur im Kellergeschoß auf den hierfür vorgesehenen Plätzen oder innerhalb des Sondereigentums zu deponieren. Sie sind über Flure und Treppen zu tragen. Etwa verursachte Verschmutzungen gemeinschaftlicher Flächen sind sofort zu beseitigen. **Motorfahrzeuge** dürfen grundsätzlich nicht in Kellern abgestellt werden. **Balkone** und **Terrassen** dürfen ebenfalls nicht als Abstellflächen benutzt werden (Ausnahme: übliche Tische, Stühle, Liegen, Sonnenschirme, Pflanzen). Blumenkästen sind balkoninnenseitig anzubringen. Pflanztröge und -beete auf Dachterrassen dürfen nur so aufgestellt werden, daß genügend Arbeitsraum für Sanierungen an gemeinschaftlichen Bauteilen (z.B. Brüstung oder Fassade) verbleibt; das Gewicht etwaiger Schalen, Tröge und Beete (einschl. Bepflanzung) darf zu keinen statischen Gefährdungen führen und kein Risiko für die Terrassenunterbodenkonstruktion darstellen; Isolierschichten sind gegen aggressives Wurzelwerk zu schützen. Für kontinuierliche Gullyreinigung ist der jeweilige Terrasseneigentümer allein verantwortlich.

8. In Erfüllung versicherungsrechtlicher Vorschriften und zum Schutze der Hausbewohner sind die **Haustüren** vom 1. Oktober bis zum 31. März eines Jahres um 20 Uhr, in den übrigen Zeiten um 21 Uhr durch den Hausmeister zu versperren. Jeder Hausbewohner, der nach den genannten

Zeiten noch ein- oder ausgeht, hat die Türen wieder ordnungsgemäß zu verschließen. Tagsüber ist darauf zu achten, daß die Haustüren nach der Benutzung wieder in das Schloß einrasten. Die Zugangstüren zu den Räumen der Kellerabteile sind stets abzuschließen.

9. Im Keller sind die **Fenstergitter** grundsätzlich geschlossen zu halten. Bei Regen, Sturm und Schnee sind darüber hinaus die Fenster in Kellerabteilen zu schließen. Entsteht durch die Nichtbefolgung dieser Anordnung Schaden an fremdem Eigentum, so haftet der betreffende Kellerabteil-Besitzer.

10. Für den Anschluß von **Rundfunk- und Fernsehgeräten** dürfen nur die vorgeschriebenen Spezial-Anschlußkabel/Anschlüsse an die gemeinschaftliche Antennenanlage verwendet werden. Das Anbringen von gesonderten Außenantennen und Funkamateur-Antennen ist ohne bestandskräftige Beschlußgenehmigung der Eigentümer nicht gestattet.

11. Im Winter ist dafür zu sorgen, daß alle wasserführenden **Leitungen** (Be- und Entwässerung, Heizung) vor Frost geschützt werden.
Weiterhin besteht die Verpflichtung, Balkone und etwaige Dachterrassenflächen von Schnee freizuhalten.

12. Das Anbringen von **Markisen,** Sonnenblenden usw. auf Balkonen und Terrassen bedarf der Zustimmung des Verwalters bzw. genehmigender Beschlußfassung durch die Eigentümer. Auf die Einheitlichkeit von Farbe, Form und Gestalt solcher fester Sonnenschutzeinrichtungen ist zu achten. Anderweitige bauliche Veränderungen an Balkonen und Terrassen richten sich ausschließlich nach den Grundsätzen der Gemeinschaftsordnung bzw. den gesetzlichen Bestimmungen in § 22 Abs. 1 i. V. m. § 14 WEG (Anm. 6). Das Grillen auf Balkonen und Terrassen ist nicht gestattet (vgl. auch B. 1.).

13. Bewohner, welche ihre Wohnung über einen mehr als 3tägigen Zeitraum unbewohnt lassen wollen, haben einen **Schlüssel** ihrer Wohnung einer bekannten und leicht erreichbaren Vertrauensperson oder dem Hausmeister (in versiegeltem Umschlag) auszuhändigen, um im Notfall zur Verhütung bzw. Beseitigung von Schäden das Betreten der

Wohnung zu ermöglichen. Der Hausmeister soll eine fremde Wohnung allerdings nur mit einer oder mehreren Zeugenpersonen betreten.

Unter Druck stehende **Wasseranschlüsse** (insbesondere von Geschirrspül- und Waschmaschinen) sind bei jeglicher Abwesenheit zu sichern/abzudrehen. Gleiches gilt für etwaige Gashähne.

14. **Schlüsselverluste** (bei bestehender Zentralschließanlage mit Öffnungsmöglichkeiten gemeinschaftlicher Räume) sind unverzüglich dem Verwalter zu melden; Ersatzbestellungen erfolgen über den Verwalter anhand des von ihm verwahrten Schließ-Sicherungsscheins. Die Kosten für Ersatzschlüssel (und ggf. neue Schösser) hat der betreffende Eigentümer zu tragen. Schlüssel sind im übrigen nicht mit Namens- und Anschrifthinweisen zu kennzeichnen.

15. In Wohn-, Keller- und Speicherräumen sowie gemeinschaftlichen Räumlichkeiten dürfen keine **brennbaren,** explosiven oder giftigen/ätzenden **Materialien** und Flüssigkeiten gelagert/aufbewahrt werden.

16. Mit **Strom- und Wasserenergie** in/auf gemeinschaftlichen Räumen/Flächen ist **sparsam** umzugehen. Unnötiger Verbrauch ist zu vermeiden (z. B. Kellerbeleuchtung).

17. Die Benutzung gemeinschaftlicher **Garten- und Raumflächen** bedarf eigener Beschlußregelungen der Eigentümer. Existieren keine speziellen Beschlüsse, ist das Betreten von angelegten Garten- und Rasenflächen (insbesondere Ziergärten) im Interesse der Gesamtgemeinschaft nicht gestattet.

18. Eigentümer, die ihre Wohnungen **vermieten,** sind verpflichtet, die Hausverwaltung von Ein- und Auszügen schriftlich in Kenntnis zu setzen und die Namen der Mieter bekanntzugeben. Für das Klingel-Tableau dürfen nur einheitliche Namensschilder verwendet werden, die der Hausmeister nach Anforderung zu Lasten des Eigentümers bzw. Mieters bestellt (Anm. 7).

C. Waschordnung

Waschen innerhalb der Wohnung ist nur für Kleinwäsche gestattet, sofern Wohnungen nicht mit eigenen, modernen Haushaltswaschmaschinen ausgestattet sind.

Grundsätzlich können die gemeinschaftlichen Wasch- und Trockenräume bzw. Einrichtungen benützt werden. Das Wäschetrocknen auf Loggien, Terrassen und gemeinschaftlichen Gartenflächen hat zu unterbleiben; auf Balkonen ist das Trocknen nur gestattet, wenn Trockenständer nicht von außen sichtbar sind.

Die Einteilung zur Benutzung der Waschküche (einschließlich etwaiger Waschmünzenausgabe) erfolgt im Zweifelsfall durch den Hausmeister. Es ist darauf zu achten, daß nach Beendigung des Waschvorganges die Waschküche einschließlich der Maschinen in sauberem Zustand dem Hausmeister zu übergeben ist. Das gleiche gilt für den etwaigen Trockenraum nach Abtrocknen der Wäsche. Die Bedienung von Wasch- und Trockenmaschinen ist Kindern grundsätzlich nicht gestattet.

Bei Benutzung der Waschmaschinen ist dem Waschwasser zur Schonung der Heizstäbe ein Entkalkungsmittel beizusetzen. Stark schäumende Waschmittel dürfen nicht verwendet werden. Nach Beendigung des Waschvorganges ist der Wasserhahn abzudrehen und der Trommelverschluß geöffnet zu lassen.

Die Waschraumbenutzer haften für vorsätzliche oder fahrlässige Beschädigung der Waschraumeinrichtungen. Auftretende Störungen sind dem Hausmeister unverzüglich zu melden.

D. Feuer- und Kälteschutz (ergänzende Regelungen)

Zur Vermeidung von Brandgefahr dürfen Keller- und Speicherräume nicht mit offenem Licht betreten werden.

Das Einstellen und Lagern von brennbaren Gegenständen, wie Holz- und Polstermöbel, Autoreifen etc. in Keller- und Speicherabteilen ist feuerpolizeilich verboten.

Bei Frostwetter sind Wohnräume, insbesondere Bad, Toilette und Küche vor allzu starker Auskühlung zu schützen. Die Kellerfenster sind geschlossen zu halten.

Für das Öffnen und Schließen von Flur- und Treppenhausfenstern ist ausschließlich der Hausmeister zuständig.

E. Garagen- und Stellplatzordnung

1. Alle bestehenden sicherheitsrechtlichen behördlichen Vorschriften sind strengstens zu beachten. Verboten ist u.a. (ohne Gewähr für Vollständigkeit):

– das Rauchen und die Verwendung von Feuer;
– die Lagerung von Betriebsstoffen und feuergefährlichen Gegenständen in den Einstellräumen;
– des weiteren das Lagern entleerter Betriebsstoffbehälter;
– das Laufenlassen und Ausprobieren der Motoren in geschlossenen oder nicht ausreichend entlüfteten Einstellräumen;
– die lose Aufbewahrung gebrauchter Putzmittel (die Aufbewahrung darf lediglich in dichtschließenden Blechgefäßen geschehen);
– das Hupen und die Belästigung der Nachbarschaft durch Rauch und Geräusch;
– es darf im übrigen vor und in der Garage nur im Schritttempo gefahren werden;
– das Einstellen von Fahrzeugen mit undichtem Tank, Ölbehälter und Vergaser usw.;
– das Aufladen von Akkumulatoren-Batterien in den Einstellräumen.

2. Das Abstellen von Fahr- oder Motorrädern, sowie das Parken in der Einfahrtszone ist nicht gestattet.

3. Das Garagentor ist nach jeder Ein- bzw. Ausfahrt zu schließen.

4. Wagenwaschen und ähnliche Arbeiten dürfen nur vorgenommen werden, sofern die hierfür vorgeschriebenen Einrichtungen und Plätze vorhanden sind. Waschplätze sind sauber zu hinterlassen.

5. Die Vornahme von Reparaturen außerhalb des Einstellplatzes ist nicht gestattet.

6. Eine Änderung der elektrischen Einrichtungen in der Garage darf nicht eigenmächtig vorgenommen werden.

7. Mopeds, Roller und Motorräder dürfen auf dem Hof grundsätzlich nur mit stehendem Motor bewegt werden.

8. Ein Garagenbenutzer haftet für alle Schäden, die durch ihn selbst, seine Angestellten, Beauftragten oder sonstige Personen, denen er die Benutzung seines Kraftfahrzeuges oder seines Garagenabstellplatzes gestattet hat, verursacht werden.

VI. Muster	Raum für Notizen

F. Sonstiges (Anm. 8)

1. Jeder Wohnungs- bzw. Teileigentümer haftet für seine Familienangehörigen, sein Dienstpersonal oder für Besucher, sowie für seine Mieter hinsichtlich der Beachtung dieser Hausordnung, auch wenn bei Zuwiderhandlungen kein Verschulden des Eigentümers selbst vorliegen sollte. Der Eigentümer ist verpflichtet, bei Vermietung seines Eigentums dem Mieter diese Hausordnung auszuhändigen.

2. Beschwerden über die Nichtbeachtung einzelner Bestimmungen dieser Hausordnung sind dem Verwalter schriftlich unter Hinweis auf Fakten und Daten (nicht in anonymer Form) zuzuleiten (ggf. abschriftlich).

3. Der Hausmeister ist angewiesen, ebenfalls auf die Einhaltung der Hausordnung zu achten; der Hausmeister handelt hier in seiner Eigenschaft als Beauftragter der Hausverwaltung.

4. Ein Lift/Aufzug (falls vorhanden) ist nur für die Personenbeförderung, nicht für den Transport von Möbeln oder sonstigen sperrigen und schweren Gegenständen bestimmt. Die Eltern von Kindern sind gehalten, darauf zu achten, daß der Lift nicht als Spielzeug von Kindern mißbraucht wird. Für alle schuldhaften Beschädigungen haften die verantwortlichen Verursacher von Schäden, bei Kindern deren aufsichtspflichtige Eltern oder Erziehungsberechtigte.

5. Über Ergänzungen und Änderungen dieser Hausordnung entscheiden die Eigentümer unter Berücksichtigung von Billigkeitserwägungen im Rahmen ordnungsgemäßer Verwaltung mehrheitlich.

Sollten einige Bestimmungen dieser Hausordnung gerichtlicher Gültigkeitskontrolle im Einzelfall nicht standhalten, werden ungültige Bestimmungen durch sinngemäß gültige ersetzt.

III. Anmerkungen

1) Widersprüchliche Regelungen zu etwa bestehenden gemeindlichen Lärmschutzverordnungen sollten vermieden werden.

2) Dieser Satz kann in Wohnanlagen mit ausschließlicher Wohnraumnutzung, also ohne zulässigerweise gewerblich genutztes Teileigentum und Wohnungseigentum (z. B. Re-

staurant-Teileigentum, Arzt-, Rechtsanwalts-Praxis usw.) entfallen.

3) Zur Zimmerlautstärke im Detail vgl. Aufsatz in DWE-Heft 2 und Heft 3/1985.

4) Ggf.: Soweit Müllschlucker/Schächte vorhanden sind, dürfen diese nicht für sperrige Güter, Gläser, Flaschen und übelriechende Stoffe oder Gegenstände verwendet werden; sie sind in Plastiksäcken oder Tüten verschlossen in den Schlucker/Schacht zu werfen.

5) Hinsichtlich erhöhten Reinigungsbedarfs bei gewerblich genutztem Sondereigentum sind entsprechende Sonderregelungen empfehlenswert.

6) Zu Fragen zulässiger Balkonnutzungen vgl. Bielefeld in DWE 3/83, 88 und 4/83, 106.

7) Möglich ist auch die Vereinbarung einer angemessenen (nicht zu hohen) Umzugskostenpauschale.

8) Ergänzend können hier auch noch Regelungen zu weitergehenden Instandhaltungs- und Reinigungspflichten sowie Streu- und Winterreinigungsdienste aufgenommen werden, soweit nicht im Amt befindlichen Hausmeistern solche Arbeiten vertraglich auferlegt sind.
Zu denken ist auch an Turnusnutzungs-Regelungen bezügl. gemeinschaftlicher Einrichtungs- und Raumteile.
Weitergehende Verhaltensregelungen wären auch bei vorhandenen Gewerbebetrieben ratsam (Werbeschilder, Reklameeinrichtungen, Abfallbeseitigung usw.), soweit nicht bereits in der Gemeinschaftsordnung diesbezüglich Vereinbarungen festgeschrieben wurden. Auch eine gesonderte Spielplatzbenutzungs-Ordnung (Aufsicht, Sauberhaltung, Sicherheit der Spielgeräte) könnte sich empfehlen.

Es sei abschließend nochmals der **Hinweis** gestattet, daß sich eine Hausordnung stets an den Regelungsbedürfnissen einer speziellen Anlage auszurichten hat und Musterhausordnungen nie bedenkenlos übernommen werden sollten.

6.2 Einige Antragsvorschläge an das Wohnungseigentumsgericht

6.2.1 Anfechtungsantrag gegen Versammlungsbeschlüsse

Eheleute Wolf und Claudia Becker
Parkstraße 1
8000 München 2

An das
AG München
– Abt. 12 –
(Abt. für WE-Sachen)
Postfach
8000 München 35

München, 5. 9. 1986

Eilt! Bitte dem
zuständigen Richter
sofort vorlegen
(Antrag auf einstw.
Anordnung)!

Beschlußanfechtungs-Antrag nach § 43 Abs. 1 Nr. 4 WEG

1) Wolf Becker
2) Claudia Becker
   beide wohnhaft Parkstr. 1, München 2
   – Antragsteller –
./.
Wohnungseigentümergemeinschaft Bahnhofstr. 5, 7, 9 in München 1, bestehend aus den Eigentümern Anton Adam und 48 anderen (mit Ausnahme der Antragsteller) gemäß der in **Anlage 1** beigefügten Namens- und Anschriftenliste **A 1**
– Antragsgegner –

Weiterer Beteiligter und Zustellungsvertreter der Antraggegner:
Verwaltung Fa. Huber Immobilien GmbH, vertreten durch den Geschäftsführer Herrn Max Huber, Hochstraße 5 in 8000 München 21

vorläufiger **Geschäftswertvorschlag: DM 16500, –**

In der, wenn möglich, bald anzuberaumenden Sühneverhandlung beantragen wir

1) folgende, in der Eigentümerversammlung vom 8. 8. 86 gefaßten Mehrheitsbeschlüsse für ungültig zu erklären:
   a) zu TOP 1 „Die Jahresabrechnung 1985 wird genehmigt" insoweit, als dort die Ausgabenposition zu Ziffer II. 6 (Verwaltergebühr) nach m²-Wohnfläche aufgeteilt wurde;

b) zu TOP 1 „Die Jahresabrechnung 1985 wird genehmigt" insoweit, als dort unter Ziffer II. 12 (Sonstige Ausgaben) RA-Kosten der Gemeinschaft angelastet wurden;
c) zu TOP 8 „Genehmigung der Pergola-Überdachung bzgl. der Dachterrassenwohnung Nr. 18 lt. Aufteilungsplan";
d) zu TOP 10 den unter „Sonstiges" gefaßten Beschluß „Die etwa 15 m hohe serbische Fichte in der SW-Ecke des Grundstücks wird gefällt; der Verwalter hat hier entsprechenden Auftrag namens der Gemeinschaft an einen Gärtner zu erteilen".

2) Die Antragsgegner haben die Kosten des Verfahrens einschließlich unserer außergerichtlichen Kosten zu tragen.

3) Hinsichtlich der Antragsziffer 1) d) regen wir den Erlaß einer sofort vollstreckbaren **einstweiligen Anordnung** nach § 44 Abs. 3 WEG ohne mündliche Verhandlung an mit dem Antrag: Dem Verwalter wird einstweilen untersagt, den Beschluß der Eigentümerversammlung zu TOP 10 zu vollziehen (hilfsweise mit entsprechender Beugestrafandrohung).

Gründe:

1) Wir, die Antragsteller, sind Bruchteilseigentümer zu je 1/2 der Wohnung Nr. 3 lt. Aufteilungsplan der Eigentumswohnanlage Bahnhofstraße 5 – 9 in München 1; die Antragsgegner sind die restlichen Eigentümer der aus 55 Wohnungen bestehenden Anlagen mit 3 Hauseingängen. Verwalter ist seit 1. 1. 85 die Fa Huber Immobilien GmbH.

2) a) Der Beschluß zu TOP 1 (bzgl. Ziffer II. 6 der Jahresabrechnung 1985) ist deshalb (teil)unwirksam, da die Verwaltergebühr von DM 18810, – entgegen der in der Teilungserklärung mit Gemeinschaftsordnung v. 30. 6. 75 (UR Nr. 2038/75 Notar Müller) getroffenen Vereinbarung unter Ziffer VIII. 4. nicht nach Einheiten, sondern nach m²-Wohnfläche einzeln aufgeteilt wurde. Eine Änderung des vereinbarten Kostenverteilungsschlüssels hätte allstimmiger Zustimmung bedurft (die hier nicht gegeben war).

Beweis:

1) Jahresabrechnung 1. 1. – 31. 12. 85 mit Einzelaufteilung

2) Versammlungsprotokoll v. 15. 8. 86 der Vers. v. 8. 8. 86

3) Teilungserklärung mit Gemeinschaftsordnung v. 30. 6. 75 (Abschrift)

        jeweils in Kopie in der **Anlage A 2 – 4**

b) Die Jahresabrechnungsgenehmigung (Abrechnung 1985) ist auch insoweit als ungültig festzustellen, als unter Ziffer II. 12 unter „Sonstige Ausgaben" RA-Kosten i.H. von DM 3420, – auf die Gemeinschaft umgelegt werden sollen. Der Verwalter hatte in diesem Punkt keine vertragliche oder beschlußweise ausgesprochene Ermächtigung, ein RA-Mandat mit Wirkung für und gegen die Gemeinschaft zu erteilen. Auch eine Nachgenehmigung kommt nicht in Betracht, da sich das RA-Mandat ausschließlich auf eine Beratung der Verwaltung (Abklärung eigener Rechte und Pflichten) bezog. Zumindest entfällt insoweit die Verwalter-Entlastungswirkung dieses Abrechnungsgenehmigungsbeschlusses, sollte das Gericht insoweit von rechnerischer Richtigkeit der Abrechnung (tatsächlich vom Gemeinschaftskonto bezahlte Ausgabe!) ausgehen (was wohl nach neuer obergerichtlicher Rspr. anzunehmen ist).

Beweis:
1) Jahresabrechnung 1985, wie vor   **A 2, 3**
2) Versammlungsprotokoll, wie vor
3) Einvernahme des Herrn Max Huber
4) Vorlage der Rechnung des RA's durch Herrn Huber.

c) Mit Mehrheitsbeschluß zu TOP 8 hat die Gemeinschaft eine vom Eigentümer der Wohnung Nr. 18 in Holzausführung dunkelbraun geplante Terrassen-Pergolaüberdachung (Ostseite des Anwesens) genehmigt.

Beweis:
Versammlungsprotokoll, wie vor   **A 3**

Diese beabsichtigte Maßnahme stellt eine nachträgliche, nicht unerhebliche bauliche Veränderung des Gemeinschaftseigentums dar (§ 22 Abs. 1 WEG); der optisch ästhetische Gesamteindruck des Hauses (der gemeinschaftlichen Hausaußenfassade) würde bei Realisierung dieser Veränderung – objektiv gesehen – negativ beeinflußt. Der Terrassenaufbau würde die architektonische Harmonie des Gebäudes stören und ggf. andere Eigentümer animieren, auf ihren Terrassen ebenso bauliche Veränderungen vorzunehmen. Wir sind nicht verpflichtet, diese von Straße und Garten her ohne weiteres wahrnehmbare TerrassenHolzbalkenüberdachung zu dulden (§ 14 Nr. 1 WEG) und widersprechen mit dieser Beschlußanfechtung der nur mehrheitlich und (in diesem Fall notwendigerweise) nicht allstimmig genehmigten baulichen Veränderung.

Beweis:
1) Farb-Foto der Ostfassade des Anwesens, aufgenommen im Juli d.J.   A 5
2) hilfsweise richterlicher Augenschein.

Der betreffende Eigentümer der Einheit Nr. 18 lt. Aufteilungsplan muß damit rechnen, daß wir von ihm Beseitigung und Wiederherstellung des ursprünglichen Zustandes fordern werden, falls er vor Abschluß und Rechtskraft dieses Verfahrens sein Vorhaben verwirklichen sollte und falls vom Gericht unserer Beschlußanfechtung in diesem Punkt stattgegeben wird.

d) Der zu TOP 10 unter „Sonstiges" gefaßte Beschluß („Fällen einer Fichte") ist bereits deshalb aufzuheben, da er nicht als konkreter TOP und Gegenstand in der Einladung zur Versammlung bezeichnet war. Wir haben i.ü. gegen den Antrag gestimmt.

Beweis:
1) Einladungsschreiben der Verwaltung v. 15. 7. 86 **A 6**
2) Versammlungsprotokoll, wie vor   **A 3**

Überdies stellt auch dieser Beschluß materiell-rechtlich eine nachteilige, nicht duldungspflichtige bauliche Veränderung des Gemeinschaftseigentums dar (§§ 22 Abs. 1, 14 Nr. 1 WEG). Die Fichte steht von Anfang an im gemeinschaftlichen Grundstück, ist gesund und prägt das Gartenbild der Anlage positiv mit. Schädigungen des Gemeinschaftseigentums oder fremden Nachbareigentums gehen von diesem Baum nicht aus. Es besteht auch keine Pflegebedürftigkeit dieses wertvollen, hohen Baumes. Die i.ü. nur jeweils kurzzeitige Sonnenlichtbeeinträchtigung bzgl. einiger Wohnungen muß von den betroffenen Eigentümern hingenommen werden, zumal die

Wohnungserwerber bei Kauf ihrer Einheiten Kenntnis vom Gartengestaltungsplan bzw. erfolgten Pflanzungen hatten oder haben konnten.

Zu diesem Punkt wird der Erlaß einer **einstweiligen Anordnung** angeregt, damit der Verwalter bei etwaigem Vollzug dieses Beschlusses nicht vollendete Tatsachen schafft, die zu einem nicht wiedergutzumachenden Schaden führen.

Sollte der Verwalter in Kenntnis der Beschlußanfechtung Anstalten treffen, den Beschluß dennoch auszuführen, müßte die erbetene Anordnung mit einer Beugestrafandrohung versehen werden.

3) Die Gerichtskosten des Verfahrens sind im Rahmen richterlicher Ermessensentscheidung nach § 47 WEG den Antragsgegnern anzulasten. Abweichend vom üblichen Grundsatz, eine Erstattung außergerichtlicher Kosten in WE-Sachen nicht anzuordnen, sollten in diesem Fall die Antragsgegner auch mit der Erstattung unserer außergerichtlichen Kosten belastet werden, da wir in der Versammlung ausdrücklich vor den jeweiligen Beschlußfassungen auf die Rechtslage hingewiesen haben, ohne daß die Mehrheit der Gemeinschaft unseren Bedenken Rechnung getragen hat. Bei entsprechender Einsicht wäre dieses Verfahren nicht notwendig gewesen, so daß es unbillig erscheint, uns mit eigenen außergerichtlichen Kosten zu belasten.

4) Zum Geschäftswert seien folgende Überlegungen gestattet:

 a) Kostenverteilung Verwaltergebühr (Jahresgesamtbetrag: DM 18 810, –) GW-Vorschlag 25% von DM 18 810, – = DM 4 702,50
 b) RA-Kosten DM 3 420, –
 c) Pergola DM 3 000, – DM (geschätzte Baukosten)
 d) Fällen der Fichte DM 5 000, – (geschätzter Wert des Baumes und Gärtnerlohn).
 Vorschlag gesamt (aufgerundet): DM 16 500, –

5) Wir bitten, uns den einzubezahlenden GK-Vorschuß nach KostO bekanntzugeben (dessen sofortige Zahlung wir versichern) und dem Verwalter möglichst umgehend 2 beigefügte Abschriften dieses Schriftsatzes zuzustellen mit dem Hinweis, die restlichen Eigentümer von diesem Beschlußanfech-

169

tungsverfahren unverzüglich in entsprechender Weise zu informieren.

Wolf und Claudia Becker
(Unterschriften)

Anlagen lt. Text (A 1 – A 6, 2 Schriftsatz-Abschriften)

6.2.2 Zahlungsantrag des ermächtigten Verwalters gegen wohngeldsäumigen Miteigentümer

(Der BGH wird auf Vorlage des KG wegen widersprüchlicher Entscheidungen anderer Oberlandesgerichte – auch des BayObLG – wohl noch in 1992 durch Grundsatzentscheidung klären, ob ein Verwalter nach wie vor berechtigt ist, solche gerichtlichen Inkasso-Anträge selbst [d. h. ohne zu beauftragenden Rechtsbeistand/RA] stellen zu dürfen oder ob insoweit ein Verstoß gegen das RBerG vorliegt, wie der KG Berlin meint.)

Fa. Max Huber GmbH   (Datum)
(Anschrift)

An das
AG München
Abt. 12

Antrag nach § 43 Abs. 1 Nr. 1 WEG wegen Zahlung rückständigen Wohngeldes

Fa. Max Huber GmbH, vertr. durch
den Geschäftsf. Max Huber
(Anschrift)   – ASt –
./.
Hans Müller
(Anschrift)   – AGeg –

wegen Zahlung (DM 1 100, –)

Ich beantrage
1) Der Antragsgegner ist verpflichtet, DM 200, – aus Einzelabrechnungs-Restschuld 1985 und DM 900, – als Wohngeldvorauszahlung für die Monate Jan. bis einschl. März 1986, somit gesamt DM 1 100, – mit Leistung an die WEG München 1, Bahnhofstraße 5 – 9 zu Händen der Antragstellerin,

Verwaltung Fa. M. Huber GmbH (Konto WEG ....
Nr. .... bei ....-Bank
BLZ ....) nebst 8% Zinsen seit 16. 3. 86 zu bezahlen.

2) Der Antragsgegner hat die Kosten des Verfahrens einschließlich der außergerichtlichen Kosten der Antragsteller in zu tragen.

Gründe:

1) Als WE-Verwaltung der Gemeinschaft Bahnhofstr. 5 – 9 in München 1 bin ich Antragstellerin dieses Wohngeldinkassoverfahrens gegen den Antragsgegner als Miteigentümer der Gemeinschaft. Meine Prozeßschaft (Verfahrensführung in eigenem Namen) ergibt sich aus entspr. Vereinbarung im Verwaltervertrag vom .... (§ 6 Nr. 4 des Verwaltervertrages), der im Bestreitensfalle vorgelegt werden kann. Der Antragsgegner schuldet der Gemeinschaft zu meinen Händen

a) aus beschlossener und bestandskräftiger Jahresgesamt- und Einzelabrechnung 1985 den Restsaldo von DM 200, –

Beweis:

1) Jahresgesamtabrechnung 1985 mit Einzelabrechnung Müller **A 1**
2) Abrechnungsgenehmigung ausweislich des Versammlungsprotokolls v. 28. 2. 86 der Versammlung v. 20. 2. 86 **A 2**
3) hilfsweise meine Einvernahme

b) aus bestandskräftig beschlossenem Wirtschaftsplan 1986 die monatlichen Wohngeldvorauszahlungsraten von je DM 300, – für die Monate Jan. 86 bis einschl. März 86.

Beweis:

1) Wirtschaftsplan 1986 mit Ausweis der Vorauszahlung Müller **A 3**
2) Wirtschaftsplangenehmigung / Versammlungsprotokoll, wie vor **(A 2)**
3) hilfsweise meine Einvernahme.

2) Die pünktlich zum Fälligkeitszeitpunkt Wohngeld bezahlenden Miteigentümer müssen im Augenblick für die Rückstände des Antragsgegners mithaften (Ausfallshaftung), so daß

rasches gerichtliches Vorgehen angezeigt war. Gegenrechte des Antraggegners bestehen nicht.

Einer außergerichtlichen Mahnung zur Zahlung mit Fristsetzung 15. 3. 86 meinerseits ist der Antragsgegner bisher nicht nachgekommen.

Beweis: Mein Schreiben v. 1. 3. 86   **A 4**

3) Da sich der Antragsgegner zumindest ab 16. 3. 86 (Ablauf der von mir gesetzten Zahlungsfrist) mit dem Wohngeld i.h. von DM 1100,– in Zahlungsrückstand befindet, ist der Verzugszinsanspruch berechtigt. Die Höhe der Verzugszinsen von 8% (in Erweiterung des gesetzlichen Verzugszinses von 4%) ergibt sich aus Ziffer XII. der Gemeinschaftsordnung v. 1. 1. 83 (Seite 16).

Beweis: S. 16 der Gemeinschaftsordnung   **A 5**

Die Einzelabrechnungsrestschuld 1985 ist dem Antragsgegner – sicher unstreitig – mit Übersendung der Einladung zur Eigentümerversammlung v. 20. 2. 86 mitgeteilt worden.

Beweis (im Bestreitungsfalle): meine Einvernahme

Die monatliche Zahlungsfälligkeit der Wohngeldvorauszahlungen zum jeweils 3. Werktag eines Monats ergibt sich aus Gemeinschaftsordnung und Verwaltervertrag (Vorlage im Bestreitensfalle).

4) Ich bitte um Bekanntgabe des GK-Vorschusses nach KostO (Geschäftswert DM 1100, –) und Zustellung dieses Antrags an den Antragsgegner, verbunden mit kurzer Fristsetzung zur Äußerung sowie um baldige Anberaumung eines Verhandlungstermins, da der Gemeinschaft durch die Zahlungsrückstände des Antragsgegners weitere Schäden drohen.

Die Anordnung auch einer außergerichtlichen Kostenerstattung durch den zahlungssäumigen Antragsgegner erscheint in diesem Inkassoverfahren angezeigt, ist auch gerichtsüblich.

Max Huber
(Unterschrift)

Anlagen lt. Text

6.2.3 Weitere gerichtliche Antragsvorschläge in Kurzform:

1) Die Verwaltung (Ageg'in) . . . . wird verpflichtet, dem
ASt die vereinbarte Zustimmung nach § 12 WEG (Ziffer
. . . . der GO) zur Veräußerung der Eigentumswohnung
Nr. . . . . . . lt. Aufteilungsplan in der Anlage . . . . in
München an den Erwerber Herrn . . . . (gemäß Verkaufs-Vertrag v. . . . ., UR Nr. . . . . . .) zu
erteilen, und zwar bei Meidung einer richterlich zu bestim-
menden Beugestrafe.

2) Weiterhin wird festgestellt, daß die Verwaltung (Ageg'in)
dem ASt jeglichen nachweisbaren Schaden zu ersetzen hat,
der diesem aus zu Unrecht verweigerter Zustimmung und
damit nicht möglichem Vollzug des Verkaufsgeschäfts bereits entstanden ist oder in Zukunft noch entsteht.

3) Die Verwaltung (Ageg'in) trägt die Gk des Verfahrens und
die außergerichtlichen Kosten des ASt.

4) Der Geschäftswert des Verfahrens wird auf DM . . . .
(20 % des Verkaufspreises der Wohnung) festgesetzt (nunmehr h.R.M.).

$$* \quad * \quad *$$

1) Der A'geg. (bisherige Verwaltung Fa. . . .) hat sämtliche in
seinem Besitz befindlichen, für eine ordnungsgemäße Wei-
terführung einer Verwaltung notwendigen Unterlagen an die
neu bestellte Verwaltung Fa. . . . herauszugeben bzw. zur
Abholung nach vorheriger Terminankündigung in geordneter Form bereitzuhalten bei Meidung einer in richterliches
Ermessen zu stellenden Beugestrafe.

Es handelt sich insbesondere um folgende Unterlagen

– Versicherungspolicen
– Wartungsverträge
– (möglichst detaillierte Bezeichnung).

2) Der A'geg. hat das Guthaben der WEG . . . auf bisherigem
Gemeinschaftskonto bei der . . . .-Bank auf das neue
Gemeinschafts-Girokonto mit der Nr. . . . . bei der
. . . .-Bank unverzüglich zu überweisen, ebenso
alle noch auf das bisherige Konto eingehenden Beträge. Das
Sparbuch „Instandhaltungsrückstellung" ist der neu bestell-
ten Verwaltung zu übertragen. Auch diese Verpflichtungen
sind unter Beugestrafandrohung zu stellen.

3) Kosten/ggf. Anregung auf Erlaß einer einstweiligen Anordnung bei Eilbedürftigkeit.

* * *

1) Der Antrag des ASt, den Beschluß zu TOP 5 der Eigentümerversammlung v. . . . für ungültig zu erklären, ist als unzulässig/unbegründet zurückzuweisen.

2) Der ASt hat die GK des Verfahrens zu tragen
Gründe:
* * *

1) Dem A'geg. wird bei Meidung eines Zwangsgeldes i.H.v.
. . . . ersatzweise im Falle der Uneinbringlichkeit einer Zwangshaft von . . . . Tagen/Monaten für jeden Fall der Zuwiderhandlung verboten, selbst oder durch Dritte in seinem mit der lf. Nr. . . . . . . lt. Aufteilungsplan und Teilungserklärung bezeichneten Laden-Teileigentum, vorgetragen im Grundbuch des AG . . . . . . für . . . . Band . . . . . . Blatt . . . . ein Speise-Restaurant mit Öffnungszeit bis Mitternacht zu betreiben oder betreiben zu lassen.

2) Kosten/einstw. Anordnung.

* * *

Erstbeschwerde (sofortige Beschwerde)

1) Der Antrag des ASt und Beschwerdegegners vom . . . . auf Feststellung, daß die Kosten für die Instandhaltung (. . . . . . . im Bereich des Sondereigentums Tiefgarage . . . . . .) von der Gemeinschaft zu tragen sind, wird zurückgewiesen.

2) Der Beschluß des AG . . . . v. . . . . wird aufgehoben.

3) Es wird festgestellt, daß sämtliche Betriebskosten des Sondereigentums Tiefgarage . . . . allein von den Bruchteilseigentümern der Einheit Tiefgarage – Teileigentum Nr. . . . . . . lt. Aufteilungsplan und Teilungserklärung – zu tragen sind.

4) Der ASt und Beschwerdegegner hat die Kosten beider Rechtszüge zu tragen.

* * *

174

Gegen den Beschluß des AG .... vom .... Az. ....., mir von Amtswegen zugestellt am ...., lege ich hiermit
sofortige Beschwerde
ein und beantrage
die Aufhebung des Beschlusses des AG v. .... und Entscheidung nach den in 1. Instanz zuletzt gestellten Anträgen.

Die Begründung dieser Beschwerde erfolgt in gesondertem Schreiben; aus Gründen eines fest gebuchten Urlaubs bitte ich um stillschweigende Einräumung einer Frist von 4 Wochen zur Beschwerdebegründung, erbitte auch keine Verhandlungsterminierung innerhalb der nächsten 4 Wochen.

* * *

Wir beantragen
die sofortige Beschwerde des ASt gegen den Beschluß der AG .... vom ...... kostenpflichtig zurückzuweisen.

Gründe:

* * *

6.3 Muster eines Einladungsschreibens zu einer ordentlichen Eigentümerversammlung

I. Muster

Absender: Ort, Datum ....

Verwalter ....
(Name/Anschrift)

An die Wohnungseigentümer
Herrn/Frau
....
....
(Name/Anschrift)

Betr.: Wohnungseigentümergemeinschaft

....

hier: Einladung zur 3. ordentlichen Eigentümerversammlung

VI. Muster |

Sehr geehrte Damen, sehr geehrte Herren!

Als Ihr Verwalter erlauben wir uns, Sie hiermit zur 3. ordentlichen Eigentümerversammlung für das Geschäftsjahr .... einzuladen.

Die Versammlung findet statt

am .... (Datum)

um .... (Uhrzeit)

im .... (Ort)

Folgende im Einvernehmen mit Ihrem Verwaltungsbeirat festgelegte **Tagesordnung** steht zur Behandlung an:

1) Berichte des Verwalters und des Verwaltungsbeirats – keine Beschlußfassung –
2) a) Genehmigung der Jahresabrechnung für 19 . .
   b) Entlastung des Verwalters für seine Geschäftstätigkeit in 19 . .
3) Entlastung des Verwaltungsbeirats für 19 . .
4) Genehmigung des Wirtschaftsplans für 19 . .
5) Erhebung einer Umzugskostenpauschale ab . . .
6) Instandsetzungsarbeiten an der Außenfassade
7) Einbau dichtschließender Rauchgasklappen in der Heizzentrale
8) Änderung des Heizkostenverteilungsschlüssels
9) ....
10) ....
11) Verschiedenes

Auf Grund der Wichtigkeit und finanziellen Tragweite der zu behandelnden Tagesordnungsthemen bitten wir Sie in Ihrem eigenen Interesse um pünktliches persönliches Erscheinen.

Sollten Sie dennoch an einer persönlichen Versammlungsteilnahme verhindert sein, empfehlen wir Ihnen dringend, eine Stimmrechtsvollmacht zu erteilen. Zu diesem Zweck dürfen wir Ihnen in der **Anlage** ein entsprechendes Blanko-Vollmachtsformular beifügen, das Sie uns rechtzeitig vor Versammlungsbeginn aushändigen oder durch Ihren Vertreter übergeben lassen sollten.[1]

Bedenken Sie bitte, daß im Falle Ihres Nichterscheinens bzw. nicht erteilter Stimmrechtsvollmacht die Beschlußfähigkeit der

Versammlung in Frage gestellt sein könnte mit der Folge einer dann notwendig werdenden neuerlichen Ladung und Durchführung einer erneuten Versammlung (Wiederholungsversammlung), in der dann ohne Rücksicht auf die Beschlußfähigkeit wirksame Beschlüsse ggf. von einer Eigentümer-Minderheit gefaßt werden könnten. Ein neuer Versammlungstermin würde u.U. auch zu finanziellen Mehrbelastungen aller Eigentümer führen und notwendige Beschlußfassungen zeitlich verzögern.[2]

In der **Anlage** erhalten Sie weiterhin die bereits durch Ihren Verwaltungsbeirat überprüften Entwürfe der Jahresabrechnung für 19 . . und des Wirtschaftsplanes für 19 . ., über die bekanntlich in der Versammlung Beschluß gefaßt werden soll.

In der Hoffnung, Sie am . . . . begrüßen zu können

mit freundlichen Grüßen

. . . .
(Verwalter)[3]

Anlagen lt. Text

I. Anmerkungen:

1) Zur Stimmrechtsvollmacht vgl. S. 48 und 84.

2) Die sog. Eventualeinberufung wird von der derzeitigen obergerichtlichen Rechtsprechung nicht anerkannt; sie kann allerdings evtl. wirksam in der Gemeinschaftsordnung vereinbart oder über bestandskräftigen (Orga-)Beschluß wirksam beschlossen sein; dann könnte bereits in der Erst-Ladung sofort zur nachfolgenden Wiederholungsversammlung mit eingeladen werden (mit entsprechendem Hinweis gemäß § 25 Abs. 4 WEG).

3) Faksimile-Unterschrift reicht aus. Der Absender der Einladung muß allerdings irgendwie erkennbar sein.

5.4 Stimmrechtsvollmacht für die Eigentümerversammlung

. Einführung

Rechtsgrundlagen:

§ 5 Abs. 4, 25 WEG. Allerdings regelt das Wohnungseigentumsgesetz die Stimmrechtsvertretung des Wohnungseigentümers nicht ausdrücklich; sie ergibt sich nur mittelbar aus § 25 Abs. 2 Satz 2 WEG. Es ist herrschende Rechtsmeinung, daß das Stimmrecht kein höchstpersönliches Recht darstellt und deshalb ein Wohnungseigentümer grundsätzlich auch einen Dritten zu seiner Vertretung in einer Eigentümerversammlung und zur Ausübung des Stimmrechts in eigenem Namen (für den Vertretenen) bevollmächtigen und ermächtigen kann. Das Stimmrecht ist zwar nicht übertragbar, jedoch durch einen Vertreter aufgrund eines Auftrags- oder Gefälligkeitsverhältnisses ausübbar. Spezielle Vollmachtsregelungen finden sich im übrigen häufig auch in der Gemeinschaftsordnung einer Wohnanlage.

Erläuterungen:

Unstreitig besitzt ein Vollmachtgeber (also der vertretene Eigentümer) auch die Möglichkeit, im Innenverhältnis dem Vollmachtnehmer (dem Vertreter) **Weisungen**, d.h. also auch Abstimmungsweisungen zu einzelnen Tagesordnungspunkten, zu erteilen. Das hier vorgeschlagene Vollmachtsmuster berücksichtigt solche Weisungsmöglichkeiten.

Was die Person des Stimmrechtsvertreters anbetrifft, ist primär der Wortlaut der Vereinbarung (Gemeinschaftsordnung) maßgebend. Enthält eine Gemeinschaftsordnung keine einschränkende Klausel in zulässiger Form, ist grds. auch das Vertretungsrecht einer „gemeinschaftsfremden" dritten Person anzuerkennen. Ob der Bevollmächtigte berechtigt ist, Untervollmacht zu erteilen, beurteilt sich nach der Interessenlage und dem Willen des Vertretenen, ergänzend auch nach dem Wortlaut der erteilten Vollmacht. Im Zweifel ist es eine Frage der Auslegung, ob eine Verpflichtung des Vertreters besteht, die Vollmacht höchstpersönlich auszuüben.

Von Stimmrechtsvertretungen ist das Teilnahmerecht Dritter (Berater, Begleitpersonen) in Versammlungen zusammen mit einem Eigentümer zu unterscheiden (diese Frage muß der BGH derzeit auf Vorlage des KG Berlin abschließend klären).

Nach § 25 Abs. 5 WEG kann es zu Stimmrechtsausschlüssen des Vertreters kommen, die dann grds. nach h. M. auch Stimmrechtsvollmachten erfassen. Etwaige ausdrückliche Stimmen-(Abstimmungs-)Weisungen des Vertretenen sind jedoch auch hier bei Stimmenauszählungen zu berücksichtigen.

Form:

Die Vollmachterteilung ist nicht an eine Schriftform gebunden (Ausn.: anderslautende ausdrückliche Vereinbarung in der Gemeinschaftsordnung); auch eine mündliche Bevollmächtigung ist deshalb gültig. Aus Beweisgründen ist allerdings schriftliche Bevollmächtigung dringend zu empfehlen.

II. Muster

An

. . . .

(Die Verwaltung oder den Bevollmächtigten)

Vollmacht für die Eigentümerversammlung der Wohnanlage . .
                       am . . . .
Ich, ...
Anschrift: . . . .

bin Eigentümer der Wohnung Nr. . . . . . . lt. Teilungserklärung
der Garage Nr. . . . . lt. Teilungserklärung
des Teileigentums . . . . lt. Teilungserklärung
des Hobbyraums Nr. . . . . lt. Teilungserklärung

Ich bevollmächtige
    ( ) Herrn/Frau . . . (Wohnungseigentümer)
    ( ) Herrn/Frau . . . (Dritten)
    ( ) Herrn . . . . (Verwaltung)
    ( ) Herrn/Frau . . . (Verwaltungsbeiratsvorsitzenden),
mich in der Eigentümerversammlung am . . zu vertreten; dabei
1) ( ) stelle ich sämtliche Abstimmungen und Entscheidungen vorbehaltlos in das Ermessen meines Vertreters
oder
2) ( ) bitte ich meinen Vertreter zu den einzelnen mir bekannten Tagesordnungspunkten im Rahmen einer Abstimmungsweisung wie folgt abzustimmen:
    a) zu TOP 1:
    b) zu TOP 2:
    c) zu TOP 3:
    d) zu TOP 4:
    - - - - - - - - - - - - - - .

Die Vollmacht ist übertragbar, eine Unterbevollmächtigung daher zulässig. Der Bevollmächtigte bzw. Unterbevollmächtigte ist von der Beschränkung des § 181 BGB befreit.

. . . . , den . . . .

(Unterschrift)

(notarielle Beglaubigung ist nicht erforderlich).

6.5 Versammlungsprotokoll

I. Einführung

Rechtsgrundlagen:

§ 24 Abs. 6 WEG. Das Gesetz fordert nur ein Ergebnis- bzw. „Beschluß-Protokoll", also eine Niederschrift über die in der Versammlung gefaßten Beschlüsse. Die Niederschrift ist von dem Vorsitzenden (der Versammlung), einem Wohnungseigentümer und − falls ein Beirat bestellt ist − auch von dessen Vorsitzendem oder seinem Stellvertreter zu unterzeichnen.

Muß die Verwaltereigenschaft durch eine öffentlich beglaubigte Urkunde (Behörden, Gerichten gegenüber) nachgewiesen werden (z.B. Verwalterneubestellungs-Beschluß und Verkaufszustimmungsvereinbarung durch den Verwalter nach § 12 WEG), genügt die Vorlage des Protokolls über den Bestellungsbeschluß, bei dem die Unterschriften der in § 24 Abs. 6 WEG bezeichneten Personen öffentlich beglaubigt sind (**§ 26 Abs. 4** WEG, neu gefaßt durch das G.v. 30. 7. 1973, Art. 1).

Erläuterungen:

Üblich ist heute ein „erweitertes" Beschluß-Protokoll mit verbindenden Textpassagen, Berichten, Erläuterungen und wesentlichen Erklärungen der Versammlungsteilnehmer. Ein Ablauf- oder Wortprotokoll kann nicht gefordert werden. Die Versendungspflicht eines Protokolls (in Kopie) an alle Eigentümer ergibt sich nicht aus dem WEG. Sie ist jedoch häufig in Verwaltervertrag oder Gemeinschaftsordnung vereinbart. Nach herrsch. Rechtsmeinung ist das Protokoll spätestens vor Ende der 3. Woche seit dem Versammlungstermin **anzufertigen** und bei bestehender Versendungspflicht auch in dieser Zeit Eigentümern zu **übermitteln** (d.h. so rechtzeitig, daß es ihnen bis zum

Ende der 3. Woche seit Versammlungstermin auch zugegangen ist). So kann jeder Eigentümer noch rechtzeitig vor Ablauf der 1-monatigen Beschlußanfechtungsfrist in die Niederschrift einsehen und ggf. fristgemäß gerichtliche Anträge stellen.

II. Muster

Versammlungsprotokoll

Über die ordentliche/außerordentliche Eigentümerversammlung der

- Wohnungseigentümergemeinschaft: . . . .
- vom: . . . .
- Lfd. Nr.:   . . . .

Ort d. Versammlung: . . . .
Versammlungsbeginn: . . . .
Versammlungsleiter: . . . .
Protokollführer(in):   . . . .
Beschlußfähigkeit mit: . . . . Anteilen
(Anwesenheitsliste mit Stimmrechtsvollmachten befinden sich in der Anlage des Originalprotokolls).

Unter Hinweis auf die form- und fristgerecht erfolgte Einladung vom . . . . (alternativ: Antrag auf Einberufung einer außerordentlichen Versammlung vom . . . . . und Ladung vom . . . . .) eröffnet der Versammlungsleiter um . . . . . Uhr die Versammlung unter Eintritt in die allen Eigentümern mitgeteilte Tagesordnung:

1) Zu **TOP 1** („Berichte des Verwalters/des Verwaltungsbeirats")
   a) Der Verwalter Herr . . . berichtet über wesentliche Vorgänge aus dem abgelaufenen Geschäftsjahr und nimmt insbesondere zu folgenden Problemen Stellung:
   aa) . . . .
   bb) . . . .
   cc) . . . .

b) Der Verwaltungsbeiratsvorsitzende Herr . . . . . berichtet insbesondere über aa) die erfolgte Rechnungsprüfung, bb) den Stand des Gerichtsverfahrens der Gemeinschaft gegen . . . . . und cc) seine Bemühungen in Sachen . . . . .
– keine Antragstellung und keine Beschlußfassung –

2) Zu **TOP 2** („Genehmigung der Jahresabrechnung für 19 . . und Entlastung des Verwalters")
   – **Antrag** des Verwaltungsbeiratsvorsitzenden:
   „Die von der Verwaltung erstellte und vom Verwaltungsbeirat stichprobenartig geprüfte und für sachlich und rechnerisch richtig befundene Jahresabrechnung für 19. . wird genehmigt, dem Verwalter entsprechend Entlastung für sein gesamtes Handeln im abgelaufenen Geschäftsjahr erteilt"

Abstimmung: per Handzeichen/Stimmkarten/ Namensaufruf

Abstimmungsergebnis: . . . . . JA-Stimmen
. . . . . NEIN-Stimmen
. . . . . Stimmenthaltungen

Beschlußergebnis: Damit ist der Antrag mit Mehrheit angenommen/abgelehnt.

(ggf. dieses Beschlußthema in **2 Anträge / Beschlüsse** a) „Genehmigung der Abrechnung" und b) „Entlastung des Verwalters" **trennen!**)

3) Zu **TOP 3** („Genehmigung des Wirtschaftsplans für 19. .")
   – **Antrag** des Verwaltungsbeiratsvorsitzenden:
   „Der von der Verwaltung vorgelegte und mit dem Verwaltungsbeirat bereits vorbesprochene Wirtschaftsplan für 19. . wird angenommen"

Abstimmung: per Handzeichen

Abstimmungsergebnis: Damit ist der Antrag mit großer Mehrheit angenommen.

Auf ausdrückliches Befragen des Versammlungsleiters werden gegen die Abstimmung und das verkündete Abstimmungsergebnis keine formellen Bedenken aus dem Eigentümerkreis erhoben.

4) Zu **TOP 4** („Erhebung einer Umzugskostenpauschale")
   Nach längerer lebhafter Diskussion werden folgende Anträge gestellt:

a) **Antrag** des Eigentümers . . . . :
   „Im Falle eines Auszugs eines Wohnungsnutzers ist der
   betreffende Wohnungseigentümer verpflichtet, in die gemeinschaftliche Instandhaltungsrücklage zu Händen des
   Verwalters einen einmaligen, pauschalen Kostenaus-
   gleichsbetrag in Höhe von DM 50, – zu bezahlen, fällig
   zum 1. Werktag des auf den Auszug folgenden Monats.“

b) **Gegenantrag** des Eigentümers . . . . :
   „Im Falle eines Auszugs eines Wohnungsnutzers ist der
   betreffende Wohnungseigentümer . . . DM 500, – (!!)
   zu bezahlen . . .“.
   Der Verwalter/Versammlungsvorsitzende weist die Gemeinschaft darauf hin, daß die Berechtigung solcher
   Umzugspauschalen mangels entgegenstehender Vereinbarungen dem Grundsatz nach anerkannt werden dürfte,
   jedoch – was die Höhe der Pauschale betrifft – noch
   im Rahmen einer ordnungsgemäßen Verwaltung liegen
   und gemäß Treu und Glauben vertretbar sein müsse (was
   seiner Meinung nach hinsichtlich des Gegenantrags nicht
   der Fall sei).

c) **Antrag** zur **Geschäftsordnung** des Eigentümers . . . . . :
   „aa) Die Abstimmung über die Anträge zu TOP 4 soll
       mit Stimmkarten geheim erfolgen;
   bb) Als Stimmauszähler sollen die Eigentümer . . . .
       benannt werden“

Abstimmung: per Handzeichen
Abstimmungsergebnis: Der Antrag ist mit großer Mehrheit
                          abgelehnt

Gegen das Abstimmungsergebnis werden auf ausdrückliches
Befragen keine Bedenken erhoben.

d) **Abstimmung** über den weitergehenden Antrag b): per
   Handzeichen

Abstimmungsergebnis: 10 JA-Stimmen
                          10 NEIN-Stimmen
                          2 Stimmenthaltungen

Beschlußergebnis: Damit ist der Antrag b) abgelehnt
                          (bei Stimmgleichheit 10:10 hat der Beschlußantrag keine
                          Mehrheit gefunden)

183

e) **Abstimmung** über den Antrag a) per Handzeichen

Abstimmungsergebnis: ....

Beschlußergebnis: ....

5) Zu **TOP 5** (.......................................)

6) Zu **TOP 6** („Verschiedenes")

Hier wurde über folgende Themen diskutiert:

a) ....

b) ....

c) ....

Die Themen unter a) und b) werden spätestens in der nächsten ordentlichen Eigentümerversammlung zur Beschlußfassung gestellt.

− keine Antragstellung und Beschlußfassung −

Mangels weiterer Wortmeldungen wird die Versammlung um ..... Uhr geschlossen. Das Protokoll besteht aus ..... Seiten.

Unterschriften: Datum:..................
                         der Protokollerstellung

          Versammlungsleiter / Protokollführer/in

....

Verw.-Beirats-Vors.   Wohnungseigentümer:

....

Anlage: − Anwesenheitsliste
          − Vollmachten
          − Stimmkarten in verschlossenen Umschlägen
           (soweit schriftliche Abstimmungen erfolgten)

6.6 Verwaltervertrag

I. Einführung

Rechtsgrundlagen

1. Wohnungseigentumsrechtlicher Bestellungsakt: §§ 10 Abs. 2, 21 Abs. 3 und § 26 Abs. 1 WEG; in Ausnahmefällen § 26 Abs. 3 WEG.

2. Zivilrechtliches Geschäftsbesorgungs- bzw. Dienstvertragsverhältnis zwischen der Wohnungseigentümergemeinschaft und dem Verwalter: §§ 675, 611 ff. BGB (entgeltlich); in Ausnahmefällen §§ 662 ff. BGB (Auftragsrecht, unentgeltlich).

Erläuterungen

Das nachfolgende Vertragsmuster ist als **ein möglicher Vorschlag** anzusehen.

Dem wohnungseigentumsrechtlichen (Neu-/Wieder-)Bestellungsakt durch einfachen Mehrheitsbeschluß der Eigentümer sollte stets ein Verwaltervertrag (in der Regel entgeltlicher Geschäftsbesorgungsvertrag mit Dienstvertragselementen) folgen, soweit Erstbestellung und Vertrag nicht bereits über Vereinbarung oder schriftlichen Beschluß durch den Bauträger-Verkäufer von Anfang an erfolgten. Die Versammlung sollte jedoch durch Beschluß allein über die Hauptpunkte eines Vertrages, wie insbesondere die Person/Firma des Verwalters, dessen Amtszeit und dessen Vergütung mehrheitlich entscheiden; mit dem Aushandeln und der Abfassung des Vertrages im einzelnen sollte durch einfachen Mehrheitsbeschluß ein Verwaltungsbeirat und/oder ein Rechtsanwalt ermächtigt werden.

Bei der Vertragsformulierung ist von den wohnungseigentumsgesetzlich niedergelegten Leitgedanken auszugehen, des weiteren von den verbindlichen Bestimmungen in der Teilungserklärung/Gemeinschaftsordnung und nicht zuletzt auch von bestehenden, bestandskräftigen Beschlüssen, so daß sich der Vertragswortlaut selbst auf die wesentlichen Punkte, Abweichungen und Ergänzungen gegenüber Gesetz und Gemeinschaftsordnung und im großen und ganzen auf die speziellen Anliegen und Bedürfnisse einer bestimmten Wohnungseigentümergemeinschaft beschränken kann. Detaillierte Leistungskataloge können, müssen aber nicht einem Verwaltervertrag beigefügt werden. Ordentliche Kündigungsrechte mit entsprechenden Kündigungsfristen sollten – wenn gewollt – ausdrücklich im Vertrag vereinbart werden; eine Abberufung aus wichtigem Grund und eine fristlose Vertragskündigung ist eigentümerseits stets möglich (also auch ohne ausdrücklichen Hinweis in einem Vertrag).

Die dem Vertrag entsprechende Vollmachtsurkunde (s. u. B) ist der Legitimationsnachweis des Verwalters gegenüber gemeinschaftsaußenstehenden Dritten, bezieht sich also allein auf das Außenverhältnis (der Verwaltervertrag regelt demgegenüber das Schuldverhältnis zwischen Gemeinschaft und Verwalter, also das Innenverhältnis).

Der Verwaltervertrag und auch die Verwaltervollmacht unterliegen **keinem Formzwang**; die Schriftform ist jedoch aus Beweiserleichterungsgründen dringend angeraten. Bei Verwalterbestellungen durch Mehrheitsbeschluß, dokumentiert durch das betreffende Protokoll, darf auf die §§ 26 Abs. 4 und 24 Abs. 6 WEG hingewiesen werden.

II. Muster

Verwaltervertrag für Wohnungseigentum mit Verwaltervollmacht

A: Verwaltervertrag

zwischen der Eigentümergemeinschaft der Wohnanlage

. . . .
(Straße/Stadt)

und

. . . .
(Name/Firmenbezeichnung des Verwalters)

wird folgende Vereinbarung getroffen:

§ 1 Bestellung und Abberufung des Verwalters

(1) Gemäß Teilungserklärung/Beschluß der Wohnungseigentümerversammlung

vom . . . .

wurde . . . .

zum Verwalter des Anwesens

. . . .

bestellt.

(2) Die Verwaltungstätigkeit beginnt am . . . . und endet am . . . . (vgl. Anm. 1).

(3) Über eine wiederholte Bestellung oder Neubestellung (jeweils längstens auf 5 Jahre) ist bis zum . . . .

186

durch die Wohnungseigentümer zu beschließen; eventuelle Änderungen gegenüber diesem Vertragstext müssen den Vertragspartnern 4 Wochen vor diesem Termin bzw. vor der diesbezüglichen Wohnungseigentümerversammlung bekanntgemacht werden. Über einzelne Änderungswünsche selbst entscheiden die Eigentümer durch Beschlußfassung in der Eigentümerversammlung. Beschlossene Änderungen bedürfen in jedem Fall zu ihrer Wirksamkeit der Zustimmung des Verwalters.

(4) Eine vorzeitige Abberufung und außerordentliche Kündigung des Vertrags durch die Wohnungseigentümer ist vor Ablauf der unter Absatz (2) bezeichneten Frist aus wichtigem Grund mit einfacher Beschlußmehrheit möglich.

§ 2 Allgemeine Pflichten und Berechtigungen des Verwalters

(1) Die Aufgaben und Befugnisse des Verwalters ergeben sich aus dem Wohnungseigentumsgesetz (insbesondere den §§ 27 und 28), aus der Teilungserklärung/Gemeinschaftsordnung, aus den gültigen Beschlüssen und Vereinbarungen der Wohnungseigentümer und aus dem Inhalt dieses Vertrages.

(2) Der Verwalter hat im Rahmen pflichtgemäßen Ermessens alles zu tun, was zu einer ordnungsgemäßen Verwaltung in technischer (bestandserhaltender), organisatorischer und kaufmännischer Hinsicht notwendig ist. Er ist verpflichtet, die Anlage (d.h. das Gemeinschaftseigentum und das gemeinschaftliche Verwaltungsvermögen) mit der Sorgfalt und nach den Grundsätzen eines ordentlichen und fachkundigen Kaufmanns zu betreuen; dabei hat er alle mit der Verwaltung zusammenhängenden gesetzlichen Bestimmungen und vertraglichen Vereinbarungen zu beachten.

(3) Der Verwalter handelt grundsätzlich im Namen und für Rechnung der Eigentümer und ist auch gegenüber Behörden, Drittpersonen/-firmen und anderen Gemeinschaften bevollmächtigt, die Gemeinschaft in gemeinschaftlichen Angelegenheiten (der laufenden Verwaltung) außergerichtlich auf der Aktiv- wie auch der Passivseite zu vertreten. Bei anhängigen Prozessen gegen die Gemeinschaft (– Passivprozesse –) – einschließlich WE-Verfahren nach § 43

WEG, insbes. Beschlußanfechtungsverfahren − besitzt der Verwalter ebenfalls Vertretungsvollmacht einschließlich der Berechtigung zur Anwaltsbeauftragung. Zur Anstrengung von Aktiv-Prozessen − mit Ausnahme § 3 (2) − bedarf es jedoch der einstimmigen Zustimmung durch den Verwaltungsbeirat, sofern die Angelegenheit aus Termin- und Fristgründen keinen Aufschub bis zu einer ordentlichen jährlichen oder auch außerordentlichen Eigentümerversammlung und einer entsprechenden Mehrheitsbeschlußfassung duldet.

(4) Der Verwalter ist berechtigt, in Einzelfällen Untervollmacht zu erteilen; grundsätzlich ist er jedoch verpflichtet, die Verwalteraufgaben selbst zu erfüllen.

§ 3 Einzelaufgaben des Verwalters (beispielhafte Aufzählung)

Der Verwalter hat **insbesondere** folgende Aufgaben zu erfüllen, bzw. ist verpflichtet:

(1) Mit Wirkung für und gegen die Wohnungseigentümer im Rahmen seiner Verwaltungsaufgaben grundsätzlich im Einvernehmen mit dem Verwaltungsbeirat notwendige Verträge abzuschließen und sonstige Rechtsgeschäfte vorzunehmen; gleiches gilt für etwaige Vertragskündigungen.

(2) Zur Beitreibung rückständiger Wohngeld-(Hausgeld-)Zahlungen zugunsten der Gemeinschaft in fremdem oder auch **in eigenem Namen** mit Wirkung für und gegen die Wohnungseigentümer außergerichtlich und notfalls auch gerichtlich tätig zu werden. Im Falle notwendig werdender gerichtlicher Beitreibungsmaßnahmen ist der Verwalter in diesen Fällen auch ermächtigt, einen fachkundigen Rechtsanwalt einzuschalten.

(3) Die nach der Gemeinschaftsordnung und dem Wohnungseigentumsgesetz bestimmte Instandhaltungsrückstellung auf einem separaten Konto zinsbringend anzulegen, soweit kein spezieller Mehrheitsbeschluß für eine anderweitige Anlageform vorliegt (vgl. auch § 5 (4)).

(4) Jede Ausgabe für Instandhaltungs- oder Instandsetzungsmaßnahmen über DM .... im Einzelfall vorher mit dem Verwaltungsbeirat abzustimmen.

Im Falle notwendiger Reparaturen am Gemeinschaftseigentum (üblicher Art, insbes. Unterhalts- bzw. Erhal-
tungsmaßnahmen) hat der Verwalter entsprechende Ange-
bote einzuholen und Auftragsvergaben mit dem Verwaltungsbeirat abzustimmen, sofern entsprechende Beschlußfassungen zeitlich nicht möglich sind. Weiterhin hat der
Verwalter die solche Reparaturarbeiten zu überwachen
und auch abzunehmen, Rechnungsprüfung und -ausgleich
vorzunehmen und sich um etwaige Mängelgewährleistung
fristgerecht zu kümmern. Bei technisch größeren und/
oder schwierigeren Sanierungsmaßnahmen (insbesondere
im Rahmen anfänglicher Baumängelgewährleistung oder
bei bauphysikalischen Sanierungsmaßnahmen) hat der
Verwalter Eigentümern rechtzeitig die Beauftragung von
Sonderfachleuten vorzuschlagen und entsprechende Beschlußfassung herbeizuführen.

(5) Die in der Gemeinschaftsordnung vorgesehenen und über
Mehrheitsbeschluß erwünschten Versicherungen abzuschließen bzw. aufrechtzuerhalten.

(6) Die Einhaltung der Hausordnung und die Erfüllung der
den Eigentümern nach Gesetz und Gemeinschaftsordnung
obliegenden Pflichten zu überwachen; gerichtliches Vorgehen bedarf jedoch grds. genehmigender Eigentümer-Be-
schlußfassung.

(7) Auf Wunsch des Verwaltungsbeirats an dessen Sitzungen
teilzunehmen.

(8) Eine genaue und turnusgemäße Kontrolle der Hausmei-
stertätigkeit durchzuführen.

(9) Eine mindestens 3-wöchige Einladungsfrist zu Eigentümerversammlungen einzuhalten, soweit kein Fall besonderer Dringlichkeit vorliegt.

(10) Tagesordnungspunkte und Beschlußgegenstände einer be-
vorstehenden Versammlung mit dem Verwaltungsbeirat
abzustimmen.

(11) Zumindest ein Beschlußprotokoll in Abschrift allen Eigentümern unverzüglich nach einer Eigentümerversammlung
zuzusenden, Zugang spätestens zum Ende der 3. Woche
seit Versammlungstermin.

(12) Versammlungsprotokolle, gerichtliche Entscheidungen und alle anderen im Eigentum der Gemeinschaft stehenden Verwaltungsunterlagen geordnet aufzubewahren. Über eine evtl. Vernichtung alter Rechnungen und Buchhaltungsunterlagen entscheidet ausschließlich die Gemeinschaft mit einfacher Beschlußmehrheit.

§ 4 Entgeltliche Geschäftsbesorgung und Vergütung

(1) Soweit im Wohnungseigentumsgesetz, der Teilungserklärung / Gemeinschaftsordnung und in diesem Vertrag nichts anderes bestimmt ist, gelten für das Verhältnis zwischen der Wohnungseigentümergemeinschaft und dem Verwalter ergänzend die Vorschriften des BGB über den entgeltlichen Geschäftsbesorgungsvertrag (§ 675 BGB).

(2) Die Vergütung des Verwalters beträgt monatlich

a) je Wohnungseigentum:
b) je Teileigentum (Garage/Stellplatz):
c) je Teileigentum (Gewerberäume):

zuzüglich der jeweils geltenden MWSt (vgl. Anm. 2).
Diesen Betrag darf der Verwalter monatlich vom Eigentümer-Girokonto abheben. Mit dieser Vergütung sind auch alle Sachaufwendungen des Verwalters wie z.B. Porto, Telefon, Kopiekosten (für den Eigenbedarf), EDV-Buchhaltung und dergl. abgegolten, nicht jedoch eine etwa anfallende Saalmiete oder Lautsprecheranlagenmiete für Eigentümerversammlungen, nicht auch etwaiger Sonderaufwand (Arbeitszeit- und Bürokostenaufwand) für einzelne Eigentümer, der mit der laufenden Verwaltung des Gemeinschaftsvermögens nichts zu tun hat.

(3) Durch die Vergütung nach vorgenanntem Absatz wird die Teilnahme an **einer** Jahresversammlung der Wohnungseigentümer (einschließlich einer etwaigen Fortsetzungs- und/oder Wiederholungsversammlung), zu deren Einberufung der Verwalter in jedem Geschäftjahr verpflichtet ist, abgegolten. Für jede weitere, außerordentliche Wohnungseigentümerversammlung, die von der Eigentümergemeinschaft oder dem Verwaltungsbeirat gewünscht wird, erhält der Verwalter eine zusätzliche Entschädigung von der Ge-

meinschaft in Höhe von DM .... zzgl.
MWSt .... (vgl. Anm. 3).

(4) Der anläßlich eines Verwalterwechsels naturgemäß erforderliche, anfängliche Mehraufwand des Verwalters ist mit der ordentlichen Verwaltervergütung abgegolten (vgl. Anm. 4).

(5) Nicht mit der Verwaltervergütung nach Abs. (2) abgegolten – und nachfolgend vereinbart – sind:

- Gebühren für Mahnungen an zahlungssäumige Wohnungseigentümer (je Mahnung DM 10, – /20, – zzgl. MWSt);
- Kosten für eigentümerseits erwünschte Kopien aus Verwaltungsakten (DM 1, – zzgl. MWSt bis zu 50 Kopien und Porti vertretbar und üblich);
- Gutachter- und Sachverständigenhonorare (Rechtsanwälte, Architekten, Ingenieure);
- Gerichts- und Rechtsanwaltskosten;
- Kopie- und Zustellungskosten für notwendige Informationsschreiben an die Eigentümer (Ausn.: Ladungen zu Eigentümerversammlungen, Abrechnungen, Wirtschaftspläne, Protokolle, Verwalter-Rundschreiben);
- Kosten für Sonderleistungen gegenüber einzelnen Eigentümern (vgl. auch oben Abs. (2));
(– ggf. pauschaliert vereinbarte Bearbeitungskosten für vereinbarungsgemäß vorgesehene Verwalterzustimmungen bei Wohnungsverkäufen).

(6) Der Verwalter ist berechtigt, der Eigentümerversammlung eine Erhöhung der Verwaltergebühr vorzuschlagen, wenn die wirtschaftliche Gesamtentwicklung dazu berechtigt. Eine Erhöhung der Verwaltergebühr während der vertraglich vereinbarten Amtszeit bedarf jedoch in jedem Falle der mehrheitlichen Zustimmung der Eigentümerversammlung.

(7) Steht ein Wohnungs- oder Teileigentum mehreren Personen zu, so haften auch für die Verwaltervergütung alle Teilhaber als Gesamtschuldner.

§ 5 Kontenführung

(1) Der Verwalter hat die Pflicht, die Gelder der Eigentümergemeinschaft von seinem Vermögen und dem Dritter, insbesondere anderer von ihm verwalteter Gemeinschaften, getrennt zu halten.

(2) Die Bank oder das Institut, bei dem das gemeinschaftliche Geschäfts-Giro- bzw. Instandhaltungsrückstellungskonto als sog. offenes Fremdkonto geführt wird, bestimmt der Verwalter im Einvernehmen mit dem Verwaltungsbeirat.

Die Kontenbezeichnung lautet:

a) Hausgeld-(Wohngeld-)Konto (Bank, Bankleitzahl, Konto-Nr.)
   Wohnungseigentümergemeinschaft . . . .
   vertreten durch den Hausverwalter . . . .
b) Instandhaltungsrückstellungskonto
   Wohnungseigentümergemeinschaft . . . .
   vertreten durch den Verwalter . . . .

(3) Gegen Hausgeld-(Wohngeld-)Ansprüche ist die Aufrechnung mit anderen Ansprüchen oder die Geltendmachung von Zurückbehaltungsrechten grundsätzlich nicht zulässig (Ausn.: anerkannte, rechtskräftig festgestellte oder Notgeschäftsführungs-Gegenforderungen).

(4) Instandhaltungsrückstellungen werden – spätestens zum Geschäftsjahresende – auf einem gesonderten Konto mit möglichst günstiger Verzinsung angelegt, wobei die Art der Geldanlage im einzelnen mit dem Verwaltungsbeirat abzustimmen oder über Beschluß der Eigentümerversammlung festzulegen ist.

(5) Das eingezahlte Hausgeld (Wohngeld) ist einmal jährlich insgesamt und auch den jeweiligen Eigentümern einzeln abzurechnen (spätestens zum Ende des Folgegeschäfts-Halbjahres). Die Jahresabrechnung und der vom Verwalter in Vorschlag gebrachte Wirtschaftsplan für das folgende Rechnungsjahr (Wirtschaftsjahr) müssen den Eigentümern mindestens eine Woche vor der Versammlung schriftlich zugegangen sein, in der über Abrechnung und Wirtschaftsplan abgestimmt werden soll.

§ 6 Veräußerung eines Wohnungseigentums

Bei der Veräußerung eines Wohnungs- oder Teileigentums hat der Eigentümer seinen Rechtsnachfolger zum Eintritt in diesen Verwaltervertrag zu verpflichten.

§ 7 Teilweise Unwirksamkeit/Vertragsänderungen

Wird ein Teil dieses Vertrages unwirksam, so bleibt der übrige Vertragsinhalt in vollem Umfange rechtswirksam. Der rechtsunwirksame Teil ist durch eine dem beabsichtigten wirtschaftlichen Zweck in rechtlich zulässiger Weise am nächsten kommende Bestimmung zu ersetzen.

Abänderungen und Ergänzungen dieses Vertrages bedürfen der Zustimmung der Wohnungseigentümer durch Mehrheitsbeschlußfassung in der Eigentümerversammlung und der Genehmigung des Verwalters.

§ 8 Beendigung der Verwaltertätigkeit

Bei Beendigung der Verwaltertätigkeit − gleich aus welchem Grunde − hat der Verwalter die Konten der Wohnungseigentümergemeinschaft abzurechnen, Rechnung zu legen und alle die Wohnungseigentümergemeinschaft betreffenden und zu einer ordnungsgemäßen Fortführung der Verwaltung notwendigen Unterlagen unverzüglich in geordneter Form an den Vorsitzenden des Verwaltungsbeirats, seinen Stellvertreter oder einen vom Verwaltungsbeirat benannten Dritten (insbesondere an einen neu bestellten Verwalter) auszuhändigen, d. h. zur Abholung gegen Empfangsquittung bereitzustellen.

§ 9 Sonstige Bestimmungen (vgl. Anm. 5)

(1) Der Verwalter hat nach eigenem pflichtgemäßen Ermessen periodische Objektkontrollen durchzuführen (Hausmeisterüberwachung, Prüfung von Instandsetzungsnotwendigkeiten, Überprüfung der Einhaltung der Hausordnung usw.) und auf Verlangen den Verwaltungsbeirat von den Ergebnissen seiner Kontrollen zu informieren. Im übrigen wird auf die §§ 2 und 3 dieses Vertrages verwiesen.

(2) Der Verwalter versichert, daß er eine Vermögensschaden-versicherung mit einer Deckungssumme von . . . . abgeschlossen hat und ständig aufrechterhält.

(3) Schadenersatzansprüche aus leicht fahrlässiger Vertrags-verletzung gegen den Verwalter verjähren in 3 Jahren von dem Zeitpunkt an, in dem der Anspruch der Gemeinschaft bzw. einzelner Eigentümer entstanden ist, spätestens je-doch in 3 Jahren nach Beendigung des Verwalteramtes (vgl. Anm. 6).

(4) . . . .

Datum: . . . .   Für die Eigentümergemein-
Der Verwalter: schaft: z.B. der Verwaltungs-
. . . .   beirat im Auftrag der Woh-
                                nungseigentümergemein-
                                schaft aufgrund in der Eigen-
                                tümerversammlung vom . . . .

                                . . . . erteilter
                                Vollmacht/Ermächtigung:

B: Verwaltervollmacht

Wohnungseigentümergemeinschaft: . . . .
Der Verwalter der Wohnungseigentümergemeinschaft

. . . .

wird bevollmächtigt, die Wohnungseigentümergemeinschaft in allen **gemeinschaftlichen** Verwaltungs-Angelegenheiten außer-gerichtlich und auch gerichtlich zu vertreten.

Im **eigenen** Namen kann der Verwalter mit Wirkung für und ge-gen die Wohnungseigentümer Hausgeld-(Wohngeld-)Rückstän-de (einschließlich Sonderumlagebeiträge) gegen säumige Woh-nungseigentümer außergerichtlich und auch gerichtlich geltend machen (mit dem Recht, einen RA zu beauftragen).

Der Verwalter kann des weiteren insbesondere unter Befreiung von den Beschränkungen des § 181 BGB:

1) Rechte der Wohnungseigentümer gegenüber Dritten regeln und wahrnehmen oder Ansprüche Dritter gegen die Gemein-schaft abwehren,

2) die Wohnungseigentümer als Berechtigte von Dienstbarkei-ten gerichtlich oder außergerichtlich vertreten,

194

3) Dienst-, Werk-, Versicherungs-, Wartungs- und Lieferungs-
verträge abschließen und auflösen, die zur Erfüllung von
Beschlüssen der Wohnungseigentümergemeinschaft oder
einer ordnungsgemäßen und sachgerechten Verwaltung erforderlich sind.

Der Verwalter ist auch berechtigt:

1) Im Namen aller Wohnungseigentümer mit Wirkung für und
gegen sie alle Leistungen und Zahlungen zu bewirken und
entgegenzunehmen, die mit der laufenden Verwaltung zusammenhängen,

2) Willenserklärungen und Zustellungen entgegenzunehmen,
soweit diese an alle Wohnungseigentümer in dieser Eigenschaft oder – wie im WE-Verfahren – an einem Teil der
Eigentümer gerichtet sind,

3) Maßnahmen zu treffen, die zur Wahrung einer Frist oder
zur Abwendung eines der Gemeinschaft drohenden Rechtsnachteils erforderlich sind,

4) Untervollmachten für einzelne Verwaltungsangelegenheiten
zu erteilen.

Erlischt die Vertretungsmacht des Verwalters, so ist die Vollmacht den Wohnungseigentümern, d.h. dem Vorsitzenden des
Verwaltungsbeirats, unverzüglich zurückzugeben. Ein Zurückbehaltungsrecht an der Urkunde steht dem Verwalter nicht zu.

Datum: . . . .
Der Verwaltungsbeirat im Auftrag der Wohnungseigentümer:
. . . .

Anmerkungen

1) Hier kann nach h.R.M. auch eine Vertragsverlängerungs-
und eine Wiederbestellungsklausel vereinbart werden (vgl.
§ 26 Abs. 2 WEG). Beachtet werden muß jedoch stets § 26
Abs. 1 WEG (Bestellung auf höchstens 5 Jahre!).
Bestellung und Vertragsbeginn können zeitlich auseinander-
fallen. Der Vertragsbeginn sollte möglichst genau datumsmäßig festgelegt werden, um Zweifel bei Vertragszeit-Frist-
berechnungen zu vermeiden.

2) Die Kostenverteilung des Verwalterhonorars nach Einheiten hat sich zwischenzeitlich durchgesetzt; mangels spezieller Regelung würde auch hier § 16 Abs. 2 WEG gelten (Verteilung nach Miteigentumsquoten). Entsprechende Kostenverteilungsvereinbarungen in der Gemeinschaftsordnung haben jedoch Vorrang.

3) Je nach Größe der Gemeinschaft üblicherweise z.b. 200, – DM, 300, – DM oder 500, – DM.

4) Diese Klausel entfällt bei einer Verwalter-Erstbestellung „durch den Bauträger-Verkäufer".

5) Hier können spezielle Punkte aufgenommen werden (ggf. gegen Sonderhonorierung), die im besonderen Interesse der Vertragspartner liegen, z.b. über:

   – Form und Umfang von Jahresabrechnungen
   – Pflichtenabgrenzungen im Bereich anfänglicher Baumängelgewährleistungs-Anspruchsverfolgungen bez. des Gemeinschaftseigentums
   – Abnahme des Gemeinschaftseigentums
   – Zustimmungsvorbehalte des Verwaltungsbeirats bei Ausgaben ab einer bestimmten Größenordnung
   – Hausmeisteranstellungspflichten
   – Baubetreuungstätigkeiten eines Verwalters größeren Umfangs (größere Instandsetzungen/Modernisierungen des Gemeinschaftseigentums).

6) Eine solche Haftungsbegrenzung (ähnlich der Regelungen in Berufsordnungen anderer selbständiger, treuhänderisch tätiger Berufsgruppen wie RA'en, Steuerberatern, WP's, TH in BH-Modellen nach BGH) ist m.E. auch unter Berücksichtigung des AGB-Gesetzes in der WE-Verwalterbranche als gültig anzusehen und sollte eigentümerseits akzeptiert werden.

VI. Muster	Raum für Notizen

6.7 Abnahmeprotokoll – Gemeinschaftseigentum

(Vorbehalt gemäß § 464 bzw. 640 Abs. 2 BGB)

Eigentümergemeinschaft: . . . .
(Ort / Straße)

Beteiligt – auf seiten des
Bauträgers: . . . .
(Name)
. . . .

auf seiten der
Gemeinschaft: . . . .
. . . .
. . . .

Abnahmetag: . . . .

Festgestellte Baumängel/Resterfüllungsarbeiten:

I. Vom Bauträger-Verkäufer anerkannt:

1. . . . .
(Mangelbeschrieb in Kurzform – spezifiziert und lokalisiert)
2. . . . .
3. . . . .

II. Anerkannte Minderungs- und Ausgleichszahlungen
ohne Nachbesserungspflicht:

1. Betrag: . . . .
2. Betrag: . . . .
3. Betrag: . . . .
. . . . Gesamtsumme: . . . .

III. Vom Bauträger-Verkäufer nicht anerkannt
(mit kurzer Begründung):

1. . . . .
2. . . . .
3. . . . .

Die sich aus der Übergabe/Abnahme ergebenden vertragsrechtlichen Auswirkungen sind in den notariellen Erwerbsverträgen unter § . . ./Ziffer . . . geregelt. Auf diese Bestimmungen wird ausdrücklich verwiesen.

Die Einweisung in den Betrieb technischer Anlagen (Heizzentrale, Entlüftungsanlage, Aufzug usw.) erfolgte unter Übergabe entsprechender Betriebsanleitungen an den Verwalter. Die Erwerber verpflichten sich, die technischen Anlagen und Einrichtungsgegenstände ordnungsgemäß zu warten bzw. warten zu lassen.

Protokoll-Datum: . . . .

Für den Bauträger: Für die Gemeinschaft:

. . . .

. . . .

      (Unterschriften)

6.8 Antrags- und Beschlußvorschlag für Mängelgewährleistungsanspruchsverfolgung (GE-Mängel)

a) Der Verwalter (der Verwaltungsbeirat) wird **ermächtigt**, in eigenem Namen mit Wirkung für und gegen die Gemeinschaft Baumängelgewährleistungsansprüche (nach Wahl primäre oder auch sekundäre Ansprüche) bzgl. des Gemeinschaftseigentums der Anlage (einschl. etwaiger Folgeschäden im/am Sondereigentum aufgrund ursächlich vom Gemeinschaftseigentum ausgehender Mängel) gegen sämtliche Baubeteiligte/den Bauträgerverkäufer geltend zu machen, vorerst versuchsweise außergerichtlich, notfalls aber auch auf gerichtlichem Wege (selbständiges Beweisverfahren oder Klage).

b) Zu diesem Zwecke wird der Verwalter (der Verwaltungsbeirat) ermächtigt, mit Wirkung für und gegen die Gemeinschaft einen **Baufachmann** (Privatgutachter) zu beauftragen, die derzeit vorhandenen und noch nicht behobenen anfänglichen Baumängel am Gemeinschaftseigentum eindeutig zu lokalisieren, zu analysieren (Ursachenfeststellung) und unter Angabe des voraussichtlichen Sanierungsaufwandes (entsprechender Minderungsbeträge bei objektiv unmöglicher oder vom Aufwand her unzumutbarer Sanierung) spezifiziert aufzulisten.

c) Zur außergerichtlichen und notfalls gerichtlich notwendigen Verfolgung der Gewährleistungsansprüche gegen den/die Haftungsschuldner wird der Verwalter (der Verwaltungsbeirat) ermächtigt, im eigenen Namen mit Wirkung für und gegen die Gemeinschaft eine baurechtlich versierte **Rechtsanwaltskanzlei** unter Erteilung anwaltsüblicher Vollmacht zu beauftragen und diese ordnungsgemäß und vollständig in tatsächlicher Hinsicht zu informieren.

d) Über Modalitäten und Durchführung evtl. **Eigensanierungsmaßnahmen** (nach eingetretener Verzugslage) – mit Ausnahme von Not- und Eilmaßnahmen nach Beweissicherung – wird die Gemeinschaft zu gegebener Zeit separat Beschluß fassen.
(Alternativ: Mit der Sanierung aus evtl. erfolgreich erwirkten Geldmitteln wird die Firma X (u.U. die Verwaltung) beauftragt. Sie erhält hierfür eine Baubetreuungsgebühr von x % der jeweiligen Auftragssumme).

e) Zum Zwecke der **Vorfinanzierung** vorbeschlossener Maßnahmen (Privatgutachterkosten, Gerichtskostenvorschüsse, Sachverständigenkosten, Rechtsanwaltshonorarvorschüsse) wird eine zweckgebundene Sonderumlage (alternativ: Entnahmeberechtigung aus der bestehenden Instandhaltungsrücklage) erhoben, die (vorerst) limitiert ist auf DM . . . .
Aus diesem Grund hat ein jeder Miteigentümer auf Sonderkonto „Baumängel" an die Gemeinschaft, vertreten durch den Verwalter, bei der x-Bank, Konto Nr. . . . .
DM . . . . . . pro 1/1000 tausendstel Miteigentumsanteil zu bezahlen, und zwar zahlbar in 4 gleichen Raten jeweils zum 1. 1., 1. 4. usw. Bei Abbuchungen von diesem Sonderkonto benötigt der Verwalter die Unterschrift des Verwaltungsbeiratsvorsitzenden, ersatzweise eines Beiratsmitglieds (alternativ: Bei Abbuchungen über DM 1 000, – . . . . . .).

f) (Soweit Verwalterermächtigung vorliegt) Der Verwalter ist verpflichtet, sämtliche beabsichtigten wichtigen Maßnahmen und Entscheidungen jeweils vorher mit dem Verwaltungsbeirat **abzustimmen**.

g) (Bei Beiratsermächtigung) Der Verwaltungsbeirat wird in diesem Zusammenhang von jeglichen **Haftungsansprüchen** der Gemeinschaft **freigestellt**, sofern ihm nicht Vorsatz oder grobe Fahrlässigkeit nachzuweisen ist.

6.9 Muster eines Kartei-/Daten-Übersichtsblattes für Ihr Kaufobjekt

Legen Sie sich für Ihr Wohnungs-/ oder Teileigentum ein **Kartei-/Daten-Übersichtsblatt** an – in etwa nach folgendem, modifizierbarem Formular-Muster –, um sämtliche wichtigen Daten aus Ihrer Immobil-Akte auf einen Blick schnell erfassen zu können:

Kaufobjekt in ...., ... -Str. Nr. ....

1. Datum des notariellen **Erwerbsvertrages:** ....

2. **Notar** (Name, Anschrift, Telefon)
   und **Urk.-Rollen-Nr.:** ....

3. **Verkäufer** (Name, Anschrift, Telefon,
   gesetzlicher Vertreter): ....

4. **Lfd. Nr.** der Einheit nach Aufteilungsplan
   (Teilungserklärung: ....

5. **Lfd. Nr.** des Kfz-Stellplatzes nach Plan/
   Sondernutzungsrecht: ....

6. **Grundbuch**bezeichnung (Amtsgericht,
   Band- und Blatt-Nr.): ....

7. **Miteigentumsquoten**
   a) Wohn- bzw. Teileigentumseinheit: ....
   b) Stellplatz-Teileigentum (Garage): ....

8. Eintragungsdatum der **Auflassungsvormerkung** im Grundbuch: ....

9. **Auflassung/Eintragung** der Eigentumsumschreibung im Grundbuch: ....

10. **Gesamtkaufpreis/**Bezahltdatum: ....
    Ratenzahlungen am: ....

11. **Kauf-Nebenkosten** (Höhe, Bezahltdatum)
    a) Makler-Provision: ....
    b) Notar-Gebühren: ....
    c) Gerichtsgebühren: ....
    d) **Grunderwerbsteuer:** ....
    e) Sonstige Kosten: ....
    f) **Gesamt:** ....

12. **Wohn- bzw. Nutzfläche** gesamt in qm: . . . .

13. Stockwerkslage, **Anzahl der Räume**
    (Keller, Speicher): . . . .

14. **Besitz-, Lasten- und Nutzungsübergang** (im Innenverhältnis
    zum Verkäufer)
    (Datum): . . . .

15. **Gewährleistungs-Fristende** (Baumängel,
    Restarbeiten)
    a) Sondereigentum: . . . .
    b) Gemeinschaftseigentum: . . . .

16. Datum des / der **Abnahmeprotokolls(e)**: . . . .

17. **Einheitswert** (Bescheid vom . . . .): . . . .

18. **Makler** (Name, Anschrift, Telefon): . . . .

19. **Grundsteuer** (Jahressteuersumme derzeit,
    Bescheid vom . . . .): . . . .

20. **WE-Verwalter** (Name, Anschrift, Telefon): . . . .

21. **Verwaltungsbeirats-Vorsitzender**
    (Name, Anschrift, Telefon): . . . .

22. **Mietpartei** (Name, Telefon): . . . .
    a) MV-Dauer: . . . .
    b) Mietzins und Nebenkostenvoraus-
    zahlung (derzeit): . . . .
    c) Staffelungsdaten / Indexierung: . . . .
    d) Kaution: . . . .
    e) zuletzt mit Mieter Nebenkosten
    abgerechnet am: . . . .

23. **Finanzierungsbelastungen:** . . . .
    a) Institute (Anschriften, Darlehens-
    nummern): . . . .
    b) Annuitäten (Zins / Tilgung): . . . .
    c) Gebühren: . . . .
    d) Damnum: . . . .

24. **Wohngeldvorauszahlung** (derzeitige Höhe): . . . .

Anhang

Wohnungseigentums-Gesetz (Stand: 22. 3. 1991) – Auszug –

I. Teil: Wohnungseigentum

§ 1 Begriffsbestimmungen

(1) Nach Maßgabe dieses Gesetzes kann an Wohnungen das Wohnungseigentum, an nicht zu Wohnzwecken dienenden Räumen eines Gebäudes das Teileigentum begründet werden.

(2) Wohnungseigentum ist das Sondereigentum an einer Wohnung in Verbindung mit dem Miteigentumsanteil an dem gemeinschaftlichen Eigentum, zu dem es gehört.

(3) Teileigentum ist das Sondereigentum an nicht zu Wohnzwecken dienenden Räumen eines Gebäudes in Verbindung mit dem Miteigentumsanteil an dem gemeinschaftlichen Eigentum, zu dem es gehört.

(4) Wohnungseigentum und Teileigentum können nicht in der Weise begründet werden, daß das Sondereigentum mit Miteigentum an mehreren Grundstücken verbunden wird.

(5) Gemeinschaftliches Eigentum im Sinne dieses Gesetzes sind das Grundstück sowie die Teile, Anlagen und Einrichtungen des Gebäudes, die nicht im Sondereigentum oder im Eigentum eines Dritten stehen.

(6) Für das Teileigentum gelten die Vorschriften über das Wohnungseigentum entsprechend.

1. Abschnitt: Begründung des Wohnungseigentums

§ 2 Arten der Begründung

Wohnungseigentum wird durch die vertragliche Einräumung von Sondereigentum (§ 3) oder durch Teilung (§ 8) begründet.

§ 3 Vertragliche Einräumung von Sondereigentum

(1) Das Miteigentum (§ 1008 des Bürgerlichen Gesetzbuches) an einem Grundstück kann durch Vertrag der Miteigentümer in der Weise beschränkt werden, daß jedem der Miteigentümer abweichend von § 93 des Bürgerlichen Gesetzbuches das Sondereigentum an einer bestimmten Wohnung oder an nicht zu Wohnzwecken dienenden bestimmten Räumen in einem auf dem Grundstück errichteten oder zu errichtenden Gebäude eingeräumt wird.

(2) Sondereigentum soll nur eingeräumt werden, wenn die Wohnungen oder sonstigen Räume in sich abgeschlossen sind. Garagenstellplätze gelten als abgeschlossene Räume, wenn ihre Flächen durch dauerhafte Markierungen ersichtlich sind.

(3) Unbeschadet der im übrigen Bundesgebiet bestehenden Rechtslage wird die Abgeschlossenheit von Wohnungen oder sonstigen Räumen, die vor dem 3. 10. 1990 bauordnungsrechtlich genehmigt worden sind, in dem in Artikel 3 des Einigungsvertrages bezeichneten Gebiet nicht dadurch ausgeschlossen, daß die Wohnungstrennwände und Wohnungstrenndecken oder die entsprechenden Wände oder Decken bei sonstigen Räumen nicht den bauordnungsrechtlichen Anforderungen entsprechen, die im Zeitpunkt der Erteilung der Bescheinigung nach § 7 Abs. 4 Nr. 2 gelten. Diese Regelung gilt bis zum 31. 12. 1996.

§ 4 Formvorschriften

(1) Zur Einräumung und zur Aufhebung des Sondereigentums ist die Einigung der Beteiligten über den Eintritt der Rechtsänderung und die Eintragung in das Grundbuch erforderlich.

(2) Die Einigung bedarf der für die Auflassung vorgeschriebenen Form. Sondereigentum kann nicht unter einer Bedingung oder Zeitbestimmung eingeräumt oder aufgehoben werden.

(3) Für einen Vertrag, durch den sich ein Teil verpflichtet, Sondereigentum einzuräumen, zu erwerben oder aufzuheben, gilt § 313 des Bürgerlichen Gesetzbuches entsprechend.

§ 5 Gegenstand und Inhalt des Sondereigentums

(1) Gegenstand des Sondereigentums sind die gemäß § 3 Abs. 1 bestimmten Räume sowie die zu diesen Räumen gehörenden Bestandteile des Gebäudes, die verändert, beseitigt oder eingefügt werden können, ohne daß dadurch das gemeinschaftliche Eigentum oder ein auf Sondereigentum beruhendes Recht eines anderen Wohnungseigentümers über das nach § 14 zulässige Maß hinaus beeinträchtigt oder die äußere Gestaltung des Gebäudes verändert wird.

(2) Teile des Gebäudes, die für dessen Bestand oder Sicherheit erforderlich sind, sowie Anlagen und Einrichtungen, die dem gemeinschaftlichen Gebrauch der Wohnungseigentümer dienen, sind nicht Gegenstand des Sondereigentums, selbst wenn sie sich im Bereich der im Sondereigentum stehenden Räume befinden.

(3) Die Wohnungseigentümer können vereinbaren, daß Bestandteile des Gebäudes, die Gegenstand des Sondereigentums sein können, zum gemeinschaftlichen Eigentum gehören.

(4) Vereinbarungen über das Verhältnis der Wohnungseigentümer untereinander können nach den Vorschriften des 2. und 3. Abschnittes zum Inhalt des Sondereigentums gemacht werden.

§ 6 Unselbständigkeit des Sondereigentums

(1) Das Sondereigentum kann ohne den Miteigentumsanteil, zu dem es gehört, nicht veräußert oder belastet werden.

(2) Rechte an dem Miteigentumsanteil erstrecken sich auf das zu ihm gehörende Sondereigentum.

§ 7 Grundbuchvorschriften

(1) Im Falle des § 3 Abs. 1 wird für jeden Miteigentumsanteil von Amts wegen ein besonderes Grundbuchblatt (Wohnungsgrundbuch, Teileigentumsgrundbuch) angelegt. Auf diesem ist das zu dem Miteigentumsanteil gehörende Sondereigentum und als Beschränkung des Miteigentums die Einräumung der zu den anderen Miteigentumsanteilen gehörenden Sondereigentumsrechte einzutragen. Das Grundbuchblatt des Grundstücks wird von Amts wegen geschlossen.

(2) Von der Anlegung besonderer Grundbuchblätter kann abgesehen werden, wenn hiervon Verwirrung nicht zu besorgen ist. In diesem Falle ist das Grundbuchblatt als gemeinschaftliches Wohnungsgrundbuch (Teileigentumsgrundbuch) zu bezeichnen.

(3) Zur näheren Bezeichnung des Gegenstandes und des Inhalts des Sondereigentums kann auf die Eintragungsbewilligung Bezug genommen werden.

(4) Der Eintragungsbewilligung sind als Anlagen beizufügen:

1. eine von der Baubehörde mit Unterschrift und Siegel oder Stempel versehene Bauzeichnung, aus der die Aufteilung des Gebäudes sowie die Lage und Größe der im Sondereigentum und der im gemeinschaftlichen Eigentum stehenden Gebäudeteile ersichtlich ist (Aufteilungsplan); alle zu demselben Wohnungseigentum gehörenden Einzelräume sind mit der jeweils gleichen Nummer zu kennzeichnen;

2. eine Bescheinigung der Baubehörde, daß die Voraussetzungen des § 3 Abs. 2 vorliegen.

Wenn in der Eintragungsbewilligung für die einzelnen Sondereigentumsrechte Nummern angegeben werden, sollen sie mit denen des Aufteilungsplanes übereinstimmen.

(5) Für Teileigentumsgrundbücher gelten die Vorschriften über Wohnungsgrundbücher entsprechend.

§ 8 Teilung durch den Eigentümer

(1) Der Eigentümer eines Grundstücks kann durch Erklärung gegenüber dem Grundbuchamt das Eigentum an dem Grundstück in Miteigentumsanteile in der Weise teilen,

daß mit jedem Anteil das Sondereigentum an einer bestimmten Wohnung oder an nicht zu Wohnzwecken dienenden bestimmten Räumen in einem auf dem Grundstück errichteten oder zu errichtenden Gebäude verbunden ist.

(2) Im Falle des Absatzes 1 gelten die Vorschriften des § 3 Abs. 2 und der §§ 5, 6, § 7 Abs. 1, 3 bis 5 entsprechend. Die Teilung wird mit der Anlegung der Wohnungsgrundbücher wirksam.

§ 9 Schließung der Wohnungsgrundbücher

(1) Die Wohnungsgrundbücher werden geschlossen:

1. von Amts wegen, wenn die Sondereigentumsrechte gemäß § 4 aufgehoben werden;

2. auf Antrag sämtlicher Wohnungseigentümer, wenn alle Sondereigentumsrechte durch völlige Zerstörung des Gebäudes gegenstandslos geworden sind und der Nachweis hierfür durch eine Bescheinigung der Baubehörde erbracht ist;

3. auf Antrag des Eigentümers, wenn sich sämtliche Wohnungseigentumsrechte in einer Person vereinigen.

(2) Ist ein Wohnungseigentum selbständig mit dem Rechte eines Dritten belastet, so werden die allgemeinen Vorschriften, nach denen zur Aufhebung des Sondereigentums die Zustimmung des Dritten erforderlich ist, durch Absatz 1 nicht berührt.

(3) Werden die Wohnungsgrundbücher geschlossen, so wird für das Grundstück ein Grundbuchblatt nach den allgemeinen Vorschriften angelegt; die Sondereigentumsrechte erlöschen, soweit sie nicht bereits aufgehoben sind, mit der Anlegung des Grundbuchblatts.

2. Abschnitt: Gemeinschaft der Wohnungseigentümer

§ 10 Allgemeine Grundsätze

(1) Das Verhältnis der Wohnungseigentümer untereinander bestimmt sich nach den Vorschriften dieses Gesetzes und, soweit dieses Gesetz keine besonderen Bestimmungen enthält, nach den Vorschriften des Bürgerlichen Gesetzbuches über die Gemeinschaft. Die Wohnungseigentümer können von den Vorschriften dieses Gesetzes abweichende Vereinbarungen treffen, soweit nicht etwas anderes ausdrücklich bestimmt ist.

(2) Vereinbarungen, durch die die Wohnungseigentümer ihr Verhältnis untereinander in Ergänzung oder Abweichung von Vorschriften dieses Gesetzes regeln, sowie die Abänderung oder Aufhebung solcher Vereinbarungen wirken gegen den Sondernachfolger eines Wohnungseigentümers nur, wenn sie als Inhalt des Sondereigentums im Grundbuch eingetragen sind.

4(3) Beschlüsse der Wohnungseigentümer gemäß § 23 und Entscheidungen des Richters gemäß § 43 bedürfen zu ihrer Wirksamkeit gegen den Sondernachfolger eines Wohnungseigentümers nicht der Eintragung in das Grundbuch.

(4) Rechtshandlungen in Angelegenheiten, über die nach diesem Gesetz oder nach einer Vereinbarung der Wohnungseigentümer durch Stimmenmehrheit beschlossen werden kann, wirken, wenn sie auf Grund eines mit solcher Mehrheit gefaßten Beschlusses vorgenommen werden, auch für und gegen die Wohnungseigentümer, die gegen den Beschluß gestimmt oder an der Beschlußfassung nicht mitgewirkt haben.

§ 11 Unauflöslichkeit der Gemeinschaft

(1) Kein Wohnungseigentümer kann die Aufhebung der Gemeinschaft verlangen. Dies gilt auch für eine Aufhebung aus wichtigem Grund. Eine abweichende Vereinbarung ist nur für den Fall zulässig, daß das Gebäude ganz oder teilweise zerstört wird und eine Verpflichtung zum Wiederaufbau nicht besteht.

(2) Das Recht eines Pfändungsgläubigers (§ 751 des Bürgerlichen Gesetzbuches) sowie das Recht des Konkursverwalters (§ 16 Abs. 2 der Konkursordnung), die Aufhebung der Gemeinschaft zu verlangen, ist ausgeschlossen.

§ 12 Veräußerungsbeschränkung

(1) Als Inhalt des Sondereigentums kann vereinbart werden, daß ein Wohnungseigentümer zur Veräußerung seines Wohnungseigentums der Zustimmung anderer Wohnungseigentümer oder eines Dritten bedarf.

(2) Die Zustimmung darf nur aus einem wichtigen Grunde versagt werden. Durch Vereinbarung gemäß Absatz 1 kann dem Wohnungseigentümer darüber hinaus für bestimmte Fälle ein Anspruch auf Erteilung der Zustimmung eingeräumt werden.

(3) Ist eine Vereinbarung gemäß Absatz 1 getroffen, so ist eine Veräußerung des Wohnungseigentums und ein Vertrag, durch den sich der Wohnungseigentümer zu einer solchen Veräußerung verpflichtet, unwirksam, solange nicht die erforderliche Zustimmung erteilt ist. Einer rechtsgeschäftlichen Veräußerung steht eine Veräußerung im Wege der Zwangsvollstreckung oder durch den Konkursverwalter gleich.

§ 13 Rechte des Wohnungseigentümers

(1) Jeder Wohnungseigentümer kann, soweit nicht das Gesetz oder Rechte Dritter entgegenstehen, mit den im Sondereigentum stehenden Gebäudeteilen nach Belieben verfahren, insbesondere diese bewohnen, vermieten, verpachten oder in sonstiger Weise nutzen, und andere von Einwirkungen ausschließen.

(2) Jeder Wohnungseigentümer ist zum Mitgebrauch des gemeinschaftlichen Eigentums nach Maßgabe der §§ 14, 15 berechtigt. An den sonstigen Nutzungen des gemeinschaftlichen Eigentums gebührt jedem Wohnungseigentümer ein Anteil nach Maßgabe des § 16.

§ 14 Pflichten des Wohnungseigentümers

Jeder Wohnungseigentümer ist verpflichtet:

1. die im Sondereigentum stehenden Gebäudeteile so instand zu halten und von diesen sowie von dem gemeinschaftlichen Eigentum nur in solcher Weise Gebrauch zu machen, daß dadurch keinem der anderen Wohnungseigentümer über das bei einem geordneten Zusammenleben unvermeidliche Maß hinaus ein Nachteil erwächst;

2. für die Einhaltung der in Nummer 1 bezeichneten Pflichten durch Personen zu sorgen, die seinem Hausstand oder Geschäftsbetrieb angehören oder denen er sonst die Benutzung der im Sonder- oder Miteigentum stehenden Grundstücks- oder Gebäudeteile überläßt;

3. Einwirkungen auf die im Sondereigentum stehenden Gebäudeteile und das gemeinschaftliche Eigentum zu dulden, soweit sie auf einem nach Nummer 1, 2 zulässigen Gebrauch beruhen;

4. das Betreten und die Benutzung der im Sondereigentum stehenden Gebäudeteile zu gestatten, soweit dies zur Instandhaltung und Instandsetzung des gemeinschaftlichen Eigentums erforderlich ist; der hierdurch entstehende Schaden ist zu ersetzen.

§ 15 Gebrauchsregelung

(1) Die Wohnungseigentümer können den Gebrauch des Sondereigentums und des gemeinschaftlichen Eigentums durch Vereinbarung regeln.

(2) Soweit nicht eine Vereinbarung nach Absatz 1 entgegensteht, können die Wohnungseigentümer durch Stimmenmehrheit einen der Beschaffenheit der im Sondereigentum stehenden Gebäudeteile und des gemeinschaftlichen Eigentums entsprechenden ordnungsmäßigen Gebrauch beschließen.

(3) Jeder Wohnungseigentümer kann einen Gebrauch der im Sondereigentum stehenden Gebäudeteile und des gemeinschaftlichen Eigentums verlangen, der dem Gesetz, den Vereinbarungen und Beschlüssen und, soweit sich die Regelung hieraus nicht ergibt, dem Interesse der Gesamtheit der Wohnungseigentümer nach billigem Ermessen entspricht.

§ 16 Nutzungen, Lasten und Kosten

(1) Jedem Wohnungseigentümer gebührt ein seinem Anteil entsprechender Bruchteil der Nutzungen des gemeinschaftlichen Eigentums. Der Anteil bestimmt sich nach dem gemäß § 47 der Grundbuchordnung im Grundbuch eingetragenen Verhältnis der Miteigentumsanteile.

(2) Jeder Wohnungseigentümer ist den anderen Wohnungseigentümern gegenüber verpflichtet, die Lasten des gemeinschaftlichen Eigentums sowie die Kosten der Instandhaltung, Instandsetzung, sonstigen Verwaltung und eines gemeinschaftlichen Ge-

brauchs des gemeinschaftlichen Eigentums nach dem Verhältnis seines Anteils (Absatz 1 Satz 2) zu tragen.

(3) Ein Wohnungseigentümer, der einer Maßnahme nach § 22 Abs. 1 nicht zugestimmt hat, ist nicht berechtigt, einen Anteil an Nutzungen, die auf einer solchen Maßnahme beruhen, zu beanspruchen; er ist nicht verpflichtet, Kosten, die durch eine solche Maßnahme verursacht sind, zu tragen.

(4) Zu den Kosten der Verwaltung im Sinne des Absatzes 2 gehören insbesondere Kosten eines Rechtsstreits gemäß § 18 und der Ersatz des Schadens im Falle des § 14 Nr. 4.

(5) Kosten eines Verfahrens nach § 43 gehören nicht zu den Kosten der Verwaltung im Sinne des Absatzes 2.

§ 17 Anteil bei Aufhebung der Gemeinschaft

Im Falle der Aufhebung der Gemeinschaft bestimmt sich der Anteil der Miteigentümer nach dem Verhältnis des Wertes ihrer Wohnungseigentumsrechte zur Zeit der Aufhebung der Gemeinschaft. Hat sich der Wert eines Miteigentumsanteils durch Maßnahmen verändert, denen der Wohnungseigentümer gemäß § 22 Abs. 1 nicht zugestimmt hat, so bleibt eine solche Veränderung bei der Berechnung des Wertes dieses Anteils außer Betracht.

§ 18 Entziehung des Wohnungseigentums

(1) Hat ein Wohnungseigentümer sich einer so schweren Verletzung der ihm gegenüber anderen Wohnungseigentümern obliegenden Verpflichtungen schuldig gemacht, daß diesen die Fortsetzung der Gemeinschaft mit ihm nicht mehr zugemutet werden kann, so können die anderen Wohnungseigentümer von ihm die Veräußerung seines Wohnungseigentums verlangen.

(2) Die Voraussetzungen des Absatzes 1 liegen insbesondere vor, wenn

1. der Wohnungseigentümer trotz Abmachung wiederholt gröblich gegen die ihm nach § 14 obliegenden Pflichten verstößt;

2. der Wohnungseigentümer sich mit der Erfüllung seiner Verpflichtungen zur Lasten- und Kostentragung (§ 16 Abs. 2) in Höhe eines Betrages, der drei vom Hundert des Einheitswertes seines Wohnungseigentums übersteigt, länger als drei Monate in Verzug befindet.

(3) Über das Verlangen nach Absatz 1 beschließen die Wohnungseigentümer durch Stimmenmehrheit. Der Beschluß bedarf einer Mehrheit von mehr als der Hälfte der stimmberechtigten Wohnungseigentümer. Die Vorschriften des § 25 Abs. 3, 4 sind in diesem Falle nicht anzuwenden.

(4) Der in Absatz 1 bestimmte Anspruch kann durch Vereinbarung der Wohnungseigentümer nicht eingeschränkt oder ausgeschlossen werden.

§ 19 Wirkung des Urteils

(1) Das Urteil, durch das ein Wohnungseigentümer zur Veräußerung seines Wohnungseigentums verurteilt wird, ersetzt die für die freiwillige Versteigerung des Wohnungseigentums und für die Übertragung des Wohnungseigentums auf den Ersteher erforderlichen Erklärungen. Aus dem Urteil findet zugunsten des Erstehers die Zwangsvollstreckung auf Räumung und Herausgabe statt. Die Vorschriften des § 93 Abs. 1 Satz 2 und 3 des Gesetzes über die Zwangsversteigerung und Zwangsverwaltung gelten entsprechend.

(2) Der Wohnungseigentümer kann im Falle des § 18 Abs. 2 Nr. 2 bis zur Erteilung des Zuschlags die in Absatz 1 bezeichnete Wirkung des Urteils dadurch abwenden, daß er die Verpflichtungen, wegen deren Nichterfüllung er verurteilt ist, einschließlich der Verpflichtung zum Ersatz der durch den Rechtsstreit und das Versteigerungsverfahren entstandenen Kosten sowie die fälligen weiteren Verpflichtungen zur Lasten- und Kostentragung erfüllt.

(3) Ein gerichtlicher oder vor einer Gütestelle geschlossener Vergleich, durch den sich der Wohnungseigentümer zur Veräußerung seines Wohnungseigentums verpflichtet, steht dem in Absatz 1 bezeichneten Urteil gleich.

3. Abschnitt: Verwaltung

§ 20 Gliederung der Verwaltung

(1) Die Verwaltung des gemeinschaftlichen Eigentums obliegt den Wohnungseigentümern nach Maßgabe der §§ 21 bis 25 und dem Verwalter nach Maßgabe der §§ 26 bis 28, im Falle der Bestellung eines Verwaltungsbeirats auch diesem nach Maßgabe des § 29.

(2) Die Bestellung eines Verwalters kann nicht ausgeschlossen werden.

§ 21 Verwaltung durch die Wohnungseigentümer

(1) Soweit nicht in diesem Gesetz oder durch Vereinbarung der Wohnungseigentümer etwas anderes bestimmt ist, steht die Verwaltung des gemeinschaftlichen Eigentums den Wohnungseigentümern gemeinschaftlich zu.

(2) Jeder Wohnungseigentümer ist berechtigt, ohne Zustimmung der anderen Wohnungseigentümer die Maßnahmen zu treffen, die zur Abwendung eines dem gemeinschaftlichen Eigentum unmittelbar drohenden Schadens notwendig sind.

(3) Soweit die Verwaltung des gemeinschaftlichen Eigentums nicht durch Vereinbarung der Wohnungseigentümer geregelt ist, können die Wohnungseigentümer eine der Beschaffenheit des gemeinschaftlichen Eigentums entsprechende ordnungsmäßige Verwaltung durch Stimmenmehrheit beschließen.

(4) Jeder Wohnungseigentümer kann eine Verwaltung verlangen, die den Vereinbarungen und Beschlüssen und, soweit solche nicht bestehen, dem Interesse der Gesamtheit der Wohnungseigentümer nach billigem Ermessen entspricht.

(5) Zu einer ordnungsmäßigen, dem Interesse der Gesamtheit der Wohnungseigentümer entsprechenden Verwaltung gehört insbesondere:

1. die Aufstellung einer Hausordnung;

2. die ordnungsmäßige Instandhaltung und Instandsetzung des gemeinschaftlichen Eigentums;

3. die Feuerversicherung des gemeinschaftlichen Eigentums zum Neuwert sowie die angemessene Versicherung der Wohnungseigentümer gegen Haus- und Grundbesitzerhaftpflicht;

4. die Ansammlung einer angemessenen Instandhaltungsrückstellung;

5. die Aufstellung eines Wirtschaftsplans (§ 28);

6. die Duldung aller Maßnahmen, die zur Herstellung einer Fernsprechteilnehmereinrichtung, einer Rundfunkempfangsanlage oder eines Energieversorgungsanschlusses zugunsten eines Wohnungseigentümers erforderlich sind.

(6) Der Wohnungseigentümer, zu dessen Gunsten eine Maßnahme der in Absatz 5 Nr. 6 bezeichneten Art getroffen wird, ist zum Ersatz des hierdurch entstehenden Schadens verpflichtet.

§ 22 Besondere Aufwendungen, Wiederaufbau

(1) Bauliche Veränderungen und Aufwendungen, die über die ordnungsmäßige Instandhaltung oder Instandsetzung des gemeinschaftlichen Eigentums hinausgehen, können nicht gemäß § 21 Abs. 3 beschlossen oder gemäß § 21 Abs. 4 verlangt werden. Die Zustimmung eines Wohnungseigentümers zu solchen Maßnahmen ist insoweit nicht erforderlich, als durch die Veränderung dessen Rechte nicht über das in § 14 bestimmte Maß hinaus beeinträchtigt werden.

(2) Ist das Gebäude zu mehr als der Hälfte seines Wertes zerstört und ist der Schaden nicht durch eine Versicherung oder in anderer Weise gedeckt, so kann der Wiederaufbau nicht gemäß § 21 Abs. 3 beschlossen oder gemäß § 21 Abs. 4 verlangt werden.

§ 23 Wohnungseigentümerversammlung

(1) Angelegenheiten, über die nach diesem Gesetz oder nach einer Vereinbarung der Wohnungseigentümer die Wohnungseigentümer durch Beschluß entscheiden können, werden durch Beschlußfassung in einer Versammlung der Wohnungseigentümer geordnet.

(2) Zur Gültigkeit eines Beschlusses ist erforderlich, daß der Gegenstand bei der Einberufung bezeichnet ist.

(3) Auch ohne Versammlung ist ein Beschluß gültig, wenn alle Wohnungseigentümer ihre Zustimmung zu diesem Beschluß schriftlich erklären.

(4) Ein Beschluß ist nur ungültig, wenn er gemäß § 43 Abs. 1 Nr. 4 für ungültig erklärt ist. Der Antrag auf eine solche Entscheidung kann nur binnen eines Monats seit der Beschlußfassung gestellt werden, es sei denn, daß der Beschluß gegen eine Rechtsvorschrift verstößt, auf deren Einhaltung rechtswirksam nicht verzichtet werden kann.

§ 24 Einberufung, Vorsitz, Niederschrift

(1) Die Versammlung der Wohnungseigentümer wird von dem Verwalter mindestens einmal im Jahr einberufen.

(2) Die Versammlung der Wohnungseigentümer muß von dem Verwalter in den durch Vereinbarung der Wohnungseigentümer bestimmten Fällen im übrigen dann einberufen werden, wenn dies schriftlich unter Angabe des Zweckes und der Gründe von mehr als einem Viertel der Wohnungseigentümer verlangt wird.

(3) Fehlt ein Verwalter oder weigert er sich pflichtwidrig, die Versammlung der Wohnungseigentümer einzuberufen, so kann die Versammlung auch, falls ein Verwaltungsbeirat bestellt ist, von dessen Vorsitzenden oder seinem Vertreter einberufen werden.

(4) Die Einberufung erfolgt schriftlich. Die Frist der Einberufung soll, sofern nicht ein Fall besonderer Dringlichkeit vorliegt, mindestens eine Woche betragen.

(5) Den Vorsitz in der Wohnungseigentümerversammlung führt, sofern diese nichts anderes beschließt, der Verwalter.

(6) Über die in der Versammlung gefaßten Beschlüsse ist eine Niederschrift aufzunehmen. Die Niederschrift ist von dem Vorsitzenden und einem Wohnungseigentümer und, falls ein Verwaltungsbeirat bestellt ist, auch von dessen Vorsitzenden oder seinem Vertreter zu unterschreiben. Jeder Wohnungseigentümer ist berechtigt, die Niederschriften einzusehen.

§ 25 Mehrheitsbeschluß

(1) Für die Beschlußfassung in Angelegenheiten, über die die Wohnungseigentümer durch Stimmenmehrheit beschließen, gelten die Vorschriften der Absätze 2 bis 5.

(2) Jeder Wohnungseigentümer hat eine Stimme. Steht ein Wohnungseigentum mehreren gemeinschaftlich zu, so können sie das Stimmrecht nur einheitlich ausüben.

(3) Die Versammlung ist nur beschlußfähig, wenn die erschienenen stimmberechtigten Wohnungseigentümer mehr als die Hälfte der Miteigentumsanteile, berechnet nach der im Grundbuch eingetragenen Größe dieser Anteile, vertreten.

(4) Ist eine Versammlung nicht gemäß Absatz 3 beschlußfähig, so beruft der Verwalter eine neue Versammlung mit dem gleichen Gegenstand ein. Diese Versammlung ist ohne Rücksicht auf die Höhe der vertretenen Anteile beschlußfähig; hierauf ist bei der Einberufung hinzuweisen.

(5) Ein Wohnungseigentümer ist nicht stimmberechtigt, wenn die Beschlußfassung die Vornahme eines auf die Verwaltung des gemeinschaftlichen Eigentums bezüglichen Rechtsgeschäfts mit ihm oder die Einleitung oder Erledigung eines Rechtsstreits der anderen Wohnungseigentümer gegen ihn betrifft oder wenn er nach § 18 rechtskräftig verurteilt ist.

§ 26 Bestellung und Abberufung des Verwalters

(1) Über die Bestellung und Abberufung des Verwalters beschließen die Wohnungseigentümer mit Stimmenmehrheit. Die Bestellung darf auf höchstens fünf Jahre vorgenommen werden. Die Abberufung des Verwalters kann auf das Vorliegen eines wichtigen Grundes beschränkt werden. Andere Beschränkungen der Bestellung oder Abberufung des Verwalters sind nicht zulässig.

(2) Die wiederholte Bestellung ist zulässig; sie bedarf eines erneuten Beschlusses der Wohnungseigentümer, der frühestens ein Jahr vor Ablauf der Bestellungszeit gefaßt werden kann.

(3) Fehlt ein Verwalter, so ist ein solcher in dringenden Fällen bis zur Behebung des Mangels auf Antrag eines Wohnungseigentümers oder eines Dritten, der ein berechtigtes Interesse an der Bestellung eines Verwalters hat, durch den Richter zu bestellen.

(4) Soweit die Verwaltereigenschaft durch eine öffentlich beglaubigte Urkunde nachgewiesen werden muß, genügt die Vorlage einer Niederschrift über den Bestellungsbeschluß, bei der die Unterschriften der in § 24 Abs. 6 bezeichneten Personen öffentlich beglaubigt sind.

§ 27 Aufgaben und Befugnisse des Verwalters

(1) Der Verwalter ist berechtigt und verpflichtet:

1. Beschlüsse der Wohnungseigentümer durchzuführen und für die Durchführung der Hausordnung zu sorgen;

2. die für die ordnungsmäßige Instandhaltung und Instandsetzung des gemeinschaftlichen Eigentums erforderlichen Maßnahmen zu treffen;

3. in dringenden Fällen sonstige zur Erhaltung des gemeinschaftlichen Eigentums erforderliche Maßnahmen zu treffen;

4. gemeinschaftliche Gelder zu verwalten.

(2) Der Verwalter ist berechtigt, im Namen aller Wohnungseigentümer und mit Wirkung für und gegen sie:

1. Lasten- und Kostenbeiträge, Tilgungsbeträge und Hypothekenzinsen anzufordern, in Empfang zu nehmen und abzuführen, soweit es sich um gemeinschaftliche Angelegenheiten der Wohnungseigentümer handelt;

2. alle Zahlungen und Leistungen zu bewirken und entgegenzunehmen, die mit der laufenden Verwaltung des gemeinschaftlichen Eigentums zusammenhängen;

3. Willenserklärungen und Zustellungen entgegenzunehmen, soweit sie an alle Wohnungseigentümer in dieser Eigenschaft gerichtet sind;

4. Maßnahmen zu treffen, die zur Wahrung einer Frist oder zur Abwendung eines sonstigen Rechtsnachteils erforderlich sind;

5. Ansprüche gerichtlich und außergerichtlich geltend zu machen, sofern er hierzu durch Beschluß der Wohnungseigentümer ermächtigt ist;

6. die Erklärungen abzugeben, die zur Vornahme der in § 21 Abs. 5 Nr. 6 bezeichneten Maßnahmen erforderlich sind.

(3) Die dem Verwalter nach den Absätzen 1, 2 zustehenden Aufgaben und Befugnisse können durch Vereinbarung der Wohnungseigentümer nicht eingeschränkt werden.

(4) Der Verwalter ist verpflichtet, Gelder der Wohnungseigentümer von seinem Vermögen gesondert zu halten. Die Verfügung über solche Gelder kann von der Zustimmung eines Wohnungseigentümers oder eines Dritten abhängig gemacht werden.

(5) Der Verwalter kann von den Wohnungseigentümern die Ausstellung einer Vollmachtsurkunde verlangen, aus der der Umfang seiner Vertretungsmacht ersichtlich ist.

§ 28 Wirtschaftsplan, Rechnungslegung

(1) Der Verwalter hat jeweils für ein Kalenderjahr einen Wirtschaftsplan aufzustellen. Der Wirtschaftsplan enthält:

1. die voraussichtlichen Einnahmen und Ausgaben bei der Verwaltung des gemeinschaftlichen Eigentums;

2. die anteilmäßige Verpflichtung der Wohnungseigentümer zur Lasten- und Kostentragung;

3. die Beitragsleistung der Wohnungseigentümer zu der in § 21 Abs. 5 Nr. 4 vorgesehenen Instandhaltungsrückstellung.

(2) Die Wohnungseigentümer sind verpflichtet, nach Abruf durch den Verwalter dem beschlossenen Wirtschaftsplan entsprechende Vorschüsse zu leisten.

(3) Der Verwalter hat nach Ablauf des Kalenderjahres eine Abrechnung aufzustellen.

(4) Die Wohnungseigentümer können durch Mehrheitsbeschluß jederzeit von dem Verwalter Rechnungslegung verlangen.

(5) Über den Wirtschaftsplan, die Abrechnung und die Rechnungslegung des Verwalters beschließen die Wohnungseigentümer durch Stimmenmehrheit.

§ 29 Verwaltungsbeirat

(1) Die Wohnungseigentümer können durch Stimmenmehrheit die Bestellung eines Verwaltungsbeirats beschließen. Der Verwaltungsbeirat besteht aus einem Wohnungseigentümer als Vorsitzenden und zwei weiteren Wohnungseigentümern als Beisitzern.

(2) Der Verwaltungsbeirat unterstützt den Verwalter bei der Durchführung seiner Aufgaben.

(3) Der Wirtschaftsplan, die Abrechnung über den Wirtschaftsplan, Rechnungslegungen und Kostenanschläge sollen, bevor über sie die Wohnungseigentümerversammlung beschließt, vom Verwaltungsbeirat geprüft und mit dessen Stellungnahme versehen werden.

(4) Der Verwaltungsbeirat wird von dem Vorsitzenden nach Bedarf einberufen.

...

III. Teil: Verfahrensvorschriften

1. Abschnitt: Verfahren der freiwilligen Gerichtsbarkeit in Wohnungseigentumssachen

§ 43 Entscheidung durch den Richter

(1) Das Amtsgericht, in dessen Bezirk das Grundstück liegt, entscheidet im Verfahren der freiwilligen Gerichtsbarkeit:

1. auf Antrag eines Wohnungseigentümers über die sich aus der Gemeinschaft der Wohnungseigentümer und aus der Verwaltung des gemeinschaftlichen Eigentums ergebenden Rechte und Pflichten der Wohnungseigentümer untereinander mit Ausnahme der Ansprüche im Falle der Aufhebung der Gemeinschaft (§ 17) und auf Entziehung des Wohnungseigentums (§§ 18, 19);

2. auf Antrag eines Wohnungseigentümers oder des Verwalters über die Rechte und Pflichten des Verwalters bei der Verwaltung des gemeinschaftlichen Eigentums;

3. auf Antrag eines Wohnungseigentümers oder Dritten über die Bestellung eines Verwalters im Falle des § 26 Abs. 3;

4. auf Antrag eines Wohnungseigentümers oder des Verwalters über die Gültigkeit von Beschlüssen der Wohnungseigentümer.

(2) Der Richter entscheidet, soweit sich die Regelung nicht aus dem Gesetz, einer Vereinbarung oder einem Beschluß der Wohnungseigentümer ergibt, nach billigem Ermessen.

(3) Für das Verfahren gelten die besonderen Vorschriften der §§ 44 bis 50.

(4) An dem Verfahren Beteiligte sind:

1. in den Fällen des Absatzes 1 Nr. 1 sämtliche Wohnungseigentümer;
2. in den Fällen des Absatzes 1 Nr. 2 und 4 die Wohnungseigentümer und der Verwalter;
3. im Falle des Absatzes 1 Nr. 3 die Wohnungseigentümer und der Dritte.

§ 44 Allgemeine Verfahrensgrundsätze

(1) Der Richter soll mit den Beteiligten in der Regel mündlich verhandeln und hierbei darauf hinwirken, daß sie sich gütlich einigen.

(2) Kommt eine Einigung zustande, so ist hierüber eine Niederschrift aufzunehmen, und zwar nach den Vorschriften, die für die Niederschrift über einen Vergleich im bürgerlichen Rechtsstreit gelten.

(3) Der Richter kann für die Dauer des Verfahrens einstweilige Anordnungen treffen. Diese können selbständig nicht angefochten werden.

(4) In der Entscheidung soll der Richter die Anordnungen treffen, die zu ihrer Durchführung erforderlich sind. Die Entscheidung ist zu begründen.

§ 45 Rechtsmittel, Rechtskraft

(1) Gegen die Entscheidung des Amtsgerichts ist die sofortige Beschwerde, gegen die Entscheidung des Beschwerdegerichts die sofortige weitere Beschwerde zulässig, wenn der Wert des Gegenstandes der Beschwerde oder der weiteren Beschwerde eintausendzweihundert Deutsche Mark übersteigt.

(2) Die Entscheidung wird mit der Rechtskraft wirksam. Sie ist für alle Beteiligten bindend.

(3) Aus rechtskräftigen Entscheidungen, gerichtlichen Vergleichen und einstweiligen Anordnungen findet die Zwangsvollstreckung nach den Vorschriften der Zivilprozeßordnung statt.

(4) Haben sich die tatsächlichen Verhältnisse wesentlich geändert, so kann der Richter auf Antrag eines Beteiligten seine Entscheidung oder einen gerichtlichen Vergleich ändern, soweit dies zur Vermeidung einer unbilligen Härte notwendig ist.

§ 46 Verhältnis zu Rechtsstreitigkeiten

(1) Werden in einem Rechtsstreit Angelegenheiten anhängig gemacht, über die nach § 43 Abs. 1 im Verfahren der freiwilligen Gerichtsbarkeit zu entscheiden ist, so hat das Prozeßgericht die Sache insoweit an das nach § 43 Abs. 1 zuständige Amtsgericht zur Erledigung im Verfahren der freiwilligen Gerichtsbarkeit abzugeben. Der Abgabebeschluß kann nach Anhörung der Parteien ohne mündliche Verhandlung ergehen. Er ist für das in ihm bezeichnete Gericht bindend.

(2) Hängt die Entscheidung eines Rechtsstreits vom Ausgang eines in § 43 Abs. 1 bezeichneten Verfahrens ab, so kann das Prozeßgericht anordnen, daß die Verhandlung bis zur Erledigung dieses Verfahrens ausgesetzt wird.

§ 46a Mahnverfahren

(1) Zahlungsansprüche, über die nach § 43 Abs. 1 zu entscheiden ist, können nach den Vorschriften der Zivilprozeßordnung im Mahnverfahren geltend gemacht werden. Ausschließlich zuständig im Sinne des § 689 Abs. 2 der Zivilprozeßordnung ist das Amtsgericht, in dessen Bezirk das Grundstück liegt. § 690 Abs. 1 Nr. 5 der Zivilprozeßordnung gilt mit der Maßgabe, daß das nach § 43 Abs. 1 zuständige Gericht der freiwilligen Gerichtsbarkeit zu bezeichnen ist. Mit Eingang der Akten bei diesem Gericht nach § 696 Abs. 1 Satz 4 oder § 700 Abs. 3 Satz 2 der Zivilprozeßordnung gilt der Antrag auf Erlaß des Mahnbescheids als Antrag nach § 43 Abs. 1.

(2) Im Falle des Widerspruchs setzt das Gericht der freiwilligen Gerichtsbarkeit dem Antragsteller eine Frist für die Begründung des Antrags. Vor Eingang der Begründung wird das Verfahren nicht fortgeführt. Der Widerspruch kann bis zum Ablauf einer Frist von zwei Wochen seit Zustellung der Begründung zurückgenommen werden; § 699 Abs. 1 Satz 3 der Zivilprozeßordnung ist anzuwenden.

(3) Im Falle des Einspruchs setzt das Gericht der freiwilligen Gerichtsbarkeit dem Antragsteller eine Frist für die Begründung des Antrags, wenn der Einspruch nicht als unzulässig verworfen wird. §§ 339, 340 Abs. 1, 2, § 341 der Zivilprozeßordnung sind anzuwenden; für die sofortige Beschwerde gilt jedoch § 45 Abs. 1. Vor Eingang der Begründung wird das Verfahren vorbehaltlich einer Maßnahme nach § 44 Abs. 3 nicht fortgeführt. Geht die Begründung bis zum Ablauf der Frist nicht ein, wird die Zwangsvollstreckung auf Antrag des Antragsgegners eingestellt. Bereits getroffene Vollstreckungsmaßregeln können aufgehoben werden. Für die Zurücknahme des Einspruchs gelten Absatz 2 Satz 3 erster Halbsatz und § 346 der Zivilprozeßordnung entsprechend. Entscheidet das Gericht in der Sache, ist § 343 der Zivilprozeßordnung anzuwenden.

§ 47 Kostenentscheidung

Welche Beteiligten die Gerichtskosten zu tragen haben, bestimmt der Richter nach billigem Ermessen. Er kann dabei auch bestimmen, daß die außergerichtlichen Kosten ganz oder teilweise zu erstatten sind.

§ 48 Kosten des Verfahrens

(1) Für das gerichtliche Verfahren wird die volle Gebühr erhoben. Kommt es zur gerichtlichen Entscheidung, so erhöht sich die Gebühr auf das Dreifache der vollen Gebühr. Wird der Antrag zurückgenommen, bevor es zu einer Entscheidung oder einer

vom Gericht vermittelten Einigung gekommen ist, so ermäßigt sich die Gebühr auf die Hälfte der vollen Gebühr. Ist ein Mahnverfahren vorausgegangen (§ 46a), wird eine Gebühr nur erhoben, soweit sie die nach dem Gerichtskostengesetz zu erhebende Gebühr für die Entscheidung über den Antrag auf Erlaß des Mahnbescheids übersteigt.

(2) Der Richter setzt den Geschäftswert nach dem Interesse der Beteiligten an der Entscheidung von Amts wegen fest.

(3) Für das Beschwerdeverfahren werden die gleichen Gebühren wie im ersten Rechtszug erhoben.

§ 49 *(aufgehoben)*

§ 50 Kosten des Verfahrens vor dem Prozeßgericht

Gibt das Prozeßgericht die Sache nach § 46 an das Amtsgericht ab, so ist das bisherige Verfahren vor dem Prozeßgericht für die Erhebung der Gerichtskosten als Teil des Verfahrens vor dem übernehmenden Gericht zu behandeln.

2. Abschnitt: Zuständigkeit für Rechtsstreitigkeiten

§ 51 Zuständigkeit für die Klage bei Entziehung des Wohnungseigentums

Das Amtsgericht, in dessen Bezirk das Grundstück liegt, ist ohne Rücksicht auf den Wert des Streitgegenstandes für Rechtsstreitigkeiten zwischen Wohnungseigentümern wegen Entziehung des Wohnungeigentums (§ 18) zuständig.

§ 52 Zuständigkeit für Rechtsstreitigkeiten über das Dauerwohnrecht

Das Amtsgericht, in dessen Bezirk das Grundstück liegt, ist ohne Rücksicht auf den Wert des Streitgegenstandes zuständig für Streitigkeiten zwischen dem Eigentümer und dem Dauerwohnberechtigten über den in § 33 bezeichneten Inhalt und den Heimfall (§ 36 Abs. 1 bis 3) des Dauerwohnrechts.

Stichwortverzeichnis

(Die Zahlen bezeichnen die Seiten)